Le guide de la gestion par programmes

Vers une culture du résultat

Éditions d'Organisation
1, rue Thénard
75240 Paris Cedex 05
Consultez notre site :
www.editions-organisation.com

© Éditions d'Organisation, 2002
ISBN : 978-2-7081-2801-9

COLLECTION SERVICE PUBLIC

dirigée par Geneviève Jouvenel

Sylvie Trosa

Le guide de la gestion par programmes

Vers une culture du résultat

Préface de Michel Crozier

**Éditions
d'Organisation**

CHEZ LE MÊME ÉDITEUR
DANS LA MÊME COLLECTION

Le service public a fortement évolué au cours des dernières années dans ses missions, ses structures et dans sa culture. Il est aujourd'hui en recherche :
- de sens, en particulier sur la contribution propre de l'action publique, sur ce qui la rendait plus performante sans l'appauvrir ;
- de méthodes et d'instrumentations particulières. Les analogies avec le secteur privé atteignent leurs limites ;
- de communication enfin. Bon nombre d'expérimentations ou de changements pourtant réalisés avec succès ces dernières années dans le secteur public n'ont pas été suffisamment analysés ni valorisés avant d'être éventuellement généralisés.

La collection « Service Public » veut répondre à ces besoins. Elle est dirigée par Geneviève JOUVENEL de l'Institut de la Gestion Publique et du Développement économique.

Table des matières

PARTIE II

LA CASCADE DE LA PERFORMANCE

Préface

Vers une culture du résultat

La réforme de l'État est au cœur de tous les problèmes politiques et sociaux français. Un État écrasant le pays, non seulement par ses prélèvements financiers mais surtout par son intervention continuelle, qui naît de tous les archaïsmes corporatifs de la société et contribue à les entretenir, doit absolument être modernisé dans sa raison d'être et sa pratique, si la France veut garder sa vitalité économique et son influence culturelle.

Sylvie Trosa croit à juste titre que la LOLF, votée de façon inhabituellement consensuelle par la précédente législature, offre enfin une possibilité d'agir qu'il est indispensable d'exploiter. Les fonctionnaires espèrent le changement, un mode de management qui les responsabilise et non des habitudes hiérarchiques, dignes d'un autre âge, qui les évaluent non sur ce qu'ils font mais sur ce qu'ils sont. Les usagers, tout en étant fiers de leur service public, aimeraient voir leurs préoccupations prises en compte, et ne pas être infantilisés dans des rapports défensifs avec des fonctionnaires parfois trop arrogants. Le moment est venu d'entamer la modernisation que la plupart de nos voisins, pas seulement ceux de l'Europe du Nord mais aussi les plus proches, les démocraties latines comme l'Espagne ou l'Italie, ont commencé à accomplir.

Sylvie Trosa a une longue expérience des pratiques de l'évaluation et des réformes administratives au plus haut niveau, en France, au Royaume-Uni et en Australie. Elle nous présente, dans ce livre, un plaidoyer très documenté et pertinent pour l'utilisation des possibilités de réforme qu'ouvre cette nouvelle loi qui, bien plus qu'un changement budgétaire, devrait être une transformation profonde de nos pratiques administratives.

Elle a très bien retenu la leçon des échecs antérieurs, comme ceux de la rationalisation des choix budgétaires, que j'avais moi-même souligné en 1979 dans un livre d'avertissement : on ne change pas la société par décret. Elle a compris que l'essentiel, c'est de parvenir à changer la culture des fonctionnaires, mais aussi celle des politiques et des citoyens eux-mêmes. Elle vise juste, en préconisant un objectif majeur : l'instauration en France d'une culture du résultat, destinée à remplacer une focalisation excessive sur les moyens et les procédures qui perpétue les situations acquises, à renforcer l'irresponsabilité de tous, sous couvert de maintenir la primauté d'un rêve utopique d'un intérêt général, dont tout le monde parle mais personne ne sait comment il se construit.

Le message de l'auteur est particulièrement roboratif dans cette période de transition, où, à nouveau, beaucoup de traditions sont remises en question. Ce besoin de questionnement est le message que le Royaume-Uni, sous Margaret Thatcher et Tony Blair, aura réussi à faire passer dans une Angleterre en train de sombrer en même temps que son État-providence. Nous tendons à ignorer les messages des autres, endormis que nous sommes dans nos rêves de grandeur et d'exceptionnalité. Ces messages reviennent aujourd'hui avec une vigueur toute nouvelle. Ils ont bénéficié en fait des succès et des échecs des expériences menées dans maints pays de l'OCDE. Certains ont réussi à mieux définir les raisons d'une intervention publique, à être plus proches des citoyens, à connaître l'utilité de leurs actions sans rien abandonner de leur autorité. Il ne s'agit plus désormais d'écarter avec mépris ces réformes étrangères, sous prétexte qu'elles découleraient d'une orthodoxie ultra-libérale et menaceraient cette exceptionnalité qui nous coûte si cher, financièrement et humainement. En fait, le retour au citoyen que l'on demande aux élus et aux gouvernants, exige d'abord la mise en place d'évaluations honnêtes et fiables des résultats des actions engagées par l'État.

Nous devons repenser la façon dont l'intérêt général se construit, plutôt que de chercher à imposer, coûte que coûte, le substitut idéologique que lui donnent aujourd'hui les dirigeants de l'État. La re-légitimation de l'État est à ce prix. Les réformes requerront une compréhension et une démarche nouvelle, non seulement des fonctionnaires mais aussi des élus et des citoyens.

Sylvie Trosa nous montre que l'on peut vaincre le scepticisme. Nous nous sommes donné l'autorisation d'innover et il faut maintenant que nous en tirions parti sérieusement.

Michel Crozier
Membre de l'Institut

Introduction

« Une bonne politique publique ne peut être définie de façon linéaire et déductive : il n'existe pas de règles à tout faire qui pourraient nous aider ; nous vivons la plupart du temps dans des situations confuses et nous agissons en fonction de principes et d'objectifs qu'il nous est difficile d'expliciter et d'articuler logiquement et clairement. Les monistes à la pensée unilatérale, les fanatiques sans scrupule, ceux qui croient avoir des visions globales et cohérentes ne connaissent rien des affres et doutes de ceux qui ne se cachent pas la face devant les complexités de la vie réelle. Et pourtant, pourtant il nous faut croire qu'il existe des réponses plus objectives que d'autres, que la progression vers la vérité existe, qu'il est possible de trouver un terrain d'entente entre valeurs divergentes, et qu'il nous faut tout faire pour atteindre ce but ».
Isaac Berlin, *Chatto et Windus*, Londres, 1997.

La Loi organique sur la loi de finances (LOLF), c'est-à-dire la réforme de l'ordonnance budgétaire de 1959, votée par l'ensemble des partis politiques, s'apparente à une révolution tranquille. Pourquoi ? Le vote de la première grande réforme budgétaire sous la Ve république s'est passé sans heurts ; enfin, sous le changement du processus budgétaire, qui introduit la budgétisation par programmes, une véritable réforme de l'État se dessine.

Si l'emploi du terme « programme » n'est pas récent (rationalisation des choix budgétaires de 1965 à 1975, entre autres), c'est pourtant bien une nouvelle culture qui est proposée. Cette dernière engage une réflexion sur le rôle même de l'État, dont la modernisation doit passer par un nouveau mode de gestion : le management par résultats.

Le budget sera voté par programmes, dans lesquels les objectifs seront déclinés en résultats à atteindre. Or, la gestion par résultats sous-entend le pragmatisme – l'apprentissage par essais / erreurs, la connaissance au service de l'action – car les programmes sont d'abord évalués. Une tension fondamentale risque de naître entre débats idéologiques, ou reconnaissances symboliques propres à certains débats politiques, et pragma-tisme. Spontanément, la France n'est pas, de par son histoire, le pays du « comment faire ? », de la transparence et de la clarifi-cation, mais de la gestion de l'ambiguïté, de la conciliation des inconciliables, de la reconnaissance émotionnelle plus que de la vérification patiente. Cette culture du résultat, qui s'appuie sur la clarification et la transparence, devra s'accorder avec l'histoire de ce pays.

Par exemple, le thème de la mondialisation a ses opposants et ses partisans, qui ne s'affichent guère : on est pour ou contre, mais la question de savoir comment gérer cet item est peu abordée. L'État serait en crise, mais cette crise concerne-t-elle ses missions, son autorité, ses élites (qui ne représentent pas la diversité sociale, culturelle et de pensée du pays) ou sa manière de faire, d'écouter, de négocier et sa capacité d'agir ? L'État n'arrive plus à convaincre, à faire passer des messages complexes, pourtant, personne n'en est responsable. Travailler en connaissant les résultats de programmes devrait permettre, dans l'idéal, de donner des repères pour expliquer les choix. Le modèle de la paix sociale, qui est celui d'une bataille entre caté-gories professionnelles négociant par des « compromis » des avantages financiers avec l'État, bloque tout changement. Connaître les résultats des actions publiques va entraîner l'évolution des différents courants d'idées, ébranler leurs certi-tudes. Il faudra beaucoup de fermeté pour faire une analyse critique des savoir-faire dont les résultats ne sont pas probants. Cette action permettra d'invalider la dichotomie traditionnelle : défense du service public ou libéralisme effréné ? Sortir en partie de l'imaginaire et des repères historiques pour entrer dans le concret, la construction et la résolution patiente de problèmes : voilà l'un des paris les plus difficiles de la réforme !

La grande force de la LOLF est de catalyser des changements qui étaient en préfiguration. Elle rassemble des éléments de réforme budgétaire, qui étaient en cours de mise en œuvre par la direction du Budget depuis quelques années (diminution des chapitres budgétaires, consolidation des comptes, notamment). De plus, elle légitime des avancées gestionnaires dans les minis-tères qui ont entamé leur planification stratégique, la défini-tion de leurs priorités et les moyens de les mesurer[1]. Pour autant, la LOLF ne se contente pas d'entériner des pratiques

---

1. Nous ne les citerons pas car nous risquerions d'encourir les foudres de ceux que nous avons oubliés. Il en va de même pour les remerciements.

existantes, elle leur donne également un fondement juridique et une légitimité symbolique qui leur permet d'aller de l'avant.

La LOLF offre des libertés nouvelles et insoupçonnées dans la gestion publique, en France. Il sera alors essentiel de veiller à ce que les circulaires d'application et les consignes de mise en œuvre ne réduisent pas, par leur complexité, la responsabilité des gestionnaires de programme.

Synthèse. L'objet premier de ce livre est donc le management par résultats. Qu'entend-on par là ? Est-ce possible de le mettre en œuvre en France ? Ce management peut-il influencer la décision, le budget ? Comment rendre cette perspective attirante pour les fonctionnaires ?

Ces questions vont de pair avec un message essentiel, qui ressort de notre enquête : la LOLF ne doit pas être réduite à une réforme limitée aux budgétaires, au contraire, elle doit offrir une perspective de changement des modes de management au sein des administrations. Le programme ne se résume pas à une manière de budgéter ou de calculer mais, au contraire, il montre une nouvelle voie de pensée et d'action, susceptible de changer la vie quotidienne de l'administration. Si cette condition n'est pas remplie, la France risque de reproduire les mêmes erreurs qu'en 1970, au moment de la Rationalisation des Choix Budgétaire : la mise en place d'« usines à gaz » de budgétisation et de contrôle de gestion, coupées des préoccupations des gestionnaires de programmes.

Mais qu'est-ce qu'un programme ? C'est d'abord la clarification des objectifs et des indicateurs d'un service, qui ne peut émaner que d'un dialogue social bien ancré, fait d'écoute et de conviction. Le calcul des coûts et le contrôle de gestion suivent, mais ne sont en aucun cas des préalables. À quoi cela peut-il servir de « fongibiliser » les crédits, si l'on ne sait pas dans quel objectif ? L'introduction d'un débat participatif au sein des services sur les objectifs du service public demandera plus de temps, mais, pour reprendre certains préceptes japonais, il faut consacrer le temps nécessaire pour trouver des accords viables avant d'imposer des solutions.

L'ouvrage

Ce livre risque de déranger car la tradition française repose plus sur les débats idéologiques autour du rôle de l'État que sur la construction pratique d'outils de modernisation du service public.

Si les débats, en France, sur le contenu des politiques publiques (école, santé, etc.) sont ouverts et largement développés, en revanche, un décalage[2] existe en ce qui concerne les pratiques et les débats sur les questions touchant à la modernisation. Certaines exceptions notables, si elles confirment la règle, n'ont pas réussi pour autant à entamer la logique de l'ensemble du système administratif.

Les notions[3] développées dans ce livre pourront paraître étranges ici, alors qu'elles sont monnaie courante à l'étranger. La France excelle dans l'innovation mais non dans sa capitalisation, dans sa diffusion et dans sa pérennisation. Les innovations sont spectaculaires, sophistiquées mais isolées, non évaluées, non relayées et souvent mal soutenues.

Pourquoi ce retard en matière de management public ? Les raisons en sont multiples et nous ne les évoquerons pas toutes. Il y eut une appréhension légitime quant à la remise en cause irraisonnée du rôle du service public dans les pays libéraux, dans les années 1980-1990. Il y eut aussi des réflexes de défenses des territoires, le service public devenant de plus en plus synonyme de l'État, voire de la fonction publique d'État, alors que la tradition juridique française a pourtant été pionnière dans la compréhension du fait que la société civile était partie prenante de la mise en œuvre du service public[4]. Il y eut tout simplement le problème de l'accessibilité aux débats venus d'ailleurs. Il y a encore un mode de recrutement des élites qui ne fait pas suffisamment la place à des profils et des parcours diversifiés.

---

2. Les premiers débats sérieux sur le management public dans d'autres pays remontent aux années 1970-1980, période au cours de laquelle des programmes ont été mis en œuvre. La question concernant la mesure du type de résultats a été très controversée, celle de la responsabilité des ministres et des fonctionnaires largement approfondie, et celle du rôle de l'État, en matière d'égalité, amorcée. De plus, il est difficile de penser le management en l'absence de pratiques. Or, jusqu'à une date récente, le management était considéré comme illégitime. Ainsi, lors du premier décret sur l'évaluation en France, en 1990, certains juristes ont objecté que ce décret n'avait pas lieu d'être car la France avait une hiérarchie de règles que les fonctionnaires appliquaient et que l'évaluation semblait insinuer que la réalité dépassait le droit ou que le droit n'était pas appliqué.

3. Il nous faut clarifier certaines terminologies employées : maints débats agitent le choix « être usager, client ou partie prenante (*stakeholder*) ». Nous utiliserons plutôt le terme « acteurs », qui est générique. Cela dit, « usager » devrait être employé pour ceux qui étaient autrefois les assujettis, ceux qui bénéficient du service public sans avoir le choix du prestataire ou de la prestation, le mot « client » devrait être utilisé pour des services à caractère quasi marchand, où il existe un choix du prestataire. Enfin, l'expression « partie prenante » s'adresse plutôt aux forces organisées qui participent de la mise en œuvre des programmes.

4. Arrêt Blanco, Conseil d'État, 1973.

Pour autant, le fait d'apprendre d'autrui et de piller les bonnes idées et pratiques d'où qu'elles viennent, devient de moins en moins illégitime parmi les fonctionnaires. La vérité n'est plus seulement en deçà des Pyrénées...

Là est la force de la réforme de l'ordonnance de 1959 : ne pas être calée sur un modèle mais d'avoir choisi la voie de ce qui est nécessaire à la France dans les conditions d'aujourd'hui.

La réalité de la mise en œuvre d'une modernisation est toujours décalée des modèles, et l'important est d'analyser ce qui peut être retenu de ces modèles, de leur mise en œuvre et du décalage entre les discours et les pratiques. Notre but n'est pas de critiquer mais d'apprendre.

À qui s'adresse ce livre ?

Ce livre s'adresse à tous ceux et celles qui devront gérer des programmes :
• les fonctionnaires des services budgétaires ;
• les gestionnaires de programmes ;
• les cadres des administrations qui, à un titre ou à un autre, se trouveront impliqués dans des programmes ;
• les universitaires travaillant sur ces questions ;
• les gestionnaires du secteur privé dont l'activité est parfois organisée dans des termes très proches de ceux des programmes.

Comment ce livre a-t-il été élaboré ?

J'ai pu réaliser ce travail grâce à mon expérience de praticienne de la mise en œuvre de programmes et de l'évaluation de programmes, depuis 1990, dans dix pays : Australie, Bénin, Canada, Danemark, Madagascar, Nouvelle-Zélande, Philippines, Portugal, Royaume-uni. De plus, j'ai été formée en France par un pionnier de la rationalisation des choix budgétaires et de ses conséquences pratiques, Serge Vallemont, ancien directeur du personnel du ministère de l'Équipement.

Pour élaborer ce livre, j'ai étudié les budgets 2001 et les programmes de treize pays en dehors de la France[5]. Enfin, j'ai

---

5. France, Belgique, Suède, Finlande, Pays-Bas, Danemark, Australie, Nouvelle-Zélande, Royaume-Uni, Irlande, Brésil, États-Unis, Canada, Singapour. Le choix de ces pays correspond à différents critères : leur expérience en matière de modernisation budgétaire et de gestion par programmes, source OCDE ; m'avoir donné la possibilité d'obtenir des informations de première main (sous forme écrite ou sous forme d'entretiens). Sans être exhaustif, ce choix permet d'avoir une vision large.

été associée en tant qu'expert à la conception de la nouvelle loi sur la loi de finances durant l'année 2001.

Cet ouvrage est donc basé sur une connaissance approfondie de la gestion par programmes et par résultats, tant en France (ministère de l'Intérieur, ministère de l'Équipement) que dans des pays étrangers où elle a parfois trente ans d'histoire.

Quels sont les objectifs de ce livre ?

Clarifier la LOLF

L'objectif premier est de faire comprendre la réforme de l'ordonnance et d'en clarifier la finalité : s'agit-il d'une réforme exclusivement budgétaire ou de portée plus large ? s'agit-il de renforcer les pouvoirs du Parlement et l'obligation de rendre compte ou de moderniser les modes de gestion des ministères ? s'agit-il des deux ?

L'histoire mondiale récente (Australie, Royaume-Uni, Nouvelle-Zélande, pays nordiques) montre que chaque réforme met en jeu des intérêts différents, pas nécessairement congruents. Par ailleurs, on entre de plus en plus, en raison de la crise du modèle hiérarchique, de la décentralisation, de l'Europe ou la mondialisation, dans un jeu d'acteurs multiples : de l'administration aux parlementaires et au gouvernement en passant par les citoyens, les associations, les élus locaux, les corps de contrôle, etc.

Comment gérer cette complexité ? La LOLF, de même que les évolutions internationales analysées dans ce livre, entraîne une innovation majeure : la reconnaissance de l'existence des acteurs, hommes et femmes, dans l'analyse de l'administration. En effet, travailler sur des résultats suppose de connaître les partenaires de l'action publique, leur diversité et leurs contradictions. Un résultat sera un résultat pour qui ? De quel point de vue ? Les résultats ne sont jamais une réalité abstraite, ce sont des faits répondant à des objectifs et à des critères. C'est la reconnaissance du fait que les décisions, en pratique, prennent en compte les attentes mais aussi les intérêts, et supposent des stratégies de conviction ou de gestion des inerties. Elles ne vivent pas dans l'abstrait mais s'incarnent dans les personnes qui les vivent.

Comment tenir compte de cette nouvelle dimension ? Voilà l'un des enjeux de ce travail.

Aider la mise en œuvre pratique

La LOLF introduit des concepts très nouveaux dans la tradition française, et il faudra des outils qui permettent de la mettre en œuvre. Ce livre tend à clarifier le plus possible les mécanismes, les méthodes de mise en œuvre des programmes ainsi que les exemples actualisés de pratiques françaises ou étrangères.

Quel est le fil conducteur ?

La première partie porte sur les avancées de la LOLF. Il est nécessaire de connaître l'histoire de la gestion par programmes, car elle permet d'éviter la reproduction d'erreurs et de mieux comprendre les choix d'action et leurs finalités. (chapitre 1)

Le détail technique de la loi sera examiné ; il implique des transformations très profondes, non seulement des pratiques budgétaires mais aussi des pratiques de gestion en France. La LOLF n'est pas une loi de polissage de l'existant mais d'avancée significative sur les liens entre le budget et la gestion. (chapitre 2)

La LOLF introduit une culture toute nouvelle dans la pratique : celle de l'obligation de rendre compte. Même si le principe en a été fixé par l'article 15 de la Déclaration des droits de l'homme, cette obligation n'a jamais été vraiment mise en œuvre jusqu'a ce jour. (chapitre 3)

Dans la deuxième partie de l'ouvrage sont analysées les conditions de succès de la réforme, pour qu'elle ne soit pas un gadget modernisateur de plus.

Pour mettre en œuvre des programmes, encore faut-il savoir les définir et qui les définit. (chapitre 4)

Le programme emporte la nécessité de ne pas confondre la budgétisation et la comptabilité et d'utiliser intelligemment les coûts. Nous tenterons de montrer que, dans le cas opposé, le risque est grand de voir se mettre en place « des usines à gaz » peu utiles, tant pour les gestionnaires de programmes que pour l'autorité politique et les citoyens. (chapitre 5)

Il est aussi nécessaire, pour des raisons que nous développerons, de ne pas plaquer les programmes sur les structures existantes. (chapitre 6)

La gestion par programmes suppose la clarification des relations entre l'autorité politique et l'administration. (chapitre 7)

Enfin, comme dans toute réforme, la gestion des ressources humaines doit être harmonisée avec les principes développés par la réforme. Comment juger et inciter les fonctionnaires à participer à la culture du résultat ? Il n'y aura pas de gestion dynamique des programmes sans responsabilisation des fonctionnaires. Nous développerons les problèmes liés à cette responsabilisation. (chapitre 8)

L'évaluation est inhérente à la notion de programme. D'abord pour des raisons de probité, si l'on écarte le contrôle, la logique est d'avoir une évaluation simultanée a priori ou renforcée a posteriori. (chapitre 9)

Synthèse. Qui dit « programme » sous-entend les questions suivantes :
• comment définir les objectifs et les résultats ?
• comment les mesurer ?
• comment les articuler avec l'organisation ?
• comment obtenir une réelle autonomie de mise en œuvre et de gestion ?
• comment mettre en jeu la responsabilisation des fonctionnaires et créer un système d'incitations cohérent avec l'atteinte des résultats ?
• comment exercer un contrôle[1] moderne ?

1.   Le terme « contrôle » sera utilisé au sens générique d'évaluation et non de contrôle de légalité, avec les connotations d'autorité et d'imposition que le mot peut avoir en français.

Au-delà de la composition de l'ouvrage, il apparaît crucial de souligner les messages clés de la réforme elle-même.

Le contexte international

Ce livre met en perspective la LOLF dans le cadre des évolutions internationales du management public : apprenons de nos voisins, mais ne commettons pas les mêmes erreurs.

Les évolutions internationales, en matière de management public, concourent à l'optimisme ; il devient difficile d'utiliser l'argument habituel (être le sous-marin d'une politique d'attaque de l'État) pour dénoncer ce management. Cet argument s'écroule pour plusieurs raisons. Les pays managériaux[6] se trouvent dans une phase active de critique en ce qui concerne leur remise en cause passée du service public[7]. À l'inverse, certains pays (Italie, y compris sous la coalition de gauche, Belgique) poussent plus loin la libéralisation que les pays mana-

---

6. L'expression « pays managériaux » est utilisée pour les pays qui ont mis en œuvre des programmes. L'ensemble est hétérogène, car il comprend des pays de langue anglaise, des pays nordiques, des pays asiatiques, des pays latins et des pays sud-américains.
7. *The review of the centre*, States services commission, Nouvelle-Zélande, 2001.

gériaux les plus dogmatiques. Enfin, d'autres pays (Espagne, Portugal, Brésil, pays nordiques entre autres) ont beaucoup progressé dans l'application du management par résultats.

L'une des évolutions les plus frappantes, depuis cinq ans, relève de divers facteurs : la fin des modèles, la revalorisation de l'idée de service public et le retour du citoyen à travers la consultation et l'examen de l'efficacité des politiques publiques[8].

La fin des modèles est due d'abord à certains échecs cuisants, comme l'exportation sans nuances de certains modèles budgétaires à travers le monde, notamment le modèle néo-zélandais, par les organisations internationales. Elle est également due au développement des travaux sur la modernisation, qui montrent qu'il y a bien souvent plus de différences que de liens entre les réformes des différents pays.[9]

La fin des modèles ou de la réponse unique

L'idée qu'il n'est pas de management hors d'un contexte constitutionnel, politique, culturel et historique[10] a fait son chemin. Ainsi, le budget néo-zélandais convient à une nation unitaire, avec un gouvernement de majorité absolue (d'ailleurs, sa logique s'effrite depuis que le pays connaît des gouvernements de coalition) et des collectivités locales ne disposant d'aucune autonomie, sans compter la concentration géographique du pays. Pourquoi ? Budgéter uniquement sur des prestations dont les coûts sont très précisément connus est plus aisé dans un système intégré et hiérarchique, où les contradictions sont peu nombreuses, que dans un système intégrant des acteurs multiples et tous légitimes, comme l'Australie (pays fédéral où les États souhaiteront participer aux choix de mise en œuvre). La

---

8. L'efficacité (mesure et interprétation des résultats par définition) analyse des résultats externes aux organisations, des résultats sur les citoyens et, par là-même, dépasse la question du management au sens de l'optimisation de la gestion interne des organisations pour aborder celle des objectifs, donc des choix de politiques publiques, de leur pertinence et de leur stratégie de mise en œuvre. Plus large, le concept d'impact permet d'analyser des effets plus durables. En d'autres termes, il n'y a pas vraiment d'efficacité des organisations *per se*, mais une efficacité des organisations dans le cadre des objectifs de politique publique qu'elles poursuivent.

9. Colloque de l'Indiana University, *Civil service systems in a comparative perspective*, 2000 ; de même, Pollitt C. et Bouckaert G., *Public management reform, a comparative analysis*, Oxford University Press, 2000.

10. Opus cité. Pollitt et Bouckaert ont réalisé une enquête internationale sur le sujet. Elle est sans ambiguïté sur cette assertion et sa démonstration.

France, pays décentralisé et déconcentré, est dans le même cas de figure que l'Australie.

Autres exemples

L'égalité d'accès territoriale au service public ne se pose pas de la même façon dans un pays fortement urbanisé et dans un pays où, sur les trois quarts du territoire, la ville la plus proche peut être à cinq cents kilomètres. La capacité de clarifier des objectifs n'est pas la même dans des pays qui ont une longue tradition de débat public non conflictuel et dans des pays où tout est objet d'alternances sévères et de polémiques. Des budgets très ciblés sur quelques priorités claires seront plus aisés dans le cas de gouvernements ayant une légitimité électorale forte et suffisamment de temps devant eux, que dans de fragiles gouvernements de coalition.

Cela ne veut pas dire qu'il n'y ait pas des points communs au management, par exemple, le fait qu'un « bon » service aux citoyens doit répondre à la fois aux critères d'efficience, d'efficacité et de qualité[11] mais que les stratégies de mise en œuvre doivent prendre en compte le contexte politique, économique et social plus large dans lequel elles s'inscrivent.

Plus fondamentalement, il ne s'agit pas d'attribuer des bons ou des mauvais points aux différents pays. Les pays de l'OCDE ont une histoire trop différente et des relations entre l'État et la société civile trop spécifiques pour que l'on puisse plaquer un modèle tout fait. Ainsi, les Français ne sont pas choqués que la loi prenne en charge des questions éthiques et de sens de la vie en commun, alors que dans de nombreux pays managériaux ceci apparaîtrait comme une intervention insupportable de l'État car ces questions relèvent du choix de l'individu.

Les outils et les méthodes devraient être resitués dans un contexte et dans une sociologie des acteurs qui sont toujours spécifiques. Ces dernières ne sont pas figées pour autant et peuvent évoluer, à condition de tenir compte de l'environnement global dans lequel elles s'inscrivent. Le management n'est ni relatif (chaque pays étant incomparable), ni universel (un même modèle pour tous) : il comporte des réponses meilleures que d'autres et valables pour tous, mais qui doivent être mises en pratique en tenant compte des contextes, des relations sociales et de l'histoire.

---

11. Cette trilogie de critères est adoptée dans les budgets des treize pays qui ont fait l'objet de l'enquête préliminaire à ce livre.

Cet ouvrage ne défend pas le relativisme, selon lequel chaque pays ou chaque administration serait trop unique pour être comparable mais bien le contraire, c'est-à-dire l'analyse des questions fondamentales : pourquoi, quand et comment des méthodes peuvent être transplantées d'un endroit à l'autre ?

La pratique des programmes nous paraît délivrer un message universel sur la modernisation : il est essentiel de clarifier les objectifs, le sens, les buts à atteindre et les résultats, ainsi que les prestations en faveur des citoyens que les fonctionnaires atteignent collectivement.

La revalorisation de l'idée de service public

Nous disposons enfin de travaux[12] qui analysent les évolutions managériales en liaison avec celles des contenus des politiques publiques, par exemple celle de l'emploi.

Ceci est très important car le discours managérial lui-même a souvent été présenté, jusqu'à présent, comme un pur outil de la gestion et de l'efficience, indépendant des choix de politiques publiques[13]. Le fait de savoir s'il fallait ou non des agences, de l'évaluation, du *benchmarking*, du tableau de bord prospectif, entre autres, a été discuté. Mais dans quel but ? Le pourquoi, dans les arènes internationales, fait souvent l'objet d'objectifs vagues (rendre l'administration plus efficiente, mieux servir les usagers, être plus sensibles aux attentes politiques, la *responsiveness*, etc.).

À l'inverse, nombre d'universitaires[14] ont dénoncé les pratiques managériales, qu'ils voient comme l'habillage d'une action de réduction du secteur public, ce qui était facile à justifier car bien souvent la modernisation et la volonté de réduire le *Welfare State*, l'État-providence, sont allées de pair.

Enfin, les choses s'éclaircissent. Il y a un débat à lancer sur l'utilité intrinsèque des outils et des réformes (veut-on ou non des agences et pourquoi, par exemple). Toutefois, l'analyse de leur mise en œuvre doit prendre en compte l'abstraction des objectifs qui leur ont été donnés dans des contextes politiques

---

12. Considine M., *The entreprinisng States*, Cambridge University Press, 2001.
13. Ceci est essentiellement dû à l'influence des organisations internationales, telles que l'OCDE ou la Banque mondiale.
14. Rouban. L., *La fin des technocrates*, Presses de la Fondation Nationale des Sciences Politiques, Paris, 1998.

déterminés[15]. C'est le cas pour la politique forcenée de fixation de cibles (résultats à atteindre chiffrés) au Royaume-Uni, depuis la politique de mise en place des agences.

Prenons le cas de la politique d'aide aux chômeurs. Les cibles ont été tellement contrôlées et sévères, qu'elles ont abouti au fait que le service public ne s'est concentré que sur les coûts, au détriment des aspects qualitatifs et relationnels. Ceci n'est pas intrinsèque au fait de déterminer des résultats mais à une politique délibérée d'élimination des chômeurs « non actifs » dans la recherche de travail ou difficiles à placer. On aurait pu imaginer d'autres cibles et une utilisation différente qui les aurait plutôt considérées comme des pôles de régulation et d'information à rectifier si elles créaient des effets pervers.

Dans l'esprit du service public, les cibles de prestations[16] sont les plus contestables, quand elles sont utilisées sans cible d'impact : par exemple, des cibles de radiation des chômeurs des listes de chômage plutôt que des cibles de taux de retour à l'emploi[17]. Mais ceci relève plus d'une expression des objectifs implicites qui sous-tendent les mesures que d'une déviation intrinsèque aux mesures elles-mêmes.

Par ailleurs, les études et les évaluations en cours attestent du fossé qu'il existe entre la rhétorique de la modernisation et sa mise en pratique. C'est le cas dans les pays qui ont prôné le modèle du marché. En fait, même si des mécanismes de type « quasi-marché » ont été mis en place (appels d'offres, contestation possible, financement par bons d'échange), cela n'a jamais réduit mais, bien au contraire, renforcé le contrôle des résultats attendus par les administrations centrales. Par exemple, il est vite apparu dans les réformes de libéralisation du marché de l'emploi (Royaume-Uni, Australie, Nouvelle-Zélande, Pays-Bas) que le marché ne « parlait » pas de lui-même ; s'il avait permis l'émergence de prestataires nouveaux, un contrôle étatique des niveaux de service rendus aux chômeurs aurait été nécessaire. Ce qui s'est produit, c'est un mouvement en deux temps.

Dans un premier temps, les centrales, frustrées par l'autonomie de gestion des centres de responsabilité aux crédits globalisés,

---

15. Voir l'ensemble des travaux de Christopher Hood, ancien patron de la London School of Economics, aujourd'hui enseignant à Cambridge.
16. Les prestations sont les services fournis par l'administration (*outputs*), les impacts les résultats à plus long terme, et les effets des actions de l'administration (*outcomes*).
17. Cible de l'agence de l'emploi au Royaume-Uni, publiée en 1997.

ont dupliqué leurs mécanismes de contrôle, refaisant leur travail de contrôle de gestion et d'évaluation qui incombe normalement au centre de responsabilité[18]. Les services de prospective et de conseil en administration centrale ont laissé la place aux services de pilotage. Ainsi, en Australie, deux cents personnes ont été recrutées au ministère de l'Emploi pour gérer les contrats établis avec les sous-traitants ; elles ont simplement pris le relais des services du ministère en régie directe avant la politique de sous-traitance.

Dans un second temps, constatant l'irrationalité de cette inflation d'une bureaucratie du contrôle, l'État s'est orienté vers la définition de standards d'efficience et de qualité à atteindre, mettant ainsi en place un encadrement des normes qui n'existait pas dans le « vieux » service public intégré, hiérarchique et anonyme. Pourtant, ce modèle n'est pas le modèle du marché, mais celui d'un service public complexe où, d'une part, la gestion et les choix de mise en œuvre sont rendus plus libres mais, d'autre part, la définition et le contrôle des résultats sont plus étroits. En quelque sorte, il y a une déréglementation et une re-régulation.

Le mouvement actuel n'est pas celui du retour au service public de type wébérien, fondé sur la règle universelle, mais plutôt celui d'un service public nouveau. Ce dernier relève plutôt d'un mixte : autonomie accrue, mise en concurrence lorsque c'est pertinent, renforcement des résultats à atteindre et de l'évaluation.

Il serait optimiste de conclure que le service public fait l'unanimité au niveau international, mais que l'idolâtrie du marché (ou l'idée que le service public est un simple prestataire parmi d'autres) fait place à un ensemble plus complexe de pratiques, dont certaines émanent du privé, d'autres du public, tout en reconnaissant qu'il y a une spécificité des enjeux de politique publique.

---

18. Ce que les directeurs d'agence ont dénoncé sous l'expresion « duplication inutile », Trosa report, 1994 ; ou, en anglais, *double-guessing and overlapping*.

Le retour du citoyen

Le retour de l'efficacité, c'est-à-dire celui de l'impact des actions publiques sur le citoyen, est aussi une nouveauté.[19] Ce retour se traduit par un regain du besoin d'évaluation et une reconnaissance de la légitimité des partenaires des programmes dans la construction de l'intérêt général.

Le come-back de l'évaluation

En 1996, pour la première fois, l'OCDE a publié un guide de l'évaluation, jusque-là refusé par les pays membres. L'évaluation était considérée comme un sujet trop politique qui questionnait les objectifs des politiques publiques et non leur efficience, laquelle serait l'objet unique du management. Le fait de pouvoir évaluer, donc de mesurer et d'analyser les résultats à partir des objectifs, replace le management dans la gestion mais aussi dans le débat sur les choix publics.

En termes d'anecdote, l'ancienne équipe de l'efficience dans le gouvernement de Margaret Thatcher (Efficiency Unit) a été reprise telle quelle, avec les mêmes personnes, par celui de Tony Blair. Seule son appellation a changé – équipe de l'efficacité : l'efficience étant considérée comme « Tory » et l'efficacité comme « travailliste ».

Partout, l'évaluation fait un come-back notable. Les responsables politiques, de plus en plus souvent interrogés sur l'efficacité de leurs actions par les citoyens, demandent par ricochet à l'administration de les aider à fournir des réponses. Le citoyen fait désormais partie des grilles d'évaluation, utilisées tant dans l'auto-évaluation (la grille d'auto-évaluation européenne) que dans certaines Cours des comptes. Ainsi le National Audit Office vérifie-t-il avec qui ont été concertés les indicateurs, les mesures et les stratégies de mise en œuvre des objectifs des ministères. Cela signifie que le principe de la concertation doit être tenu pour une obligation.

La légitimité d'une approche partenariale

Il est possible de cerner deux règles, dont l'évidence est battue en brèche par le désir des citoyens de se faire entendre. La première concerne le paradigme anglo-saxon, selon lequel les objectifs sont donnés à l'avance par les politiques, les fonction-

---

19. *Public sector performance ; the critical role of evaluation*, publication de la Banque mondiale, 1999.

naires n'étant que des exécutants et les citoyens n'ayant voix au chapitre que sur la relation de service avec les fonctionnaires. La seconde fait référence au paradigme latin de l'intérêt général où les fonctionnaires, d'essence supérieure aux politiques et aux usagers, définissent le bien public, car ils sont indépendants des lobbies et des intérêts particuliers.

Ces deux paradigmes sont loin de décrire la complexité des décisions du monde moderne. Ni l'hypostase du ministre qui décide tout, ni celle du fonctionnaire, rempart de l'intérêt général, ne fonctionnent plus dans des sociétés où les légitimités se multiplient et où les assujettis demandent voix au chapitre.

Sans disparaître pour autant, l'intérêt général se construit désormais sur l'écoute des citoyens, le dialogue, les résultats des enquêtes et, *in fine*, des arbitrages mais en aucun sur des positions prises a priori au sein des administrations.

Les pays managériaux ont la simplicité presque naïve de ne pas différencier le gouvernement de l'État. Certes, le fonctionnaire y est supposé défendre l'intérêt général à partir de son expérience et de la longue histoire de l'administration mais il le fait sans ambiguïté dans le cadre d'objectifs qui sont ceux du gouvernement rendant compte au Parlement : ceci s'appelle l'alignement (*alignment*). Cette vision linéaire de la décision simplifie les contradictions de la vie réelle, notamment le fait que les objectifs, souvent, ne sont pas donnés d'emblée mais font l'objet d'une construction progressive par compromis et itérations entre les différents acteurs des politiques publiques. Par ailleurs, elle brise l'une des grandes forces de l'État, celle d'avoir des fonctionnaires compétents et dévoués qui ne craignent pas de donner un avis, fût-il déplaisant, au décideur.[20]

À l'inverse, l'histoire de la France est différente de celle des pays managériaux ; elle reconnaît profondément la légitimité de proposition des fonctionnaires. Pour autant, une gestion par programmes remet en cause l'évidence du concept français d'État, lequel s'incarne partout et nulle part, car elle oblige à clarifier les objectifs, à désigner qui les met en œuvre et comment la boucle se ferme en évaluation et conseils aux ministres. Si l'État reste une abstraction, le management par résultats le demeurera aussi car il ne pourra clarifier les compromis entre intérêts différents.

La notion de résultats implique donc deux choses :

---

20. Ce que les Anglais appelaient « *frank and fearless advice* » (un avis franc et sans peur).

- la prise en compte du fait que l'intérêt général se construit à travers des itérations patientes entre les partenaires de l'action publique ;
- l'intérêt général n'est pas le fait d'un seul acteur, si éclairé soit-il. La responsabilité est une entité unique, mais la façon d'y parvenir est multiple. L'intérêt général n'est pas le fait d'un seul acteur, si éclairé soit-il. La responsabilité est une entité unique, mais la façon d'y parvenir est multiple.

Cependant, la prise en compte du citoyen, aujourd'hui, est très ambiguë. Elle met tous les citoyens dans un même groupe alors que des nuances importantes existent. Les catégories sont multiples : l'usager, l'ancien assujetti, perçoit ou subit des services ; le client paye pour des services ; les partenaires de l'action publique sont les groupes organisés ; les parties prenantes, tels des actionnaires, participent de la décision et du financement des services publics. Les intérêts et les enjeux de chacun de ces groupes divergent. L'ambiguïté vient aussi de ce que l'on attend de la « prise en compte » de l'usager :

- sur quoi a-t-il voix au chapitre ?
- est-il consulté ou lui fait-on croire qu'il peut co-déterminer les objectifs avec l'autorité politique ?
- sur quoi est-il consulté ? sur les objectifs, les indicateurs ou sur la relation de service ?

Ces questions ne sont pourtant pas nouvelles et de nombreuses villes les ont vécues douloureusement après mai 1968, au moment où les groupes de quartier et de citoyens se sont multipliés avec l'idée sous-jacente que la démocratie directe allait remplacer la démocratie représentative. La LOLF est claire à cet égard, tout comme les pratiques des pays managériaux : si le citoyen est consulté plus largement, *in fine*, l'arbitrage et l'autorité sont ceux des représentants élus.

Enfin, certains pays ont épuisé les efforts qu'ils pouvaient faire dans le domaine quantitatif. Les réserves de productivité que les administrations avaient[21] sont taries. La Suède, par exemple, estime que sa réorganisation du processus budgétaire (très voisin de ce qui est prévu dans la LOLF) et les souplesses dues aux fongibilités de crédit ont produit 20 % de gains de productivité à

---

21. Cette remarque ironique ne vise pas à légitimer des politiques de réduction d'effectifs, mais le fait est que certains pays, avec moins de contraintes, ont démarré la modernisation, il y a plus de vingt ans, et en sont arrivés aux limites de la recherche des gains de productivité à règles inchangées (Royaume-Uni, Australie, Suède).

effectifs constants[22]. Lorsque le personnel excédentaire a été réduit, s'il y a lieu, lorsque les processus de travail ont été réorganisés, les priorités définies, les responsabilités décentralisées et les services informatisés, d'autres questions se posent : entre autres, la simplification réglementaire, la qualité du pilotage interne aux organisations (parfois appelée « gouvernance »). Des interrogations plus fondamentales sur la pertinence de service public des activités existantes se posent également.

Les principaux messages de la réforme

La vie ne s'arrête pas aux décrets : elle commence après eux

Le changement induit par le management par résultats permettra à l'État de tirer sa légitimité de la production de documents mais aussi de l'atteinte concrète de services pour les citoyens. La force de l'État réside dans la production de textes, même s'il est de bon ton de citer aujourd'hui Michel Crozier : « *on ne change pas la société par décret* ». La culture majoritaire de l'administration et de nombre d'organisations françaises demeure celle de la production du décret. Certains auteurs opposent la société du management, qui serait une société du résultat moins centrée sur l'équité soutenue par le droit, et une société de droit et de procédure, comme c'est le cas en France ou en Allemagne[23]. En fait, la modernisation actuelle ne méconnaît pas le droit[24], plus que jamais nécessaire, elle aide à le mettre en œuvre sans user de l'accumulation réglementaire pour retrouver l'essence de la norme : précision et concision.

En introduisant la notion de « chaîne du management », qui s'étend de la clarification des objectifs aux moyens nécessaires pour les atteindre et aux résultats attendus, la réforme de l'ordonnance relève fondamentalement de la philosophie de l'action : un fonctionnaire met en œuvre au lieu de se galvaniser de pétitions de principe. Les plans d'action et les indicateurs spécifiques mis en pratique pour obtenir des résultats

---

22. Ce qui n'a d'ailleurs pas empêché une réduction importante d'effectifs, par souci d'affichage.
23. Ces écoles de pensée fortes, notamment en Allemagne, se sont largement influencé des travaux de John Rawls, *Theories of justice*.
24. Il est de bon ton, par exemple, de confondre déréglementation et dérégulation. Or, la déréglémentation vise à disposer de règles de droit plus claires, fondées sur des objectifs et qui n'entrent pas nécessairement dans le détail des processus, mais non à supprimer l'encadrement par le droit.

peuvent apparaître plus imprécis que les débats idéologiques sur le rôle de l'État. Leur principal intérêt réside toutefois dans leur mise en place du changement[25] : le « savoir faire » devra être aussi valorisé que le « savoir penser ».

La généralisation d'une mentalité de mise en œuvre (« la vie commence après les décrets ») est possible si la gestion des ressources humaines évolue, c'est-à-dire si les fonctionnaires restent suffisamment longtemps en poste pour mener une action efficace.

La difficulté vient du fossé qui existe entre ceux qui pensent et ceux qui agissent. Ce problème, présent dans la plupart des administrations mondiales, est lié à la hiérarchie (ceux du haut pensent, ou le croient, ceux du bas agissent, ou le croient), aux différences de formation et de discipline mais aussi au fait que la formation des fonctionnaires est plus tournée vers le savoir que vers le savoir-faire. En recentrant l'action sur la stratégie et le « comment faire ? », la logique de programme est une réponse possible à cette dérive « impuissante » de l'administration (lorsqu'on pense, on ne peut pas agir et lorsqu'on agit, on ne peut pas penser).

Il serait pourtant réducteur de croire que les programmes n'ont à voir qu'avec le « comment ? » et les modalités d'action. Ils concernent également la mise en œuvre des politiques publiques et le sens de l'action de l'État.

Pour autant, les finalités de l'action publique ne sont pas oubliées par la notion de programme. Le programme ne concerne pas exclusivement le comment de l'action de l'État mais aussi le pourquoi. Régulièrement, au cours de séminaires de formation, il est demandé aux participants de définir les objectifs de leur action ; la réponse la plus fréquente est une description de leur activité telle qu'elle est au moment de la question, mais non sa finalité ou ses objectifs. Sans une définition précise des objectifs – à quoi servons-nous ? pourquoi faisons-nous ce que nous faisons –, il n'y a pas de programmes. Dans tous les pays, en effet, la clé de voûte des programmes a été la réflexion et la formalisation du sens de l'action publique dans un domaine déterminé. (Voir « La révision des programmes », p. 172.)

---

25. Cette assertion repose sur notre expérience de participation à trois commissions du Plan sur la réforme de l'État, dont les analyses, malgré leur pertinence, n'ont jamais été accompagnées d'un processus de mise en œuvre.

La culture du résultat rassemble-t-elle ou divise-t-elle ?

Il ne s'agit pas ici de polémiquer sur la productivité ou la qualité de la fonction publique ; les généralisations ne produisent guère de connaissances ou de progrès. Cette précaution n'est pas qu'oratoire. Bien souvent, l'emploi du mot « résultat » provoquent des réticences, car les fonctionnaires pensent, en toute sincérité, atteindre des résultats et donner le meilleur d'eux-mêmes, ils ne comprennent pas pourquoi on vient les critiquer. Manager par résultats ne sous-entend pas que les fonctionnaires ne font rien ou sont inutiles, au contraire, il s'agit de les aider à mieux cerner les objectifs qui leur sont fixés et mettre en valeur leurs actions. Pour citer Michel Crozier : « *on ne change pas les gens en ne les respectant pas* ».

Penser en termes de résultats implique des questions très pratiques : que cherche-t-on à atteindre ? pour qui ? avec quelle efficience et à quel niveau de qualité ? À cet égard, se focaliser sur les résultats est un moyen de rassembler, de cristalliser les efforts de chacun autour de questions pragmatiques à résoudre et non autour de débats idéologiques.

Par ailleurs, les résultats ne s'obtiennent qu'à travers des efforts collectifs et non des compétitions individuelles ou des complots. C'est d'ailleurs la principale contradiction qu'ont rencontrée les pays managériaux libéraux qui ont voulu à la fois ne juger que sur les résultats et promouvoir la compétition individuelle. Cela contribue à fragiliser le système, lequel repose sur la résistance des individus à la pression ou à l'épuisement des capacités au lieu de miser sur la solidarité des équipes.

La meilleure incitation contenue dans la LOLF est précisément l'obligation de résultats : pour obtenir des résultats, les guerres picrocholines sont à minimiser, sinon les objectifs ne sont pas atteints et tout le monde en pâtit.

La culture du résultat : conditions de succès

Un résultat n'en est un que s'il y a eu « contrat » entre une hiérarchie et ses agents, au sens non formel, d'un accord préalable sur sa définition et sa mesure. La transparence est l'un des enjeux de succès, tout comme la possibilité d'allouer des moyens, de rectifier des stratégies d'action publique en cas de dysfonctionnement, mais aussi la connaissance des attentes des citoyens. En définitive, un peu de connaissance et de rationalité sont à mettre au service de l'action de l'État.

Si l'on veut rester cohérent avec l'esprit du management par résultats, la LOLF, seule, ne pourra pas régler les problèmes qui relèvent de la gestion des ressources humaines et de certains blocages réglementaires, liés à la rigidité des statuts particuliers et des statuts d'emplois. Toutefois, cela ne suppose pas une remise en cause de l'idée de statut général des fonctionnaires.

Les principaux blocages

• L'ouverture de la fonction publique à plus de diversité dans le recrutement et les carrières, et la mise en place de systèmes cohérents de contribution / rétribution avec l'obligation de résultats, sont des enjeux majeurs. Certains pays[26] y sont parvenus sans remettre en cause le principe de recrutement par concours, les promotions au mérite, l'indépendance statutaire des fonctionnaires, mais en développant des modalités différentes de celles de la France. D'un point de vue tant technique que social, il n'existe pas un choix noir et blanc entre le statut tel qu'il est et l'univers sauvage de la politisation et de la précarité. Ceci mériterait un débat approfondi et un autre ouvrage...

• L'évaluation des individus sur les résultats : le fonctionnaire n'est pas juge de ses résultats ou de la qualité de ses relations avec les citoyens ou avec ses partenaires, faute de définition des objectifs de l'organisation et de l'individu en ces matières.

Les évolutions culturelles

• Rendre la responsabilité acceptable et attractive. La mise en place de la transparence nécessite un climat de confiance, où le supérieur hiérarchique utilise les résultats pour établir un climat de dialogue afin d'améliorer l'action et non pas trouver des boucs émissaires.

• Utiliser intelligemment la mesure. Celle-ci, pour être acceptée et durer, ne doit pas être un outil de « parangonnage »[27] mais contribuer à l'amélioration des pratiques au quotidien.

---

26. Royaume-Uni, si l'on y regarde de près, Pays-Bas, Suède, Finlande, Irlande, Australie.

27. Ce mot barbare est fascinant car il fait référence au mot anglais *benchmarking*. En réalité, le *benchmarking* n'est ni plus ni moins que la comparaison et les conclusions que l'on veut bien en tirer. Certains pays, tel le Royaume-Uni, l'ont poussé vers l'idée de classement par ordre de mérite, d'où l'apparition du terme de « parangonnage ».

- Le développement de l'évaluation des actions publiques s'inscrit dans un nouvel état d'esprit, selon lequel l'expertise n'est valable que lorsqu'elle est plurielle, diversifiée et ouverte. Elle se démarque ainsi de la tradition de l'intelligence, où la brillance d'un esprit bien fait suffisait aux réponses. Même le fonctionnaire le plus intelligent, le mieux formé, ne peut pas détenir toutes les réponses, en l'absence de dispositifs rigoureux de collecte d'informations, d'analyse, d'évaluation et de consultation. Cette acceptation de la pluralité de l'expertise est le cœur même de l'évaluation.

- La notion de programme se distingue de celle d'agence. Il ne s'agit pas de réduire l'administration à un exécutant ou à un prestataire docile, tandis que seuls les politiques sont habilités à définir les objectifs. Au contraire, il s'agit de renforcer la voix des fonctionnaires dans le conseil aux ministres par une meilleure connaissance du terrain et des difficultés à résoudre, et ce en valorisant l'action et les stratégies d'application des politiques publiques.

Vaincre le scepticisme ambiant

Ce qu'il faudra vaincre avant tout est le scepticisme ambiant sur la réforme de la modernisation.

« Pour poser le débat, il me semble qu'il faut bien voir que la sphère publique est institutionnelle et que les difficultés rencontrées sont de deux ordres : premièrement, une certaine culture de l'opacité qui ne prédispose pas les agents publics à rendre des comptes ; deuxièmement, des périmètres d'action mal définis. [...] Première responsabilité à revoir, nous ne sommes pas dans une culture de reddition de compte, ce qui arrange beaucoup de monde : le politique, les corps, les chapelles, les corporatismes, la cogestion... Il est commode alors pour la sphère publique d'avoir un système d'information financière d'un archaïsme affligeant, mais cela réduit l'examen au Parlement du projet de loi de finances à des débats virtuels. » [28]

Cette déclaration, préalable au vote de la LOLF, pointe un problème de fond : tout le système de fonctionnement et de culture est à changer.

Si l'on part d'un point de vue pessimiste – selon lequel nul acteur en France ne veut vraiment la transparence, que chacun s'est habitué à un fonctionnement lent et procédurier de l'administration, que les

28. Arthuis J., *in* table ronde de la revue *Politiques et management public*, colloque mars 2000, *in* vol. 19, septembre 2001.

fonctionnaires se sentent peu valorisés mais que la garantie de l'emploi est suffisante, que les entreprises se plaignent par principe, que le prestige de l'État et sa qualité sont très forts, que l'Europe en pratique est encore loin –, il n'est pas de raison de changer. *Eppur si muove*. Et pourtant, la France bouge !

Si l'on cesse la guerre de positions – pour ou contre la France, pour ou contre les fonctionnaires, pour ou contre le passé –, peut-être sera-t-il possible de raisonner en termes d'amélioration continue, qui ne renie rien mais enrichit.

La culture du résultat et le volontarisme

Changer sans bousculer : les pays qui se sont engagés dans le management par programmes ont souvent attendu entre cinq et dix ans avant d'en récolter les premiers fruits.

Si l'on veut sortir du confort dû à l'opacité, où la meilleure solution pour traiter un dossier est de l'enfouir dans un tiroir, il faudra aborder le système de régulation implicite, c'est-à-dire les règles officielles et les normes sociales, du secteur public, ce qui est considéré comme juste et acceptable, et les incitations à l'action.

Les exemples où les règles changent mais non pas les régulations systémiques sont nombreux. Par exemple, une loi votée ne sera pas appliquée, si certains intérêts sont bousculés. On peut afficher la volonté d'atteindre des résultats et ne cibler que les plus faciles, afin de ne pas trop changer le travail au quotidien. On peut fixer des objectifs de maintien des coûts et de qualité tout en sachant que les objectifs de coût pèseront plus dans la pratique, car ils sont plus faciles à mesurer et à sanctionner. Pour éviter ces effets pervers, le changement d'un système, qui n'est jamais acquis, doit jouer sur plusieurs registres :

• une loi comme celle qui vient être votée ;

• un Parlement qui sert d'aiguillon par son questionnement à l'évaluation et à la performance ;

• une gestion des ressources humaines en harmonie avec les principes de la gestion stratégique par résultats ;

• une formation systématique et adaptée aux besoins pour tous ;

• une valorisation de principe et non exceptionnelle des bons résultats ;

• une exemplarité visible ; le changement débute par le sommet.

Changer sans bousculer atteste aussi d'une maturité accrue en matière de pilotage du changement.

Il faudra tenir compte de la spécificité française qui n'est ni de faire des réformes « vitrine », ni des big bang, mais d'expérimenter avec un horizon de mise en œuvre générale défini à l'avance. Maints mots d'ordre de la culture du résultat ne sont pas encore des pratiques quotidiennes. La France, plus habituée aux ajustements informels qu'à la formalisation d'objectifs et de critères, voit toujours la responsabilité comme un concept juridique et non pas comme une réalité. Le changement se fait par les textes et sans texte : en France, on ne change pas la société par décret, mais on ne la change pas sans décret.

La culture de la LOLF, dans le respect des lois, est le règne de l'initiative, du choix des stratégies sans circulaire d'application mais aussi de la recherche de solutions à mettre en œuvre. Sa mise en place va demander un travail de préparation des esprits et de démonstration des avantages de ces nouvelles pratiques. Transparence et responsabilité sont deux points sensibles pour le management qui devra démontrer que ce sont des opportunités et non des menaces pour les fonctionnaires. Un travail approfondi et continu de dialogue, de conviction, de communication et de formation seront nécessaires. Telle sont les conditions de la réforme.

Les acteurs à mobiliser

La France est habituée au fait que des lois ne soient pas appliquées. Pour éviter que la LOLF subisse le même sort, son application nécessite l'implication d'acteurs bienveillants et dynamiques :

- un Parlement qui exerce sa fonction de questionnement des résultats et qui insiste sur l'obligation de rendre compte, tant pour les ministres que pour les fonctionnaires ;
- des ministres concernés par la qualité des systèmes de fonctionnement de leurs ministères ;
- des directeurs pleinement impliqués dans la modernisation de l'administration ;
- des fonctionnaires favorables au mouvement et pas découragés ;
- une direction du Budget et des administrations interministérielles qui continuent leur travail de simplification des procédures et de conseil ;
- une Cour des comptes qui recherche moins les dysfonctionnements que les causes qui y ont mené et aide à trouver des solutions positives ;
- des universitaires dont l'analyse aide les décideurs.

La réforme de l'État est-elle possible en France ?

RUMEUR
Ouvrez vos oreilles ; et qui donc voudrait clore
Le conduit de l'ouie quand Rumeur à pleine voix parle ?
Moi qui, sans cesse d'Orient jusqu'en Occident,
Pour chevaux de poste prenant le vent, développe
Les actes commencés sur cette terre ronde.
Mes langues sont courriers d'incessantes médisances,
Lesquelles je proclame en tous parlers du monde,
Remplissant de faux bruits les oreilles humaines.
Je parle de paix, alors que les sourdes haines
Sous un soupir rassurant portent leurs coups au genre humain. »
Shakespeare, *Henry IV, in* le Club Français du livre, p. 271, 1956.

Il est de bon ton d'analyser en détail les raisons de l'impossibilité du changement en France. Au fond, l'État-providence paraît encore fonctionner, les services sont lents, mais on s'en accommode car la sécurité de l'emploi comparée à d'autres pays demeure forte, le niveau de l'éducation reste relativement élevé... Il faudra des efforts de conviction, en douceur, pour rompre un consensus social mou. Pouvoir changer ou pas ? Deux propositions qui, selon Karl Popper, sont infalsifiables, donc peu utiles. En revanche, le monde change, et cette réalité est incontestable.

Les évolutions de l'efficience à l'efficacité, du management à la gouvernance, de la structuration interne des administrations aux systèmes de pilotage des actions publiques, sont surtout des approfondissements. Cela aussi est un changement, qui consiste à ne pas changer nécessairement de cap en matière de réforme administrative parce que le gouvernement a changé.[29]

---

29. Par exemple, Tony Blair a infléchi la réforme de l'administration pour prendre en compte ses priorités, notamment sociales, sans remettre en cause la réforme des agences britanniques. Le nouveau gouvernement néo-zélandais met plus l'accent sur la qualité du service aux usagers, mais ne renie pas les mécanismes budgétaires et comptables qui fonctionnent et cherche à les améliorer. Le président Bush a entériné la réforme Clinton concernant l'expérimentation de l'atteinte de résultats dans les agences américaines. Il n'est pas question de nier que les tonalités changent avec les gouvernements, tout comme les priorités, mais de constater que de nouveaux gouvernements ne se sentent pas obligés de défaire l'action des précédents, simplement pour le principe.

Cela dit, les choses bougent. Ainsi, le rapport Mandelkern sur la qualité de la réglementation en France ne masque pas un constat sévère : « *Il est difficilement admissible qu'au fond tous les gains de productivité de l'administration soient engloutis dans la complexité et non au profit de l'usager par une amélioration de la qualité de service, des contribuables par une baisse de leur impôt, des personnels par une amélioration de leur situation* »[30].

Ce type de constat montre une sensibilité croissante de l'État au coût et à l'efficacité des services : « *Les instructions relatives aux études d'impact n'invitent d'ailleurs pas explicitement à l'examen de solutions alternatives à l'édiction de normes. Et de fait, il n'existe nulle part de lieu où l'expertise pourrait être capitalisée sur ce point* ».[31]

En conclusion, cette réforme ne doit pas être limitée à quelques spécialistes du budget ou du contrôle de gestion, mais être diffusée à tous les chefs de service et à leurs collaborateurs, parce qu'il s'agit d'une nouvelle culture, celle de l'action, du « tout est possible », de l'écoute, de la conviction plus que du décret, de l'influence plus que de l'ordre ou de l'injonction. Les obstacles à surmonter sont nombreux : réglementaires, techniques, politiques et de régulation. Mais les programmes autorisent, comme cet ouvrage le montrera, une politique des petits pas et des progrès progressifs. Tout ne doit pas nécessairement être réalisé tout de suite.

L'autorité de l'État n'a a priori rien à y perdre, mais son mode d'action sera plus adapté aux exigences du présent et de l'avenir : s'insérer dans un monde complexe où les réponses uniques et les modes de commandement hiérarchiques ne suffisent plus. Le pari n'est pas gagné : l'opacité est plus confortable

30. Rapport publié à la Documentation française, Paris, 2001.
31. Ibidem, p. 13.

que la transparence, l'évitement dans les rapports hiérarchiques plus spontané que le face-à-face, la rumeur plus rapide que des stratégies suivies de consultation et d'implication de tous les partenaires. Il faudra beaucoup de conviction, de formation, de persévérance, de continuité dans l'action, mais aussi des dirigeants actifs et convaincus. L'enjeu n'est pas de mettre en cause l'État de droit ou les valeurs qui fondent la République française mais de rendre leur mise en œuvre plus effective.

La Loi organique n° 2001-692 relative à la loi de finances (LOLF) a été votée par un accord entre les partis politiques, entre l'exécutif et le Parlement. Elle est, à la fois, une réforme et une révolution. Réforme, car la révision a été votée de façon consensuelle ; il s'agit d'un développement et d'un approfondissement du passé et non de la transposition d'une méthode étrangère au budget français. Révolution, car, si elle entre dans les mœurs, elle permettra de gérer différemment le budget mais aussi la vie quotidienne des administrations et des fonctionnaires.

La LOLF est issue d'une proposition de loi présentée le 11 juillet 2000, au nom d'une commission spéciale présidée par M. Forni. Le rapporteur à l'Assemblée nationale en a été M. Didier Migaud. La LOLF a fait l'objet de deux lectures dans chacune des assemblées. Conformément à l'article 46 de la constitution, elle a été adoptée en termes identiques par les deux assemblées. Elle a été examinée par le Conseil constitutionnel, qui a rendu sa décision le 26 juillet 2001. (Voir Annexe p. 203.)

Dans cet ouvrage, nous nous proposons d'analyser la réforme, mais surtout d'en souligner les conditions de succès dans son application sur la base d'expériences étrangères similaires (Australie, Brésil, États-Unis, Nouvelle-Zélande, pays nordiques, Royaume-Uni) et de tentatives précédentes en France qui n'en étaient pas éloignées dans leur esprit (RCB).

Si l'on observe l'adoption de la budgétisation par programmes dans d'autres pays, il en ressort qu'elle a toujours commencé par un bouleversement majeur des règles budgétaires et comptables. Ce bouleversement a eu lieu simultanément avec un pilotage des ministères allant vers la gestion stratégique[32] et en

32. Les termes de planification stratégique ou de gestion stratégique sont certainement galvaudés, comme tous les termes de management. On a critiqué le côté rigide, non adaptable, de la planification stratégique dans un monde en évolution. Certes, mais les incertitudes diminuent-elles le besoin d'avoir des lignes directrices de l'action ? Changer de terme ne change pas le problème.

harmonisant les modes de gestion des fonctionnaires avec la réforme.

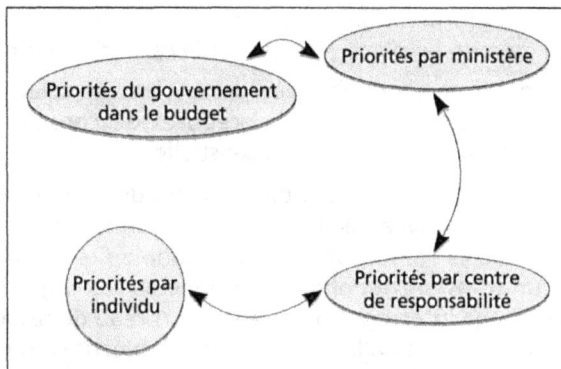

La gestion stratégique permet de définir l'orientation des priorités de l'administration, ses enjeux et leur mise en œuvre.[33] En quelque sorte, partir des objectifs entraîne une spirale qui va des objectifs au plus haut niveau (budget) aux objectifs par organisation (ministères) en passant par les objectifs individuels. Cette logique, parfois appelée « cascade de la performance », peut être descendante (du budget aux individus, des objectifs aux résultats) ou ascendante (des individus au budget, des résultats aux objectifs). La budgétisation par programmes implique la résolution d'un problème après l'autre : elle mène à une gestion intégrée des organisations publiques qui ne privilégie pas une dimension (le budget, les hommes et les femmes, la qualité, etc.) au détriment d'une autre, ce que certains pays appellent un « système de management global »[34].

Prenons l'exemple d'un objectif qui se déclinerait aux différents niveaux d'une organisation :

• priorité du gouvernement → mise en place de centres d'éducation renforcée ;

33. Par exemple, lorsque le congrès des maires, en 1976, dénonça le ministère de l'Équipement comme un ministère n'écoutant pas les élus et ne répondant par à leurs attentes, le projet stratégique du ministère devint d'être plus ouvert aux collectivités territoriales, de leur démontrer en coût et en qualité le niveau de service qui leur était fourni et de renforcer le professionnalisme du ministère afin de lui rendre sa compétitivité face au secteur privé.
34. Royaume-Uni, Australie.

- priorité du ministère de l'Éducation → mettre en place trente centres au cours de l'année 2002 ;
- priorité du centre de responsabilité (service en l'occurrence) charge de la localisation des centres → définir les critères de priorité de mise en place et proposer la carte des centres ;
- priorité de la personne chargée des critères de sélection des centres → mise en place de procédures de consultation et d'analyse pour une sélection consensuelle.

Les priorités ne s'additionnent pas ; il s'agit de définir la contribution de chaque niveau aux objectifs généraux, à partir de son expertise et de sa responsabilité. La cascade de la performance n'est pas un transfert des objectifs supérieurs aux objectifs individuels mais une interrogation de chaque niveau de responsabilité sur sa contribution à la réalisation de l'objectif commun.

Peut-on réaliser une bonne planification stratégique sans toucher au budget ?

On peut se demander pourquoi il est nécessaire de changer les mécanismes budgétaires et de ne pas se contenter d'une planification stratégique ?

Le budget est le moment décisif au cours duquel les choix se concrétisent ; l'une des raisons de la désillusion à l'égard de la modernisation est précisément le fait que les conséquences des décisions budgétaires ne sont pas toujours en harmonie avec les objectifs de progrès des administrations.[35]

Le budget peut pousser à ce que la planification stratégique relève à la fois de la prospective et d'une démarche évaluative. La budgétisation par programmes suppose une projection dans l'avenir et une analyse du passé. Ainsi, en Australie et aux États-Unis, toute proposition de dépense nouvelle fait l'objet d'une évaluation avec une projection des coûts et des bénéfices et une

---

35. Guillaume H. : « *La définition d'indicateurs de résultats par programme n'est nulle part considérée comme un simple exercice de technique budgétaire, il découle d'un choix effectué par les ministres sous leur responsabilité, de la définition des objectifs, des finalités et des indicateurs qui permettent de suivre ces objectifs. On constate partout, et cela réjouit l'ancien commissaire au Plan que je suis, le développement plus ou moins formel d'un processus de planification stratégique qui permet de définir la finalité des politiques publiques, exercice qui s'opère généralement sur plusieurs années par un engagement plus ou moins formalisé du ministère.* » Audition par la commission spéciale de l'Assemblée nationale chargée d'examiner la proposition de loi organique relative aux lois de finances, jeudi 9 novembre 2000.

référence, si possible, à des évaluations de politiques sembla-bles antérieures. L'objectif est d'obtenir le « développement durable » de politiques durables et d'utiliser des éléments d'expertise objectifs d'aide à la décision. La Commission euro-péenne a adopté ces règles.

PARTIE I

LE BUDGET AU SERVICE DU CHANGEMENT

« Je décidais que l'heure était venue de devenir plus radical et de dire à mes fonctionnaires quoi faire. "Franchement, dis-je, ce ministère doit se libérer de la bureaucratie de Whitehall. Nous avons besoin d'un bon coup de balai. Nous allons ouvrir les fenêtres et laisser entrer un peu d'air frais. Nous allons simplifier la réglementation et les procédures. Nous allons repartir de zéro. Nous avons beaucoup trop de gens inutiles assis derrière des bureaux."
Je me rendis compte à ce moment là que moi-même j'étais assis derrière un bureau, mais j'étais sûr qu'ils avaient compris que je ne parlais pas de moi. »
L'honorable Sir James Hacker, ministre de la Réforme administrative, *in Yes Minister,* Londres, BBC, 1981.

Une budgétisation « moderne » implique des choix techniques mais aussi des changements de culture et de pratiques, dont les enjeux sont multiples, à la fois :

• de positionnement par rapport à une histoire internationale de budgétisation par programmes (chapitre 1) ;

• de technique et de philosophie budgétaire et comptable ; la budgétisation informée par les résultats, un budget plus transparent, rigoureux et prospectif (chapitres 2 et 3), dont les principales questions sont la globalisation des crédits, la gestion des emplois dans le cadre de la globalisation des crédits, des souplesses ouvertes à tous, les effets et les méfaits de la verticalité des programmes ;

• du rôle du Parlement (chapitre 3), dont les principales questions sont le changement culturel au sein du Parlement, la conciliation des deux finalités de la réforme, à savoir mieux gérer et rendre compte.

Chapitre 1

Comprendre la réforme, son contexte historique et international

Il est important de connaître le contexte international et son passé, car la LOLF est extrêmement subtile : elle tire parti des enseignements des autres pays en demeurant spécifiquement dans la tradition française. Toutefois, elle ne le dit pas, le travail de choix qui a été effectué à partir d'expériences étrangères n'apparaît pas assez dans les débats parlementaires et demeure l'apanage de ceux qui ont été au cœur de cette loi. Voilà pourquoi, il est nécessaire d'en restituer le contexte. Par ailleurs, l'application de la LOLF soulèvera les mêmes questions que dans les autres pays. Ce chapitre examine alors :

- les trois phases de la budgétisation par programmes, qui sont aussi trois modèles et trois choix possibles ;
- le lien entre ces modèles de gestion et l'évolution concrète des enjeux de l'État.

Qu'est-ce qu'un programme ? Un programme est un ensemble d'objectifs, de stratégies de mise en œuvre de ces objectifs, qui sont traduits en résultats mesurables.

Nous utiliserons les expressions « budgétisation par programmes » pour désigner la LOLF et « management par résultats » pour définir le changement de pratiques qu'elle entraîne[1].

On pourrait résumer ce qui s'est passé ailleurs en trois phases historiques, mais qui sont également trois modèles possibles de gestion :

- budgétisation par programmes dans les années 1972-1975 à la fin des années 1980 ;
- tout sur les prestations (de 1990 à 2000) ;

---

1. La raison en est que le Parlement ne vote pas sur des résultats mais sur des programmes. Par contre, en termes de gestion, les administrations s'engagent à atteindre les résultats communiqués au Parlement à travers la loi de finances.

• « prestations plus impacts » plus État en réseaux (depuis 2000).

La première phase : les années 1972-1975

Le pari de l'intelligence

La budgétisation par programmes est née d'une volonté commune entre ministres et hauts fonctionnaires en vue de réformer l'administration[2]. Des études sociologiques[3] ont montré également qu'elle est allée de pair avec l'arrivée, dans la fonction publique, de jeunes générations d'économistes, soucieux de gérer par résultats et de les mesurer.

Elle repose sur un pari : si on laisse aux fonctionnaires plus de liberté dans les stratégies de mise en œuvre des objectifs et des méthodes de gestion (les « souplesses »), en les contraignant à des résultats et non à des procédures, ils seront plus créatifs, plus inventifs et plus efficaces[4]. Les fonctionnaires sont considérés comme des managers, à la fois experts techniques dans leur domaine et responsables de la gestion de l'organisation et des hommes et des femmes qui la composent. À ce titre, les stratégies de mise en œuvre des objectifs relèvent de leur choix et de leur responsabilité, y compris dans les modalités d'association des personnels, moyennant un contrôle plus strict sur leurs résultats.

Les pays managériaux ne mâchant pas leurs mots, certains textes[5] affirment même que la tutelle tue l'imagination, crée un système de hauts fonctionnaires qui connaissent les données d'une situation et une masse de fonctionnaires dits « d'exécution », qui ne savent ni pourquoi ni comment les décisions sont prises.

Le management par résultats pourrait être décrit comme un pari de l'intelligence contre la règle du soupçon (et si quelqu'un

---

2. Par exemple, en Australie, en 1984, sont arrivés un Premier ministre, un directeur de l'ensemble de la Fonction publique et un directeur du Budget, de la même génération, incarnant des idées communes et travaillant en triumvirat. De même, en 1988, au Royaume-Uni, le Premier ministre, Mme Thatcher, était secondé par un chef du Cabinet Office, Sir Robert Kemp, favorable à la réforme comme le directeur du Treasury.

3. Pusey M., *the new economic rationalism*, Canberra Univeristy Press, 1990.

4. Keating M., « Managing for results in the public interest », in *Australian journal of public administration*, vol. 49 n° 4, décembre 1990.

5. Wilenski P., « Social change as a source of competing values in public administration », *in Australian Journal of Public administration*, n° 3, septembre 1988.

fraudait ?) qui justifie que tant de textes réglementaires soient trop détaillés.

Du point de vue des ministres, l'intérêt de la budgétisation par programmes est de fixer des résultats à atteindre et de mieux connaître les prestations qui intéressent avant tout les citoyens : par exemple, le programme de santé a-t-il vraiment amélioré la santé ? nos hôpitaux sont-ils meilleurs que d'autres ?

Ainsi s'instaure une chaîne logique :

- plus d'engagement des services sur les résultats à travers une gestion stratégique moderne ;
- plus de souplesse dans la gestion budgétaire et comptable, essentiellement de fongibilité des crédits et de conservation des gains de productivité dans le service ;
- plus de responsabilité positive : il est possible de faire et l'on a les moyens de le faire (responsabilisation) et l'obligation de rendre compte (responsabilité) ;
- plus d'intégration des différents niveaux de performance du budget à la performance individuelle.

Objectifs

souplesses

résultats   évaluation

Les points communs des différents programmes dans les pays qui les ont mis en œuvre sont les suivants :

- les objectifs sont issus d'une proposition des administrations et d'une acceptation par le gouvernement ;
- les résultats sont le degré d'atteinte des objectifs (par exemple, diminuer le taux d'erreur des paiements de sécurité sociale de 10 %) ;
- les souplesses résident dans la fongibilité des crédits au sein du fonctionnement (qui inclut la masse salariale dans la plupart des pays) et entre fonctionnement et investissement ;
- les incitations sont le fait que les gains de productivité demeurent dans les centres de responsabilité ;
- la responsabilité.

La France a mis en place une « fongibilité asymétrique » : des économies en matière de masse salariale peuvent abonder les crédits de fonctionnement, en revanche, les économies de crédits de fonctionnement ne peuvent pas augmenter la masse salariale.

La responsabilité concerne l'obligation de compte-rendu qui oblige les ministères à transmettre, tous les quinze jours, au ministère des Finances, un rapport sur leur état comptable (compte de résultat) et au Parlement un rapport annuel sur le degré d'atteinte de leurs objectifs. Les hauts fonctionnaires sont interrogés en moyenne deux fois par an sur leur gestion par le Parlement[6], sans compter les commissions ad hoc.

Les points énumérés ci-dessus ont fait l'objet d'un accord dans les pays qui ont adopté la logique de programme. Par contre, le problème soulevé et non entièrement résolu a été de savoir quel type de résultat mesurer.

Glossaire. Il est d'abord nécessaire de clarifier la terminologie.

N. B. : le même exemple sera suivi et décliné selon la logique de programme dans le cours de cette partie.

Mission[1] (*goals*) : finalité de service public de haut niveau. Par exemple, améliorer la santé des Français.

Objectif : déclinaison d'une mission en buts atteignables, sorte de défi réaliste. Par exemple, améliorer la politique de prévention en matière de santé des plus de quarante ans.

Cible (*target*) : proportion de l'objectif qui devrait être atteinte dans un délai déterminé. Par exemple, toute la population des plus de quarante ans doit faire un check-up annuel. La cible est quantifiée.

Stratégie : scénario de mise en œuvre pour atteindre une cible. Il peut y avoir différentes stratégies dans le cas choisi : sensibiliser directement la population, agir auprès des médecins, subventionner les check-up, etc.

Mesure : donnée d'ordre quantitatif produite « automatique-ment » par un système informatique comptable. En ce cas : le nombre de check-up de personnes de plus de quarante ans.

Indicateur : clignotant d'alerte qui permet aux services de savoir, en temps réel, s'ils sont ou non sur la bonne voie. Dans le cas présent, ce pourrait être le nombre de check-up en juin. Si le nombre s'avère insuffisant, il est possible de lancer une campagne médiatique pour sensibiliser la population.

Résultat : ce qui a été effectivement réalisé, soit en termes de prestations, soit en termes d'impacts.

---

1. Ces définitions sont tirées d'une publication de l'OCDE, *The glossary of terms*, par William Saint-Clair, PUMA, 1994.

---

6. Ce peut être soit l'Assemblée nationale soit le Sénat, selon les procédures existant dans les différents pays. Nous utiliserons donc le terme « Parlement » comme appellation générique.

Avertissement au lecteur

De fait, il règne une confusion dans l'usage des mots, ce qui est normal car les concepts ne se clarifient que par le temps et la pratique.

La première confusion est celle de la mesure et des indicateurs. Tous deux sont nécessaires car ils ne remplissent pas le même rôle. La mesure est plus orientée vers l'obligation de rendre compte alors que les indicateurs doivent aider au pilotage au quotidien.

La seconde confusion concerne les cibles et les résultats. Les cibles étant une pratique peu développée en France, on appelle souvent « résultats » les cibles (déclinaison pratique et réaliste des objectifs). Pour tenir compte de cette réalité, nous appellerons « cibles » les résultats à atteindre et « résultats » ce qui a effectivement été réalisé par l'administration (en prestations et impacts).

Le choix nécessaire : quels types de résultats mesurer ?

La question s'est immédiatement posée, à savoir sur quels types de résultats raisonner dans le cadre des programmes ? Le débat a porté sur le choix entre les prestations (services délivrés dans l'immédiat) et les impacts. Il fait toujours rage car il est, en partie, un débat entre comptables (qui veulent mesurer objectivement, donc des prestations) et économistes, plus sensibles aux impacts. Un débat existe aussi entre contrôleurs (les prestations sont plus facilement mesurables) et gestionnaires (qui veulent savoir si leur action a du sens)[7].

Aujourd'hui, un consensus se dessine au niveau mondial autour du fait que les deux types de services, services immédiats et impacts, sont nécessaires à la compréhension de l'action publique (même si l'accent est plus ou moins mis sur l'un ou l'autre des deux concepts).

▸▸ Les prestations

Les services immédiats, ou prestations, mesurent l'activité : nombre de kilomètres de routes, de lits occupés dans un hôpital, d'élèves atteignant le baccalauréat. Ils sont aisément mesurables. Pour autant, leur mesure, le plus souvent, n'a de sens que dans le cadre d'une analyse plus globale, à travers une comparaison, dans le temps, ou une comparaison avec des services semblables. À quoi sert de compter le nombre de kilo-

---

7. Ces termes correspondent aux termes anglais *outputs* (prestations) et *outcomes* (impacts).

mètres construits ou le nombre d'élèves accédant au baccalauréat, si l'on n'a pas d'éléments de comparaison ou de référence,
tels que des résultats identiques dans d'autres pays ou les
années précédentes ou la référence à ce qui n'a pas été fait ?
C'est pourquoi les prestations sont souvent associées au *benchmarking*, c'est-à-dire à la comparaison.

Les activités de contrôle des prestations tendent de plus en plus à
être associées à l'autocontrôle. Le contrôleur élabore, avec celui
qui est contrôlé, une grille d'analyse de l'activité. Cette grille est
ensuite utilisée tant par le contrôleur que par le contrôlé, moins
pour châtier que pour comprendre les faiblesses et se placer dans
un processus d'amélioration continue. C'est le sens, par exemple,
de la grille européenne d'analyse des services publics (*Common
Assessment Framework*, CAF), élaborée par les experts européens
dans le cadre de l'Institut de Maastricht ou de la démarche mise en
place par la Banque mondiale depuis 1998[8].

▸▸ L'analyse des impacts

Une fois la mesure de l'activité connue, l'analyse des impacts
devient presque toujours nécessaire. Par exemple, si un service
ou une politique publique affiche de mauvais résultats, la question du pourquoi devient incontournable. Lorsqu'on entre dans
le pourquoi, on entre dans l'évaluation[9]. En fait, impacts et
évaluation sont deux concepts très proches.

Un débat a agité cette idée de mesure ou d'analyse des effets.
En effet, ces derniers sont le résultat de causes multiples, ce qui
rendrait la mesure des impacts impossible. Par exemple, la réussite d'un programme de santé doit autant au programme lui-
même qu'à l'attitude du malade. Certes, mais rien n'empêche
de mesurer le taux d'amélioration de la santé et d'évaluer les
parts du malade et du programme dans cette amélioration. Les
sciences sociales ne sont pas balbutiantes. Rejeter l'évaluation
des impacts revient à abandonner le projet d'appréhender et de
mesurer l'efficacité des actions publiques sur le citoyen ou sur la
société, ce qui est le sens même de l'intérêt général.

---

8. Lacasse F., intervention au colloque de la revue *Politiques et management public*, non publiée, 1999.
9. C'est ce qui distingue l'évaluation de la mesure. L'évaluation doit établir des rapports de causalité entre les résultats constatés et les objectifs, implicites ou explicites, des acteurs de la politique publique. En d'autres termes, l'évalua-tion cherche à comprendre pourquoi tels résultats ont été obtenus, par quels types de processus ou d'enchaînement de causes à effets. Elle ne fait pas que constater et mesurer, mais cherche également à comprendre et à expliquer.

Comment définir les impacts et les prestations ?

(La logique de programme en Australie [guide du ministère des Finances, 2000] ou une définition précise du concept de résultat.)

Comme le souligne le guide du ministère des Finances australien : « *les objectifs de la budgétisation par programmes sont de mieux répondre aux questions : qu'est-ce que le service public cherche à atteindre ? (impacts) ; comment l'atteint-il (prestations) ? ; comment savons-nous qu'il l'a atteint (indicateurs) ?* »

Les ministères doivent rendre compte de leurs prestations et impacts mais, dans ce cadre, ils ont toute liberté pour gérer. Il s'agit d'accroître la transparence et les capacités d'amélioration continue de l'action publique, sans contradiction entre les deux. En effet, se focaliser sur les résultats permet de se concentrer sur l'essentiel. Nous vivons dans un monde de plus en plus complexe où la définition des priorités permet de mieux piloter une organisation et de pouvoir rendre compte. Ce cadre d'action favorise la connaissance des attentes des partenaires, en y incluant le Parlement, la Cour des comptes et les ministères. Enfin, il libère les managers d'un excès de contrôle, dans la mesure ou ces derniers connaissent clairement leurs responsabilités, ce que l'on attend d'eux et ce qui relève de leur décision propre. » (p. 2 du guide)

▸▸ Définir les impacts[10]

Dans la mesure où les impacts servent de cadre à tous les services délivrés (prestations), ils doivent faire l'objet d'une large consultation avec les partenaires du ministère et être définis de telle sorte qu'ils soient vérifiables. La difficulté est de trouver le bon niveau de précision des impacts. Une enquête du Parlement australien, en 2000, a montré que chaque ministère avait entre un (défense) et dix impacts allant de 271 000 dollars à 17,5 milliards de dollars australiens. Un impact trop large serait un « système national d'ordre public », un impact trop précis un « système d'ordre public efficient », un impact satisfaisant un « ordre judiciaire accessible et équitable ».

Pour déterminer le bon niveau de précision, on peut prendre en compte :

---

10. En Australie, comme dans d'autres pays managériaux, les termes « impacts » et « objectifs » ont le même sens, *outcomes*, car ils se placent d'emblée sur le terrain des résultats à atteindre, et le fait que les *outcomes* correspondent à des objectifs va de soi.

- le degré de précision des objectifs ministériels ; quand ils sont trop flous, les impacts doivent-ils être plus précis ?

- le domaine d'action de l'agence ou du ministère ; plus son rayon d'action est vaste, plus l'impact est large, d'où la nécessité de décliner les impacts au niveau des centres de responsabilité.

Les impacts doivent être suffisamment précis pour permettre un vote budgétaire.

L'effectivité des impacts doit pouvoir être vérifiée quantitativement ou qualitativement. Ainsi, l'impact du ministère de l'Emploi a évolué d'une « meilleure performance du marché de l'emploi » vers « un marché de l'emploi efficient et équitable, qui rapproche les chômeurs des offres d'emploi et qui facilite la transition de l'assistanat au travail » (2000). Ce second impact est plus précis, en termes d'objectifs, donc plus mesurable.

▸▸ı En résumé

« Un impact est le résultat attendu par le gouvernement dans le cadre d'un programme. L'accent y est mis sur le changement et ses conséquences : quel impact socio-économique le gouvernement peut-il avoir et comment les objectifs contribuent-ils à l'intérêt national ? Les impacts sont aussi la base des votes et leur donnent sens. [...] Les prestations doivent contribuer à la définition des impacts. C'est pourquoi les impacts doivent être clairement spécifiés et donner lieu à de larges consultations avec les partenaires du programme. »

Impacts, prestations et indicateurs : leurs caractéristiques

▸▸ı Les impacts

Les impacts doivent :

- **Représenter la définition d'un objectif à atteindre et non des moyens de l'atteindre.** Exemple : « protéger et promouvoir les lieux historiques » (Commission du patrimoine).

N. B. : la tendance de toute administration sera de préciser de plus en plus finement les objectifs en cherchant à en dire plus, pour ne pas apparaître réductrice et mieux rendre compte de la complexité de la réalité, mais le danger est alors d'être moins compréhensible et précis qu'un objectif que l'on peut résumer en une phrase. Un objectif simple est peut-être réducteur mais compréhensible et facilite son appropriation par les fonctionnaires de tous niveaux et leur mobilisation sur une finalité non équivoque.

- **Être succincts** : un « budget durable » (ministère des Finances). Ici, l'objectif est de ne pas avoir que des perspectives à court terme structurant le budget.
- **Être spécifiques** : « l'investigation et la prévention des crimes et la protection des intérêts de l'Australie en Australie et outre-mer » (police fédérale). Cet impact est attribué exclusivement à la police fédérale.
- **Avoir des cibles en matière de population précises** : « améliorer la santé des Australiens vivant dans des régions rurales ou éloignées » (ministère de la Santé).
- **Être la synthèse équitable des différents objectifs des partenaires** : « disposer d'industries alimentaires plus compétitives et plus respectueuses de l'environnement » (ministère de l'Agriculture).
- Permettre la construction d'indicateurs d'efficacité : « augmenter la participation des Australiens aux activités sportives » (Commission australienne des sports).

▸▸ Les prestations

Les prestations sont :
- les moyens de contribuer à mettre en œuvre les impacts ;
- des services concrets, tangibles, mesurables ;
- des produits existants et non pas des vœux ;
- sous le contrôle de l'agence ou du ministère, même s'ils sont contractualisés.

Leur mesure se fait en termes de prix, de quantité et de qualité. Elles peuvent être comparées à d'autres services similaires dans d'autres pays ou le secteur privé.

Elles couvrent toutes les activités du ministère ou de l'agence. Chacune fait l'objet d'une attribution de responsabilité spécifique. Par exemple, les grandes classes de prestations au ministère de l'emploi sont : administration, conseil au ministre, services parlementaires, recherche, analyse et évaluation.

▸▸ Les indicateurs

Les indicateurs doivent aller du plus simple au plus complexe :
- données sortant automatiquement du système informatique ;
- liste de critères qualitatifs qui peuvent être vérifiés par « oui » ou par « non » et par des auto-évaluations ;
- audit interne ;
- audit externe ;
- évaluations.

▸▸ **La volonté**

En résumé, la budgétisation par programmes est largement issue de la volonté :

• de mesurer et d'évaluer l'impact des politiques publiques ;
• de rendre les chefs de service plus responsables ;
• de mieux rendre compte aux citoyens des résultats de l'administration ;
• de laisser les chefs de centre de responsabilité manager, ou mieux, de les inciter pour ce faire.

Pourquoi y a-t-il eu crise de la budgétisation par programmes ?

« *Nous rêvons tous d'impacts, mais nous vivons dans les processus* » (Aaron Wildavsky, *The art and craft of policy analysis*).

La budgétisation par programmes a été analysée par certains spécialistes comme un échec, toutefois, aucune étude rigoureuse ne le démontre. Les raisons avancées ont été les suivantes :

• les gestionnaires de programmes ont été trop peu associés à la mise en place des indicateurs et à la budgétisation ;
• la cause majeure d'échec de la première vague des programmes est que la construction des programmes et leur mesure est devenue l'affaire des sous-directions budgétaires et non des gestionnaires eux-mêmes ;

Ce n'est pas un problème spécifique aux programmes, mais celui de la modernisation en général qui est d'en faire l'affaire de tout le monde et non de quelques spécialistes. Prenons l'exemple des démarches qualité. Imaginons une organisation qui délègue la qualité à un service séparé alors que les gestionnaires estiment que leur travail réside dans la seule perfection technique de leurs prestations et non dans la réponse aux attentes des citoyens. Ce cas est fréquent dans des entreprises publiques ou des administrations à forte technicité. La qualité ne sera alors la compétence que du seul service qualité. De même, les programmes sont devenus l'affaire des budgétaires et des comptables.

La limitation de la réforme aux seuls responsables du budget des administrations est liée à plusieurs phénomènes :

• ils sont les interlocuteurs des ministères des Finances et disposent a priori de plus d'informations et connaissent mieux la réforme ;
• il faut une volonté politique et administrative soutenue pour former l'ensemble de l'encadrement à la logique de

programme. En Australie, il a fallu cinq ans pour donner une semaine de formation à la logique de programme pour tous les cadres A des ministères. Une action continue sur cinq ans est un fait assez rare dans l'administration.

• si un effort de diffusion de la culture de programme n'est pas entrepris, la définition des indicateurs devient plus technocratique. Le rapport annuel de performance se transforme alors en rapport formel décrivant les activités, mais non le degré d'atteinte des objectifs (Australie, Danemark, Royaume-Uni).

Cela met en évidence l'importance de diffuser la culture des programmes et l'utilisation des indicateurs au sein des gestionnaires eux-mêmes.

▶▶ La démarche a été trop centralisée et autoritaire

De façon corollaire, la réforme a été mise en œuvre essentiellement par le haut sans que les gestionnaires de terrain ne soient associés (ne parlons pas des usagers ou des partenaires...). La réaction de ces derniers a donc été, tout naturellement, l'opposition ou l'indifférence.

A contrario de cette expérience, les mesures et les indicateurs doivent apparaître comme utiles dans le travail quotidien, sauf à être perçus comme un contrôle supplémentaire.

▶▶ Les programmes ont souvent été plaqués sur les structures existantes

Par souci de simplicité et de paix sociale, nombre de programmes, dans ces années pionnières, ont été calés sur les structures existantes, généralement les directions verticales. À ce moment-là, la discussion budgétaire, au lieu de devenir un débat sur les priorités, devient un exercice de distribution de l'argent au prorata du pouvoir des directions et non en fonction des objectifs à atteindre.

A contrario encore, il paraît utile que les structures porteuses de programmes soient cohérentes avec les objectifs de ces programmes et non les programmes cohérents avec les structures.

▶▶ Les programmes sont devenus plus denses

Dernier argument avancé contre les programmes : celui de leur trop longue pérennité[11]. Théoriquement, l'intérêt d'un

---

11. Mayne J. et Zapico-Goni E., *Monitoring performance in the public sector*, New Brunswick, Transaction Publishers, 1997.

programme, par rapport à une structure administrative qui a tendance à être pérenne, est de pouvoir être remis en cause. Des études approfondies ont montré que peu de programmes « première phase » avaient été supprimés à la suite de leur évaluation. Ce point de vue est unilatéral, en effet, il n'est jamais simple de supprimer un programme car cela signifie redéployer les personnels qui y travaillent, et les possibilités de mobilité des personnels varient fortement d'un pays à l'autre et selon les incitations mises en place pour ce faire.

En termes d'affichage, il est plus facile de modifier un programme que de le clore. Toutefois, les modifications de programme et les améliorations qui leur ont été apportées n'ont pas été mesurées. Il n'est donc pas possible de connaître globalement l'impact réel des évaluations de programme sur leur évolution.

Cela dit, il existe des analyses partielles. Ainsi, la Chambre basse, au Royaume-Uni, a effectué une évaluation, avec l'aide d'experts, des objectifs des agences en 1998. Il est apparu que la plupart des cibles étaient liées à des processus (51 %), à des prestations (27 %) ou à des impacts (11 %), et ce dix ans après le début de la réforme[12].

D'ailleurs, le *Livre blanc* du gouvernement britannique sur les agences, en 1999, souligne : « *Les agences historiquement se sont trop concentrées sur des cibles de résultats immédiats. L'enjeu est aujourd'hui de définir comment chaque agence contribue aux objectifs de politique publique qu'elle met en œuvre. Certaines agences ont d'ailleurs réussi à combler le fossé qui peut exister entre la mesure des prestations et celle de l'accomplissement des objectifs de politique publique.* »[13]

La deuxième phase : « tout sur les prestations »

Les prestations : connaître et contrôler

Cette deuxième phase (1981-1999) s'est appuyée sur une critique de la budgétisation par programmes « phase un ». La critique la plus claire a été celle de la Nouvelle-Zélande en 1990 : les programmes des autres pays seraient trop flous, les indicateurs inexistants, l'évaluation des résultats serait absente

---

12. House of Commons Treasury Committee report « Spending review 2000 », août 2000, publication par le *Treasury* britannique.
13. Rapport sur les *Public service agreements* dans le budget 2001, publication du Treasury.

et il faudrait revenir à du concret en sachant précisément ce que l'administration faisait. Il est impossible de juger de la véracité d'un tel jugement car, a priori, une réforme a plus de probabilité de connaître certaines réussites et certains échecs que d'être globalement un échec ou une réussite. Néanmoins, une dérive s'était opérée, les fonctionnaires utilisant les programmes pour débattre et analyser les objectifs plutôt que de les mettre en œuvre concrètement. C'est l'un des dangers de la focalisation exclusive sur les objectifs : débattre plutôt qu'agir[14]. Les prestations, à l'inverse, reviennent à savoir précisément ce que l'administration fait et pour qui.

Comment faire ? Comment gérer le nécessaire changement culturel au sein des ministères des Finances ?

La critique néo-zélandaise n'était pas totalement injustifiée, en ce sens que les administrations des Finances n'avaient pas toujours adhéré à la philosophie des programmes. Elles continuaient dix ans après la mise en place de la budgétisation par programmes de contrôler les *inputs* dans le détail, plutôt que de s'intéresser à l'évaluation des résultats. En 1994, le ministère des Finances australien ne se penchait encore que sur les entrants et disposait de peu de moyens d'évaluation. Il a fallu cinq ans de séminaires, de formations, de débats au sein du ministère et avec les autres ministères pour modifier les pratiques des budgétaires et faire prendre les programmes au sérieux.

Cet exemple a pour but de montrer qu'il n'est pas possible de diffuser le management par programmes dans les ministères, si les modes d'action internes aux ministères des Finances ne sont pas profondément modifiés et donnent l'exemple, en quelque sorte, de la logique de programmes et de la réforme de l'État.

La seconde raison du passage aux prestations a été le changement de contexte politique dans les années 1990. De nouveaux gouvernements, qui ne faisaient pas confiance[15] aux fonctionnaires et voulaient les contrôler plus étroitement en évaluant leurs prestations, sont arrivés au pouvoir.

---

14. Budget australien, 1994.
15. Au sens très précis du terme, pensant que les fonctionnaires développaient leur propre agenda plus qu'ils ne prenaient en compte les priorités du gouvernement.

Les prestations : choisir sur la base des coûts

L'autre moyen utilisé par les pays managériaux pour contrôler l'administration a été de centrer la réforme sur les coûts : un service trop cher serait examiné attentivement par le ministère des Finances, par exemple, mis en concurrence avec d'autres administrations ou le secteur privé par voie d'appel d'offres. L'hypothèse était aussi que les ministres devaient connaître le coût des services publics pour faire des choix ou effectuer des changements, en particulier en ce qui concerne les administrations susceptibles de mettre en œuvre une action publique.

Le budget néo-zélandais se présente sous forme d'une gamme de prestations que les ministres et le Parlement « achètent ». La critique de ce système a été entreprise par Allen Schick[16], spécialiste de la Banque mondiale en matière budgétaire (le courage du gouvernement néo-zélandais de commanditer une étude critique est à saluer à cet égard). Un accent exclusif sur les prestations conduit à des attitudes de soumission des fonctionnaires, délivrant les services prévus mais ni plus ni moins, ni mieux. La créativité et l'imagination après Schick se sont éteintes.

Des effets budgétaires pervers sont apparus : des hôpitaux travaillant au ralenti car ils avaient rempli leur quota de prestations et savaient qu'ils ne recevraient pas de financement supplémentaire pour une activité accrue. Les exemples sont multiples : des directeurs d'école se débarrassant des mauvais élèves pour garder leurs bons résultats, des sous-traitants du ministère de l'Emploi ne s'occupant que des chômeurs faciles en termes de retour à l'emploi, des hôpitaux multipliant les interventions de routine, etc. L'anecdote a failli devenir la règle[17].

La réforme néo-zélandaise a eu toutefois des effets positifs. Par exemple, la connaissance du coût des écoles, comparée à d'autres pays, a montré que les financements étaient insuffisants pour avoir une école de qualité et a obligé le gouvernement à fournir des financements supplémentaires. Dans d'autres cas, au contraire, il est apparu que les services publics, en s'organisant mieux, pouvaient avoir des marges de manœuvre financières qu'ils n'exploitaient pas. De plus, les ministres ont été intéressés par les coûts, même s'ils n'ont pris aucune décision sur ce seul critère. Le coût a donc permis de mettre en lumière les problèmes de qualité de l'action publique.

---

16. Schick (1996), *The spirit of the reform, managing the New Zealand State sector in a time of change*, publication de la State Services commission.
17. Richards S., *Four types of joined up government and the problem of accountability*, rapport pour le NAO, Londres 2001.

Peut-on déduire de cette expérience que la mesure produit une réduction de la qualité ? Cela l'a été dans de nombreux pays où les budgets étaient basés sur les prestations (services immédiats), et qui ont produit le plus de prestations possibles sans se soucier de leur qualité car ils n'étaient pas jugés sur ce point (Nouvelle-Zélande). Ce choix a été considéré comme légitime par des gouvernements, quand les services publics étaient trop tatillons, répondaient dans des délais trop longs et étaient peu accessibles. Mais ce choix est avant tout politique et non lié au fait de mesurer les activités. Peu de mots d'ordre ont déclaré « faire mieux et plus au même prix » mais plutôt « faire plus au même prix ».

La mesure ne mène pas en soi à une réduction de la qualité du service au public. Au contraire, elle peut même aider à plaider des ajustements, des réformes, voire des accroissements de financement. Le type de mesure que l'on développe doit être adapté à l'état des services (pauvres ou riches) et aux problèmes les plus sensibles qu'ils rencontrent.

Autrement dit, le coût est moins une mesure qu'un indicateur permettant, si besoin est, de corriger des situations extrêmes de sous-productivité ou de sous-financement.

Si la deuxième phase s'est accompagnée d'une valorisation des mécanismes de quasi-marché, par la voie de la mise en concurrence des services, des évolutions notables se font jour depuis la fin des années 1990 :

- La mise en concurrence formelle n'est utilisée que lorsqu'il existe une volonté explicite de sous-traiter le service, et cette volonté doit émaner de considérations sur la contribution du service à l'intérêt général. La mise en concurrence n'est plus utilisée comme un moyen d'améliorer la productivité d'un service public par la « menace » de la sous-traitance.

- L'appel d'offres n'est plus utilisé en dessous d'un certain seuil (le système est le même en France), mais ce seuil est déterminé par une analyse annuelle du coût de gestion des appels d'offres. La pratique la plus courante est celle d'un appel d'offres annuel par ministère et par objet établissant une liste de fournisseurs ou d'experts agréés. Même dans les pays les plus libéraux, il arrive que certaines prestations demeurent centralisées et fassent l'objet de négociations gré à gré quand le marché est monopolistique et que les économies d'échelle sont importantes (par exemple, en matière de transports).

- La possibilité de contester, c'est-à-dire de questionner les services publics, prend d'autres formes que l'appel d'offres. Ce peut être la révision de programmes (voir chapitre 9, p. 172), mise en œuvre par le ministère porteur des programmes, en liaison avec le ministère des Finances, ce peut être également ce que les Britanniques appellent l'*hybrid benchmarking*, c'est-à-dire un processus par lequel un service doit démontrer devant un jury indépendant (du service) son rapport coût / efficacité par rapport à des référents de même type.

• L'appel d'offres peut être utilisé moins pour faire jouer des mécanismes de compétition que pour induire des collaborations. Si l'appel d'offres met en avant des critères qualitatifs de service à l'usager, cela peut contraindre des services travaillant mal ensemble à établir des collaborations, sauf à risquer de perdre l'appel d'offres (en matière de santé, entre des centres médico-sociaux, des hôpitaux et des praticiens libéraux). En ce cas, les appels d'offres sont essentiellement basés sur la capacité à délivrer un service intégré à l'usager.

La troisième phase : l'État en réseaux[18]

Les cas les plus représentatifs de cette évolution, budgétisation par prestations et impacts, sont le Royaume-Uni, le Danemark et l'Australie[19], où le vote se fait par missions, ou impacts. Toutefois, les ministères sont tenus de les décliner en prestations et d'en connaître à la fois le coût et la qualité. Une fois les objectifs prioritaires approuvés, ou déterminés par le gouvernement et le Parlement, et les missions votées, les prestations sont négociées en termes de financement entre le ministère gestionnaire et le ministère des Finances. Les impacts et les prestations ne sont pas imposés, mais résultent de la conjonction de la réflexion des administrations et de séminaires gouvernementaux définissant les priorités du budget.

Le ministre des Finances organise aussi les révisions de prix, qui représenteront la base de la budgétisation des prestations. Il s'agit là d'une synthèse des deux premières phases : le « tout impacts » et le « tout prestations ». La troisième phase n'est ni celle de l'hypostase de l'État, ni celle de l'hypostase du marché, mais celle de la réflexion sur les meilleures modalités d'atteinte des objectifs publics.

---

18. Royaume-Uni, Danemark, Suède, Australie, Nouvelle-Zélande, de 1999 à aujourd'hui.

19. Même la Nouvelle-Zélande évolue vers cette troisième phase, *cf.* « *Lifting the game from outputs to outcomes* », conférence annuelle des cadres A plus, en présence du Directeur de la Réforme administrative, Wellington, 1998.

Priorités	Réflexion entre gouvernement et administrations
Impacts (*outcomes*) ou missions	Votés par le Parlement
Prestations, services délivrés immédiats (*outputs*)	Prix déterminés entre les ministres et le ministère des Finances ; ils figurent pour information dans le projet de loi de finances

L'enjeu est le suivant : la LOLF va-t-elle permettre à la France d'entrer dans la troisième phase ? Pour l'heure, la France applique un mélange des deux premières phases : de la première, sauf dans des ministères pionniers[20], persiste une planification très descendante, peu concertée, sans véritable dialogue ni avec les personnels, ni avec les partenaires de l'action publique ; de la deuxième, la présentation des mécanismes de mise en concurrence ou de réduction des dépenses publiques comme des fins en soi et non comme des fins aux services d'une finalité bien expliquée.

Une lacune majeure persiste : le manque d'évaluation[21], qui seule permet d'apprécier l'efficacité des politiques publiques. L'explication est liée à la sociologie de ces pays : l'opinion publique y est plus sensible au coût de la fonction publique, considéré comme un mal nécessaire, et les ministres y ont le sentiment que les remontées d'information de leurs électeurs suffisent à les informer et qu'ils n'ont pas besoin de procédures d'évaluation formalisées.

Néanmoins, la situation évolue. Les révisions des prix obligent à des approches plus sophistiquées, dans la mesure où la plupart des prestations des administrations n'ont pas d'équivalent sur le marché. Elles entraînent :

• des techniques de *benchmarking* international (comparer les prix avec ceux d'autres pays) ;

• des études de besoin auprès des citoyens ;

• une meilleure appréciation de l'attente des ministres, donc un panorama qui relève à la fois d'une vision de type « marché » de la deuxième phase et d'une vision plus intégrée de l'efficience et de l'efficacité des prestations.

La différence dans le choix entre prestations et impacts réside aussi dans la marge de manœuvre des fonctionnaires. Les

---

20. Ministère de l'Intérieur, ministère de l'Équipement, entre autres.
21. Sauf certains pays, qui ont toujours pris l'évaluation au sérieux, notamment l'Australie, les États-Unis et le Royaume-Uni.

impacts laissent les services décider des stratégies à adopter pour atteindre les objectifs fixés, leur permettant ainsi de mieux s'adapter à la diversité des contextes et de répondre aux attentes des clients. Les prestations, quant à elles, prescrivent la plupart du temps la façon de faire, en ce sens qu'elles sont plus normées et plus « prescriptives ». Reprenons l'exemple de l'aide aux chômeurs : une prestation correspond au nombre de jours de formation, ce qui signifie que le nombre de jours de formation est déterminé à l'avance, sans tenir compte du fait que l'impact de proportion de retour à l'emploi d'une certaine durée peut être atteint de diverses façons : formation, meilleur contact avec les employeurs, stages en entreprise, conseil personnalisé aux chômeurs, etc. La notion d'impact donne plus de flexibilité au service public, tout en mesurant les résultats.

Le débat sur les prestations et les impacts est-il dépassé, et la notion de résultats suffit-elle ?

La réponse est négative pour des raisons pratiques et de fond. Il sera toujours important de mesurer les prestations des services publics et, en termes comptables, ces dernières sont plus faciles à suivre que les impacts. Ces derniers, quant à eux, même s'ils sont parfois différés et moins faciles à mesurer en temps réel, sont indispensables à l'appréciation de l'efficacité de l'administration. En réalité, il est impossible de se passer de la mesure / évaluation des prestations et de la mesure / évaluation des impacts. Ceci est d'ailleurs la position adoptée dans la LOLF.

Toutefois, la dichotomie sera atténuée, si l'on développe les impacts intermédiaires, quand ce sera possible. Ils se situent entre les prestations et les impacts finaux. Ces impacts, sans apporter une réponse complète à la question de l'efficacité des politiques, donnent une indication sur les progrès atteints.

Exemple : une politique d'aide aux chômeurs	
Prestations	Nombre de formations suivies Nombre d'actions de conseil Nombre d'actions de *coaching*
Impact final	Taux de retour dans un emploi durable
Impact intermédiaire[a]	Taux d'obtention d'un emploi de plus de dix-huit mois

a. Cet indicateur est utilisé en Australie.

Cas pratique

LE PROGRAMME DE DIMINUTION DES MALADIES OU TROUBLES MORTELS AU ROYAUME-UNI (BUDGET 2001)

Objectif : réduire de façon substantielle le taux de mortalité, d'ici 2010, des moins de 75 ans :

- dû aux maladies cardiaques de 40 % ;
- dû au cancer de 20 % ;
- dû au suicide d'au moins 20 %.

La base zéro des comptes sera la base européenne de taux de mortalité dû à ces causes et les standards définis par l'Organisation mondiale de la santé. Les mesures seront effectuées par l'Office anglais de la statistique (équivalent de l'INSEE). Les modalités d'atteinte de ces objectifs sont explicitées par un programme d'actions afférent à chacun des problèmes.

En résumé, peu de ministères, dans d'autres pays, ont réussi à développer une démarche harmonieuse tenant compte à la fois des impacts et des prestations, malgré les intentions affichées. La raison en est le plus souvent que les réformes de modernisation doivent pour des raisons d'alternance politique être en rupture avec le passé et que la stabilité des dirigeants d'administration en poste est trop faible, ce qui favorise les changements brusques et l'absence de continuité.

Toutefois, dans les ministères qui ont échappé aux coups de soufflet politiques et administratifs des procédures ont été mises en place pour mesurer les finalités et les impacts, pour évaluer les prestations. Cela s'est le plus souvent produit dans des domaines tels que la santé ou l'environnement parce que le poids de l'expertise y est plus fort que dans des ministères à finalité plus politique.

La troisième voie

« La vie est courte et la connaissance longue à acquérir ; la crise est un état de fait permanent ; et la décision difficile. Le physicien ne doit pas être préparé à faire le bien seul mais à y faire participer les patients. »
Hippocrate, *aphorismes 1.*

La France a choisi la voie de la synthèse, celle des « impacts plus prestations », avec une originalité qui est de valoriser l'évaluation et de demander que les indicateurs traduisent non seulement l'efficience et la qualité mais aussi l'efficacité socio-économique. Cela signifie que les ministères devront élaborer des stratégies d'évaluation.

L'existence d'une troisième phase est justifiée par les limites managériales des deux premières phases, mais aussi par des évolutions de fond de l'État-providence. Sue Richards, professeur à l'université de Birmingham, l'a bien mis en évidence dans le rapport 2001 du National Audit Office (Cour des comptes anglaise) sur la « collaboration des services publics » (*joining up public services*), qui a été la première évaluation, au Royaume-Uni, des initiatives communes à plusieurs ministères. On peut également se référer aux travaux de Mark Considine, de l'université de Melbourne, qui a comparé l'évolution des ministères de l'Emploi dans trois pays – Pays-bas, Royaume-Uni, Australie.

L'universalisation des services

La première phase, qui est celle d'un premier paradigme, correspond à l'universalisation des services dans le cadre de l'État-providence. Celui-ci, plutôt que de conserver les mécanismes d'aide ponctuels et parcellisés existant avant-guerre et qui reposaient sur des mutuelles volontaires, a préconisé des mécanismes d'assurance plus universels afin qu'aucun citoyen n'en soit exclu. Les mécanismes de management se fondent alors, logiquement, sur la capacité de vérifier l'universalité des effets, fondée sur une égalité des procédures mises en œuvre.

L'efficience

Lorsque la crise de l'État-providence survient, elle concerne d'abord les ressources et les financements plutôt que les principes de l'aide organisée de façon rationnelle par l'État. Démarre alors la phase de l'efficience ; il s'agit de trouver les moyens de la compétitivité économique en y faisant participer le secteur public, sans remettre en cause le principe de la responsabilité de l'État dans l'aide aux citoyens[22]. L'accent est mis sur les prestations, c'est-à-dire la délivrance à moindres coûts des services de l'État. De plus, l'universalité est modulée

---

22. Cette affirmation pourrait paraître polémique, notamment eu égard à la politique libérale de certains États, par exemple celle de Mme Thatcher. Néanmoins, y compris dans ces cas, il est frappant de constater que, si ces pays libéraux ont critiqué le service public et la notion d'aide, leurs remises en cause ont toujours été détournées et non assumées. La gestion budgétaire des hôpitaux était régulée par les files d'attente et non par l'affirmation qu'il y avait des maladies secondaires, etc.

en fonction des aides ; certaines sont « ciblées » en fonction des populations que le gouvernement décide d'aider. C'est la phase de ciblage et de limitation des prestations mais sans inclusion de l'apport du citoyen.

La collaboration de tous les acteurs

La troisième phase, celle où l'efficience du secteur public a déjà été largement mise en œuvre par la rationalisation des effectifs, des process de travail et de l'informatisation et où les questions se déplacent vers la réponse à des problèmes sociaux plus complexes (délinquance des jeunes, drogue, secteur tertiaire, etc.). Ces problèmes supposent moins des procédures universelles que des solutions ad hoc, des collaborations entre ministères et une grande flexibilité des services publics, demandeurs de solutions et non de territoires. C'est la phase où l'on demande aux citoyens de participer à la production des services. Elle passe aussi par des fonctionnements en réseaux et des partenariats. C'est ce que nous avons appelé la troisième phase, ou le troisième paradigme.

L'idée de partenariat

Pour tenter de répondre à ce troisième paradigme, certains pays[23] ont lancé publiquement un débat sur l'égalité devant le service public : est-ce une égalité de procédure (première phase, ou premier paradigme) ou une égalité de résultats (troisième phase, ou troisième paradigme) qui permet aux services publics de développer des procédures et des stratégies différentes selon les circonstances et les lieux ?

L'idée de partenariat, est connue en France car certains sociologues l'ont prolongée avec celle de co-production des services (de fait, l'usager, par ses attentes et son action, participe à l'évolution du service public, *cf.* la police de proximité). À peine née, elle subit déjà la critique, en effet, le partenariat serait une conception trop harmonieuse, donc utopique, des rapports entre les secteurs public et privé et diluerait les responsabilités. Plusieurs réponses sont possibles. Il ne s'agit pas du secteur privé en général mais d'acteurs non fonctionnaires qui participent du service public. Quant à la dilution de la responsabilité, elle peut être un problème : elle oblige à désigner un respon-

23. Australie, où ce débat a marqué la vie politique, en 1994-1996, et a été relayé par un séminaire de deux jours de tous les directeurs d'administration centrale et de nombreuses publications.

sable, tête de file même par rapport à des partenaires sur lesquels il n'a qu'un pouvoir d'influence et non un rapport hiérarchique. Ces arguments discréditent-ils définitivement l'idée de partenariat ?

La question de fond est de savoir si l'État peut, et doit, continuer à agir seul. Traditionnellement, le secteur social, et son argent, est géré principalement par des associations. La police peut-elle agir efficacement sans l'aide des citoyens ? Cette réflexion gagnerait à être menée.

L'État en réseaux propose des modes de fonctionnement différents de ceux de l'État hiérarchique :

• tous les niveaux de la hiérarchie s'appuient sur des réseaux publics et privés pour avoir le maximum d'informations et d'analyses ;

• ces réseaux sont entretenus de façon continue ;

• ces réseaux supposent des échanges, c'est-à-dire que l'administration puisse fournir des savoir-faire et pas seulement demander des contributions ;

• ces réseaux jouent moins de l'autorité que de la capacité d'influencer. Ce mode de fonctionnement suppose des retours d'information rapides à la hiérarchie pour gérer les difficultés stratégiques ou diplomatiques qui pourraient survenir

• lorsque l'administration n'a pas toute l'expertise en mains, elle fait appel à une expertise extérieure, où qu'elle se trouve.

Ce mode de fonctionnement accroît-il les dangers pour l'administration d'être manipulée par les partenaires de l'action publique et de perdre de vue l'intérêt général ? La sociologie des organisations l'a démontré, ce problème persiste, que l'administration soit officiellement fermée ou ouverte. On peut être « capturé » par le client, sans être en contact avec lui, parce que des valeurs et des normes peuvent être instaurées dans une administration, et qui sont liées à son histoire. On a vu des ministères défendre âprement leurs clientèles, sans s'en rendre compte et sans avoir de contacts fréquents avec elles. Toute action de l'administration est faite d'un difficile équilibre entre l'« empathie », c'est-à-dire la compréhension des problèmes des partenaires, et le pouvoir de mise à distance pour restituer cette compréhension dans la logique, plus large, de la politique du gouvernement. Cet enjeu doit être géré, que l'État soit hiérarchique ou en réseaux.

Il est important de noter que l'on ne passe pas d'un paradigme à l'autre sans un débat public et sans que les esprits y soient préparés.

La réponse pourrait être alors que, grâce à la déconcentration des services, les pratiques de travail en commun sur le terrain (par exemple, entre services de la justice, de la police, de l'éducation ou du fisc) sont présentes depuis longtemps, lorsqu'une volonté commune des élus et des services de l'État est affichée.

Même si ces pratiques existent, elles ne sont ni capitalisées, ni évaluées pour savoir « ce qui fonctionne ou pas » ou analysées dans leurs conditions de succès et promues pour servir d'exemple à d'autres. En d'autres termes, si la pratique française se situe dans le troisième paradigme, les règles et l'affichage des politiques restent dans le premier.

Il n'existe pas de modèle pur mais un mixte de chacun d'entre eux

Chaque paradigme s'appuie sur des types de prestations différents. On distingue quatre types de prestations : professionnelles, reposant largement sur la technicité de fonctionnaires (impacts de la première phase) ; automatiques, les droits qui doivent être organisés de façon de plus en plus accessible et simple pour le citoyen (prestations de la deuxième phase) ; les services supposant la coordination des administrations mais qui ne sont pas de nature socialement trop complexe (par exemple, l'environnement) ; enfin, les services correspondant à des questions délicates qui relèvent de réponses ad hoc, faute d'une maturité et d'un consensus suffisants pour être sûr des bonnes solutions. Ces deux derniers types de services relèvent de la phase trois, dans laquelle nous sommes engagés.

Le mode de réponse managérial ne sera pas le même dans chacun des types de service.

Chapitre 2

Un budget plus souple et une comptabilité plus rigoureuse

« Le service public ne fait pas de profits ou de pertes. Ergo, nous mesurons notre réussite par le nombre de nos agents ou la taille de notre budget. Par définition un grand ministère fait un meilleur travail qu'un petit. Il est très choquant que l'on puisse devenir directeur sans avoir compris cette règle fondamentale de notre système ».
Yes Minister, opus cité, p. 59.

Le contenu de la LOLF est très clair dans son énonciation : le Parlement ne vote pas des moyens, des entrants (*inputs*), mais des programmes sur la base de résultats quantitatifs et qualitatifs, que les administrations s'engagent à atteindre et dont elles devront rendre compte au budget suivant. En contrepartie, elles bénéficient de souplesses budgétaires, notamment la fongibilité de l'essentiel des crédits excepté en matière de crédits de personnel, ce qui facilitera l'atteinte des résultats prévus. Cette idée n'est pas nouvelle car elle est mise en pratique dans la plupart des pays managériaux : pays nordiques, Brésil, Mexique, Australie, Royaume-Uni (depuis le début des années 1970 pour ces deux derniers).

La logique est commune : inverser le raisonnement budgétaire et de gestion ; au lieu de partir des moyens existants, le raisonnement s'appuie sur les résultats à atteindre et la façon de les mettre en œuvre.

Il ne s'agit pas seulement d'une réforme technique, accessible aux seuls spécialistes du budget, mais d'une réforme en profondeur du fonctionnement de l'État, à terme. Le budget est au cœur du gouvernement – « *gouverner c'est choisir* » ; or, dans chaque budget, il s'agit de choisir. Les changements budgétaires sont au centre des politiques publiques.

La LOLF représente d'abord un changement des rapports entre le Parlement et l'exécutif. Le Parlement ne reçoit pas seulement des informations sur les entrants, les moyens, mais aussi sur les résultats de chaque administration. Cette mesure devrait rendre possible un débat sur les orientations de chaque ministère et du gouvernement dans son ensemble.

La diminution des chapitres budgétaires, remplacés par des programmes[1] (de 848 à 100-150), met en évidence l'effort de simplification contenu dans la loi. Celle-ci suppose un nouveau mode de gestion car les administrations devront non seulement demander des moyens mais des moyens justifiant des résultats spécifiés.

La LOLF introduit plus de souplesse pour les gestionnaires qui voient leurs crédits, à l'exception des crédits de personnel qui sont plafonnés, devenir fongibles.

En définitive, la LOLF pourrait être résumée par quelques mots simples :

• résultats ;

• transparence des informations ;

• contrôle parlementaire et pouvoir accru au moment du projet de loi de finances ;

• choix stratégiques des finances publiques ;

• responsabilité de gestion (du passif à l'actif).

Nombre de ces évolutions avaient déjà été promues par la direction du Budget, en particulier la diminution des chapitres budgétaires, la fongibilité des coûts de fonctionnement dans les centres de responsabilité (quatre préfectures), la mise en œuvre d'indicateurs de résultat.

La présentation de l'ordonnance laisse penser qu'elle poursuit deux objectifs :

• renforcer les pouvoirs du Parlement pour mieux lui rendre compte (en anglais, *accountability*, que nous traduirons par « obligation de rendre compte ») ;

• améliorer la gestion interne des administrations.

En fait, il s'agit d'un cercle logique vertueux, d'un seul objectif et non de deux, à savoir mieux gérer pour rendre compte et rendre compte pour mieux gérer.

---

1. En espérant que les programmes ne seront pas seulement des « gros » chapitres budgétaires…

La méthode peut être ainsi résumée :

- le gouvernement définit ses priorités stratégiques qui structurent les choix budgétaires ;
- le ministère des Finances définit simultanément le cadre économique à moyen terme et les hypothèses qui sous-tendent le budget ;
- les administrations s'engagent sur un projet annuel de performance. En contrepartie, elles obtiennent des souplesses de gestion. Logiquement, elles rendent compte des résultats dans un rapport annuel de performance remis au Parlement.

Dans un premier temps, cette démarche risque d'être linéaire. Au fur et à mesure des progrès des administrations, elle deviendra plus itérative et, idéalement, le budget devrait être établi sous forme d'un dialogue continu entre les contraintes du « haut » (priorités gouvernementales, cadrage économique), les analyses de faisabilité du « bas » et les propositions des centres de responsabilité à travers les projets de performance des ministères.

Pour l'heure, les processus d'élaboration du budget demeurent trop descendants et ne s'appuient pas assez sur la planification stratégique des ministères.

Les innovations suscitées par la LOLF

La loi comporte trois concepts majeurs :

- la mission (proche de ce que les pays managériaux appellent un *outcome*, objectif d'intérêt général) ;
- le programme qui est une spécialisation de la mission (déclinaison en domaines plus spécifiques) ;
- les titres.

Les titres sont indicatifs, et le vote se fait par missions. Les programmes sont limitatifs (plafonnés), mais la fongibilité est complète[2] au sein des programmes. Cette solution est la plus courante au niveau international.

Le projet de performance rassemble les programmes.

Selon l'article 7 de la loi : « *Un programme regroupe les crédits destinés à mettre en œuvre une action ou un ensemble cohérent d'actions relevant d'un même ministère, et auquel sont associés des objectifs précis en fonction de finalités d'intérêt*

---

2. Sous réserve du plafonnement des grades et de l'impossibilité de transformer des crédits de fonctionnement ou d'investissement en masse salariale.

général, ainsi que des résultats attendus et faisant l'objet d'une évaluation. »

La notion de programme est associée à celle de mission. En fait, les missions sont les politiques publiques et peuvent couvrir plusieurs ministères et services, alors que les programmes sont ministériels.

Articulation des niveaux de budgétisation. Les missions, au plus haut niveau, peuvent être interministérielles.
Les programmes, ministériels et limitatifs, représentent une spécialisation des missions.
Les titres sont un langage commun permettant de structurer le budget, les indicatifs : dotations des pouvoirs publics, dépenses de personnel, dépenses de fonctionnement, charges de la dette de l'État, dépenses d'investissement, d'intervention et d'opérations financières.

Plus de rigueur et de transparence dans la gestion budgétaire

Les crédits d'un programme ne peuvent être majorés, de façon réglementaire, en gestion qu'au moyen des instruments suivants :

- le rattachement de fonds de concours et d'attributions de produits ou le rétablissement de crédits ;
- la répartition par décret des crédits globaux de la dotation pour dépenses accidentelles et imprévisibles ;
- la répartition, par arrêté du ministre des Finances, des crédits globaux de la dotation pour mesures générales en matière de rémunération, pour faire face aux dépenses de personnel *« dont la répartition par programme ne peut être déterminée avec précision au moment du vote des crédits »* ;
- par report, virement, transfert ;
- en cas d'urgence, par décret d'avance.

Aucun virement, ou transfert, ne peut être effectué au titre de dépenses de personnel à partir d'un autre titre, sauf un titre de personnel. Ces dispositions techniques sont importantes car elles permettent d'éviter les fluctuations sur le montant des programmes et assurent ainsi plus de stabilité et de rigueur dans la gestion.

Par ailleurs, l'annulation des crédits par décret n'est possible que dans deux cas : les titres sont devenus sans objet ; pour prévenir une détérioration de l'équilibre budgétaire. Toutefois, le montant des crédits annulés ne peut pas excéder 1,5 % de l'ensemble des crédits ouverts par la loi de finances afférente à l'année en cours.

Cette disposition est décisive car les administrations se plaignent, depuis fort longtemps, des pratiques d'annulation de crédits qui les empêchent de planifier leur gestion.

Cas pratique

LE PRÉLÈVEMENT DE PRODUCTIVITÉ DANS LES PAYS MANAGÉRIAUX

En fait, les 1,5 % des crédits sont proches de ce que les pays managériaux appellent le « prélèvement de productivité » *(efficiency dividend)*, qui correspond aux améliorations de productivité que les administrations sont supposées atteindre chaque année, et qu'elles doivent reverser au budget général. En réalité, le prélèvement de productivité a pour objet de limiter les mouvements de fonds en opération courante sans les exclure. Tout gain de productivité, au-delà des 1,5 %, reste dans le ministère ou l'agence, ce qui évite des prélèvements ou des gels par le ministère des Finances en cours d'année, tout en donnant à l'État un coussin budgétaire, si besoin est. Ce chiffre plaide pour des programmes larges, car le prélèvement de 1,5 % sur un vaste ensemble budgétaire est moins douloureux et se prête plus aux redéploiements que 1,5 % dans une petite unité. Certes, l'idée d'un prélèvement de productivité n'a pas été soulevée dans le débat parlementaire sur la LOLF. Peut-être le sera-t-elle un jour, lorsque les programmes seront en place et rôdés. C'est un choix. Vaut-il mieux créer à l'avance un coussin budgétaire et avoir une règle de partage préalable des gains de productivité entre les administrations et le ministère des Finances ou gérer le problème ad hoc ?

Il est bon de souligner que le plafond d'annulation des crédits envisagé par la LOLF se situe dans la moyenne des pays de l'OCDE.

La globalisation des crédits

L'option de globalisation totale des crédits, qui implique la possibilité de transformer du fonctionnement en investissement, et vice-versa, conduit à généraliser le mécanisme des autorisations d'engagement et de crédits de paiement. Logiquement, un couple de concepts succède à l'autre. Cela dit, le second couple de concepts n'est pas étranger à la tradition française, dans la mesure où les lois de programmation, militaires et de police, couvrant plusieurs années, fonctionnaient sur la division entre autorisations de programme et crédits de paiement.

Cette notion avait pourtant été maintes fois critiquée comme inopérante par les spécialistes du Budget, la rumeur disant que la direction du Budget ne tenait jamais ses engagements en matière de crédits de paiement. Les raisons en étaient que ces lois, bien souvent, avaient été proposées contre l'avis de cette direction, que les sommes en étaient probablement trop élevées et difficiles à tenir en cas de changement de circonstance économique.

La philosophie de la réforme devrait éviter cette dérive, sauf à vider de tout sens la notion de programme. Des garde-fous existent désormais : tout le budget est conçu selon ces concepts ; le ministère des Finances doit rendre compte au Parlement de ses prévisions économiques et budgétaires. Revenir drastiquement sur le montant des crédits de paiement montrerait que les prévisions n'ont pas été suffisamment solides. Cela risquerait de décrédibiliser le ministre et le ministère des Finances, hormis si celui-ci dispose d'une bonne explication. Toutefois, la LOLF n'a pas été ambiguë : personne ne dispose d'une garantie pluriannuelle de financement ; en revanche, elle innove car, si des crédits prévus sont modifiés d'une année sur l'autre, ces variations donnent lieu nécessairement à un débat public au Parlement.

La gestion des emplois dans le cadre de la globalisation des crédits

Le fait de ne pas étendre la fongibilité aux emplois a fait l'objet de nombreux débats. En théorie, un gestionnaire responsable ne devrait pas agir à la légère, en augmentant ses crédits de personnel pour être démagogue ou, au contraire, en les réduisant drastiquement sans tenir compte des répercussions sociales ou de l'impact sur les usagers.

Cela dit, certains pays dotés de programmes ont mis en place leur réforme en conservant le plafonnement des emplois par grades (presque tous, sauf la Nouvelle-Zélande, où les administrations sont de petite taille et où il n'y a que des contrats) parce que le recrutement, et le coût d'un fonctionnaire dans le budget d'une administration, est tel que les erreurs ne sont pas permises.

Néanmoins, les administrations pourront redéployer des grades dans la limite du plafond, sans avoir recours aux pratiques complexes de gage des emplois, en particulier lorsqu'elles recrutent des profils atypiques. Un tel travail suppose un dialogue social étroit, finalisé par les missions, avec les personnels. Pour utiliser de façon pertinente la fongibilité, les administrations devront connaître précisément les moyens humains dont elles ont besoin – leur profil, leurs qualifications –, ce qui est souvent loin d'être le cas dans un système où l'occupation d'un emploi relève plus de l'appartenance à un groupe que des compétences spécifiques de la personne.

Dans le cadre de la globalisation, la gestion des emplois dépend fortement de l'expérience des administrations en termes de gestion stratégique prévisionnelle :

• de quels type d'emplois le centre de responsabilité a-t-il besoin dans un délai de trois à cinq ans ?

• comment utiliser au mieux les compétences existantes et prévoir le recrutement des autres ?

Ceci n'a rien à voir avec le statut, mais dépend réellement de la gestion et de la capacité à savoir où l'on veut aller. Ces dernières années, la gestion prévisionnelle des effectifs a fortement progressé en France dans nombre de ministères qui ont développé un travail intensif à ce sujet : de l'Équipement, pionnier en ce domaine, de l'Intérieur, des Affaires sociales et de l'Agriculture.

Envisager l'avenir

En matière de budgétisation, en France, la LOLF innove, elle comporte deux points forts :

• les souplesses de gestion sont désormais accessibles à tous ;

• le budget est informé des résultats des administrations.

Elle comprend aussi deux points qui peuvent évoluer :

• le maintien d'une gestion verticale ;

• l'absence de prévision pluriannuelle des crédits.

Un atout : des souplesses de gestion pour tous

▸▸ **Qu'est-ce que les souplesses ?**

Les souplesses peuvent diminuer le nombre de contrôles préalables. D'ores et déjà, les ministères, notamment celui de l'Intérieur, qui ont mis en œuvre la LOLF ont constaté le fait suivant : chaque décision suppose au moins cinq approbations hiérarchiques et financières.

Les souplesses favorisent le redéploiement des moyens en fonction des besoins : entre le personnel, le fonctionnement et la sous-traitance. À cela une nécessité, celle de modifier les multiples verrous juridiques qui égrènent les textes : s'il faut voyager en seconde ou en première, l'impossibilité de passer par une entreprise d'intérim en cas de besoin, etc. Ces questions sont souvent banalisées, probablement parce que le haut de la hiérarchie les contourne mieux que le bas. En revanche, personne ne s'est réellement penché sur leur coût en temps mais aussi en démotivation des fonctionnaires.

▶▍ Souplesses liées à la fongibilité des crédits

Citons quelques souplesses existant dans les pays managériaux et liées à la fongibilité des crédits :

- le libre choix entre l'expertise interne, l'appel à des experts extérieurs ou un mixte des deux ;
- la possibilité de payer immédiatement par carte bleue les dépenses inférieures au seuil des marchés ;
- la possibilité de privilégier des missions favorisant la mobilité des fonctionnaires plutôt que de réaménager des bureaux.
- la possibilité de « rendre » des locaux, tout en conservant le bénéfice dans le budget du centre de responsabilité et d'avoir à la place des agents mobiles, dotés d'un portable, travaillant directement avec leurs commanditaires.

Certaines conditions sont indispensables pour mettre en place ce type de fonctionnement, elles ne concernent pas seulement la fongibilité des crédits mais aussi :

- l'existence d'un centre de responsabilité ;
- un budget géré par le centre de responsabilité ;
- des retours comptables fréquents, au niveau du chef de centre de responsabilité, avec des projections prévisionnelles donnant une visibilité rapide sur les conséquences des choix effectués. Cela permet de les rectifier très vite, en cas de besoin (sur ou sous-consommation des crédits, par exemple).

Les souplesses provoquent des réticences

Le thème des souplesses a donné lieu à de longs débats. Certains y sont opposés parce que, malgré tout, « on y arrive » et effectivement un gestionnaire habile peut se « débrouiller », mais les question sont : à quel coût ? dans quel laps de temps ? quels sont les coûts, pour le citoyen, de délais de marchés publics et de délais de paiement des engagements trop lents ? Ceci s'explique, en partie, par l'impossibilité qu'ont encore trop souvent les administrations à payer par carte bleue.

La LOLF modifie cependant l'ampleur de l'action de réforme, car les changements concernent tous les services, tant en administration déconcentrée qu'en administration centrale. Par ailleurs, le raisonnement circulaire de la « récompense » passe au second plan. Avant la LOLF, la « récompense » dépendait de souplesses de gestion et n'étaient accordées qu'au mérite. Ce raisonnement est circulaire car il arrive parfois que, pour accomplir de bons résultats, il faille disposer à l'avance de souplesses de gestion. Cette logique émanait d'une double considération :

• il serait imprudent de donner des responsabilités à ceux qui ne seraient pas prêts à les assumer ;

• toute souplesse de gestion comporte un facteur risque qui peut entraîner des erreurs.

Or, les erreurs de l'administration sont difficilement supportées par l'autorité politique, locale ou nationale. Même si ce problème est rarement évoqué, il est présent dans l'esprit des fonctionnaires. Une administration peut rectifier des erreurs, mais celles-ci risquent d'être exagérées par la presse et les politiques. Partant de ce principe, il est légitime que l'administration redoute les réactions des gouvernants, plus sensibles aux erreurs qu'aux succès. On ne réforme pas toujours sans risque pour soi-même.

Les deux raisons de prudence évoquées ci-dessus – peur de l'absence de savoir-faire au niveau du terrain et peur des erreurs ou des échecs – ont entravé la généralisation d'initiatives de réforme.

Cette frilosité n'a pas été sans conséquences. Du côté des gestionnaires, obtenir de meilleurs résultats à règles inchangées peut s'avérer très difficile. Comment rationaliser l'organisation du travail :

• si un fonctionnaire se considère titulaire d'un emploi bien défini et refuse toute flexibilité ?

• s'il est impossible d'engager des intérimaires à des postes vacants ?

• si le redéploiement des moyens n'est pas envisageable ?

• si des ordinateurs arrivent mais qu'il n'est pas permis d'acheter immédiatement les formations nécessaires ?

• si les personnels ne sont pas récompensés de leurs efforts ?

Ces questions, non spécifiques à la France, mettent les gestionnaires pionniers dans une situation impossible. Pour moderniser, il leur faut des outils nouveaux (souplesses réglementaires, outils techniques), dont ils ne pourront disposer qu'après avoir modernisé. Pour obtenir des souplesses, il leur faut démontrer qu'ils sont de bons gestionnaires, et pour être de bons gestionnaires, il leur faut des souplesses nouvelles. C'est ainsi que, dix ans après la circulaire Rocard sur la modernisation de l'administration, on ne comptait que cinq centres de responsabilité[3].

Certains syndicats craignent que la fongibilité des crédits conduise à la réduction systématique des dépenses de personnel pour augmenter les crédits de fonctionnement. C'est oublier que, dans la gestion par programmes, il existe une régulation sévère qui est l'obligation d'atteindre des résultats et qu'il existe des sanctions en cas de non atteinte des résultats. Le panel des sanctions est large, il va d'une vive critique parlementaire à la remise en cause de l'emploi des dirigeants. En ce cas, peu de responsables de programmes prendront des décisions sans en mesurer les conséquences.

Par ailleurs, la fongibilisation des crédits ne suffit pas à générer des marges de productivité conséquentes et une responsabilisation des fonctionnaires sans :

• Une simplification des règlements[4] qui empêchent d'effectuer des choix (peu importe d'avoir des crédits fongibles, si l'on n'a pas le droit d'acheter un ordinateur plutôt qu'un téléphone, de recruter un expert pour quelques jours sans appel d'offres, etc.). Les règles doivent être modifiées pour s'inspirer de la même philosophie qui est de permettre le meilleur rapport coût /efficacité des services.

• Une décentralisation interne des responsabilités pour favoriser la prise de décisions au niveau des centres de responsabilité. À quoi servirait la fongibilité des crédits, si la décision de dépenser doit remonter trois ou quatre niveaux hiérarchiques pour être approuvée ? La LOLF a été plutôt discrète sur ce point, mais une logique de management par résultats est aussi une logique de contrôle a posteriori et non a priori.

Les souplesses supposent que l'on sache gérer les risques

L'ensemble des précautions réglementaires s'apparente à une protection du fonctionnaire, en particulier face au juge, et

---

3. Évaluation par le ministère de la Fonction publique, rapport interne, Paris, 1999.
4. Ainsi le rapport Mandelkern précité reprend-il à son compte les conclusions du Conseil d'État, en 1991, selon lesquelles le nombre de lois votées a augmenté de 35 % en trente ans, celui des décrets de 25 %. Le stock annuel de normes s'élèverait à 8 000 lois et 400 000 textes réglementaires. Le Conseil des impôts, dans son rapport 2000, relève que la documentation fiscale de base s'est accrue d'un tiers au cours de la décennie 1990-2000.

relève d'une interprétation stricte du principe de précaution. L'évaluation de la globalisation des crédits, dans les pays qui l'ont mise en place, montre que les gestionnaires ont agi clairement, malgré la diminution des règles sur le comment faire, car ils doivent rendre compte de leurs choix.

Le management par résultats tend à inverser la charge de la responsabilité. Plutôt que de formaliser l'ensemble des règles du « comment faire » au niveau réglementaire, a priori, ce qui déresponsabilise juridiquement et pratiquement les fonctionnaires, on laisse à ces derniers le choix des moyens. En contrepartie, ils doivent les justifier par l'obligation qui leur est faite de rendre compte.

Il ne s'agit pas de laisser faire les gestionnaires de programmes inconsidérément, mais d'imposer deux idées :

• celle de risques calculés, c'est-à-dire la mise en place d'un plan de management des risques officiel qui évaluerait les risques et stipulerait s'ils valent la peine d'être pris et comment les gérer ;

• celle du contrôle a posteriori qui laisse le fonctionnaire plus libre de ses décisions, mais l'oblige à rendre compte.

Certaines Cours des comptes, notamment en Suède, évaluent différemment un ministère qui a publié un plan de management des risques et un ministère qui ne l'a pas fait. Un risque anticipé est moins grave qu'une attitude laxiste, à cet égard.

Contrairement à l'avis de certains pionniers du management, le secteur public ne sera jamais totalement aligné sur le secteur privé. Il lui incombe en effet des obligations de conformité juridique (qui peuvent certes être mises en œuvre de différentes manières) et de rendre compte (ce qui demande du temps et une organisation spécifique), alors que le secteur privé n'est pas soumis à ces obligations. Pour autant, la plupart des pays sont encore loin des capacités de flexibilité qui satisferaient ces exigences, d'où l'intérêt de plans de management des risques.

Comment mettre en œuvre un plan de management du risque ?

Il se construit en plusieurs étapes :

• une analyse des risques et de leur probabilité (avec les agents et les services) qui détermine des zones de risque par activité (la probabilité nulle, moyenne ou haute suppose un traitement différent) ;

- une définition des mesures à prendre en cas de survenance du risque ;
- une négociation avec la hiérarchie de ce plan et de l'acceptabilité des risques ;
- une publication du plan.

L'existence de souplesses pose en fait un problème plus large : peut-on faire des paris calculés dans l'administration ? le droit à l'erreur, même contrôlée et circonscrite, existe-t-il ? Fort heureusement, la LOLF, en posant des principes généraux (fongibilité des crédits, diminution des chapitres budgétaires, management par résultats) accessibles à tous, sort du raisonnement des bons élèves qui seuls accèdent à la modernisation.

Elle contient des incitations automatiques : chacun peut répondre à l'appel, et si les crédits sont globalisés les gains de productivité resteront ipso facto dans le service (sauf manœuvre du ministère des Finances, ce que nous nous refusons à envisager).

La contrepartie des souplesses est l'évaluation des résultats.

L'atout : une budgétisation informée par les résultats mais non déduite de ces derniers

La LOLF prévoit que les résultats informent les décisions budgétaires. Faut-il pour autant avoir une relation de causalité directe entre le budget et les résultats ? Le débat est loin être clos. Le modèle initial des programmes était de définir la performance et d'en déduire des décisions budgétaires. Cela dit, la pratique s'est révélée plus complexe.

En effet, le budget ne peut être ni proportionnel, ni inversement proportionnel à la performance, sinon l'on donnerait plus d'argent à ceux qui obtiennent de bons résultats, avantageant doublement les usagers au détriment de ceux qui peinent et ont besoin d'aide ou, au contraire, l'on attribuerait moins d'argent à ceux qui ont de piètres résultats. Ces derniers risqueraient de le répercuter dans un service moindre aux usagers. Il y aurait dans un cas un double avantage et dans l'autre une double pénalité.

L'usager étant captif de la plupart des services publics, il n'est pas possible d'établir un lien mécanique entre budget et résultats[5].

---

5. Guillaume H. : « *Il n'y a nulle part de lien automatique entre procédure budgétaire et système de gestion de la performance* », op. cité.

Cas pratique

**LES PLANS OBJECTIFS /
MOYENS DU MINISTÈRE
DE L'ÉQUIPEMENT**

Ces mesures ne devraient pas paraître lointaines et utopiques dans la tradition française. Retenons le cas de la réforme du ministère de l'Équipement, notamment à travers la mise en place des plans objectifs / moyens (POM). Ces plans définissent, sur trois ans, les objectifs de chaque direction départementale de l'Équipement et les moyens qui y sont consacrés. Globalement, le ministère de l'Équipement a obtenu de la direction du Budget une stabilité de financement des coûts de fonctionnement et de la masse salariale, moyennant un prélèvement de productivité de 4,5 % sur trois ans (période 1991-1993).

Pour les DDE, les « retours », en cas d'atteinte des objectifs, sont multiples : stabilité des crédits de fonctionnement ; capacité de conserver en leur sein les gains de productivité excédant le prélèvement de productivité de 4,5 % et d'en négocier la répartition avec les syndicats. Les souplesses sont celles de la gestion tri-annuelle qui permet de mieux ajuster les postes aux besoins (recrutements locaux, demandes en personnel plus ciblées et planifiées, etc.), donc d'avoir plus de chances de réussir. La répartition des crédits n'a pas été uniforme selon les DDE. Elle a pris en compte :

• le contexte et les charges (DDE urbaine / rurale, taux de chômage, objectifs à réaliser, retards à rattraper, etc.) ;

• l'appréciation de la situation de la DDE et de ses capacités d'amélioration de la productivité ou du redéploiement des moyens ;

• les aides nécessaires pour rattraper des retards, s'il y avait lieu ;

• les retours de modernisation pour celles qui réalisaient des performances exceptionnelles et qui, suite à une négociation avec les syndicats, pouvaient être utilisés à toutes fins (modernisation des conditions de travail, primes collectives).

Le même type de budgétisation s'est développé dans les quatre préfectures ayant accepté de devenir des centres de responsabilité. Ceci revient à donner une image spécifique de la budgétisation, vue comme un outil exigeant des réponses spécifiques à chaque service ; d'autant plus que l'expérience de la modernisation montre qu'il n'y a pas de réponse générale et générique.

La connaissance des résultats ne permet pas d'interprétations univoques : il faut apprécier les circonstances des résultats, le pourquoi des améliorations ou des détériorations. À l'inverse, sans connaissance des résultats, il est difficile d'améliorer la mesure des pratiques car il n'existe pas de « déclencheur » d'une prise de conscience de la nécessité d'évoluer. De même, il n'existe pas de vecteur de satisfaction ; seule la mesure des résultats permet de savoir si l'on a bien fait son travail.

La connaissance des résultats peut néanmoins avoir un impact sur la décision. En matière budgétaire, il est possible de jouer d'un mixte de mesures associant un « plus » pour les performants et un « plus » pour ceux qui ont des difficultés, à condition qu'ils s'engagent à se mettre à niveau (une sorte d'avance sur recettes).

N'y aurait-il que des plus ? Ces différents suppléments de crédits ne sont pas attribués selon les mêmes finalités : les retours de modernisation doivent bénéficier aux personnels et non servir à pallier des déficits en termes de fonctionnement courant, sauf si le personnel le souhaite. En revanche, les augmentations de crédits pour les non-performants ont pour objet une remise à niveau. Aucune des deux formes de crédits supplémentaires n'est supposée être pérenne.

Par ailleurs, il peut y avoir des baisses de crédit des plafonnements, voire des prélèvements budgétaires, quand l'administration centrale ou le ministère des Finances estiment qu'il existe des marges de productivité non utilisées.

Les « sanctions » en cas de non-performance peuvent être multiples :

• non pas des ajustements budgétaires mais un contrôle et un suivi plus serré du service en cause par sa tutelle[6] ;

• une sanction du chef de service, à travers ses primes ou son évaluation.

Deux questions devront être gérées à l'avenir, dans le cadre de la mise en œuvre de la LOLF :

• l'absence de prévisions budgétaires pluriannuelles par programme ;

• la verticalité des programmes.

Ces problèmes se retrouvent dans tous les pays qui ont adopté le système des programmes.

Un enjeu : la pluri-annualité des prévisions budgétaires

La LOLF n'offre pas de garantie pluriannuelle des financements

Une remarque préalable s'impose : aucun pays au monde n'a adopté le vote du budget pluriannuel et garantissant des finan-

---

6. C'est ce qui est pratiqué au Royaume-Uni, où le Treasury reprend les rennes du management d'une agence en mains, lorsqu'elle faillit à ses objectifs.

cements sur plusieurs années. Il est déjà difficile de garantir, dans des univers économiques changeants, des budgets annuels. Par ailleurs, la volonté d'avoir des garanties de stabilité est très ambiguë, même d'un point de vue éthique. Théoriquement, elle est justifiée par les nécessités de la gestion, qui supposeraient une stabilité pluriannuelle des financements.

Néanmoins, cette stabilité n'existe pas dans le secteur privé. Elle reviendrait, d'une part, à protéger le secteur public du contexte économique dans lequel le pays est plongé. D'autre part, elle accentuerait les difficultés budgétaires. Dès le départ, il y a deux types de dépenses qui ne peuvent être soumises aux aléas cycliques, à savoir les salaires des fonctionnaires et les dépenses de transfert (allocations chômage, sécurité sociale). De plus, les dysfonctionnements ne se situent pas que du côté du ministère des Finances. Si les ministères se plaignent de ne pas avoir de budgets pluriannuels, ils se sentent pourtant autorisés à réclamer des suppléments de crédit en cours d'année pour financer des politiques nouvelles.

Si la non pluri-annualité comporte une position de principe sur le rôle et la place du secteur public dans l'économie nationale, la LOLF n'est pas ambiguë à cet égard : le secteur public participe de cette économie et n'est pas un îlot qui doit bénéficier d'une protection immuable et a priori.

Par ailleurs, ne pas penser en termes de garantie de financement touche aussi à des réflexes culturels comme la nécessité supposée (et intériorisée par nombre de fonctionnaires) de tout faire ou de ne jamais abandonner une mission, très profondément ancrés dans les administrations publiques, quel que soit le pays. En fait, le réalisme budgétaire, et celui des capacités de travail dans un temps limité, devrait soulever la question du rôle de l'administration : doit-elle toujours faire plus ou, au contraire, mieux programmer ses priorités dans le temps, sans abandonner ses missions mais en les organisant mieux et en y consacrant plus d'énergie ?

Certes, ce débat ne vaut pas pour les administrations dont toutes les actions sont liées par la loi, comme les allocations d'aide. Nombre d'administrations plus libres pourraient concentrer leurs efforts sans chercher à réaliser simultanément tous leurs objectifs : brasser moins large pour améliorer leurs performances. En caricaturant, on pourrait dire que les fonctionnaires ont trop de bonnes idées qu'ils souhaitent mettre en œuvre immédiatement, au lieu de cibler des actions à creuser et à inscrire dans la durée. Par ailleurs, les changements de politique gouvernementale, en fragilisant leurs actions, ne les aident pas.

Synthèse. Cette réforme de culture, qui consiste à organiser des priorités dans le temps et à ne pas penser que tout est urgent, suppose que les ministres acceptent et comprennent ce type de démarche. Sans appui ministériel, elle est impossible, et les fonctionnaires continueront à jouer les pompiers sur des « feux » administratifs trop nombreux pour être éteints.

L'absence de pluri-annualité budgétaire ne doit pas masquer un progrès décisif de la LOLF : l'exclusion de la pratique des gels budgétaires en cours année. Comme le disait un directeur départemental de l'Équipement avec humour : « *nos budgets ne sont pas annuels mais trimestriels, si l'on compte les retards de délégation de certains crédits, qui n'arrivent qu'en juin, et les gels fréquents en septembre / octobre, le temps de consommation des crédits est limité à quelques mois.* »

La France rejoint ainsi nombre de pays managériaux qui, dès la mise en œuvre des programmes, se sont interdit les gels en cours d'année.[7]

Meilleures sont les prévisions, moins grand est le risque de fluctuation des financements

Cela dit, la question des aléas peut se gérer plus ou moins bien. Quand le ministère des Finances, au niveau macroéconomique, et les autres ministères, au niveau microéconomique, peuvent renforcer leurs capacités de prospective et de prévision, les aléas sont mieux maîtrisés. La LOLF le prévoit, au niveau macroéconomique, grâce au débat d'orientation budgétaire et à la consolidation des comptes de l'ensemble des administrations publiques soumise au Parlement, dans le cadre du projet de loi de finances.

Des prévisions qui tiendraient compte des objectifs et des moyens, au niveau des ministères et des programmes, restent à bâtir. Toutefois, qui dit prévisions ne dit pas garantie. Sauf crise économique majeure, plus les prévisions seront exactes, plus il y aura d'incitations à une adéquation des financements, sur la longue durée, entre les ministères et le ministère des Finances. Cela concerne les *forward estimates*, ou prévisions budgétaires ; à ceci près qu'elles sont élaborées programme par programme, et non uniquement pour l'ensemble du gouvernement, comme c'est le cas dans la LOLF.

---

7. Australie, Royaume-Uni.

Il ne s'agit pas de la pluri-annualité budgétaire au sens traditionnel du terme, c'est-à-dire d'un budget voté pour plusieurs années, mais bien de prévisions : le vote du budget reste annuel dans tous les pays, mais les raisonnements et les chiffrages prévisionnels peuvent être pluriannuels. C'est le cas en particulier pour les programmes difficiles, dirigés par la conjoncture économique, par exemple, les crédits de chômage ou la sécurité sociale. Ces programmes sont évalués dans le temps par des équations paramètres qui prennent en compte les variables pouvant avoir un impact sur le programme : taux de croissance, nombre de chômeurs, etc.

Les prévisions budgétaires fonctionnent à rebours (une sorte de rétropédalage). On se place d'emblée au niveau de l'année n + 3 et de la prospective des besoins et des moyens d'intervention pour élaborer rétrospectivement les budgets des années intermédiaires jusqu'à l'année 0.

La répartition n'est pas nécessairement uniforme, un programme peut par exemple avoir besoin de plus d'investissements au départ ou bien démarrer de façon expérimentale et monter en régime.

Pousser les ministères à regarder de l'avant[8]

Vu la complexité du sujet, l'élaboration des prévisions se fait entre les ministères et le ministère des Finances.

Les prévisions budgétaires ne représentent pas des engagements du ministère des Finances pour maintenir les niveaux de financement prévus, encore qu'il s'agisse d'un engagement moral sous réserve de la situation économique. En revanche, elles représentent des engagements du ministère, à savoir ne pas demander des crédits supplémentaires durant les trois projets de loi de finances après l'année 0, sauf pour les programmes non limitatifs comme les subventions de chômage. Inimaginable en France, dira-t-on, car les ministres demandent toujours plus. Tous les pays qui pratiquent ce système ont une petite réserve de 1 à 2 % du budget, qui permet de répondre aux urgences politiques. Néanmoins, la règle de non-acceptabilité des demandes supplémentaires aux prévisions est appliquée

---

8. Guillaume H. : « *Encore une fois, aucun pays n'a remis en cause le principe de l'annualité budgétaire, mais partout est introduite une vision pluriannuelle du déroulement des programmes. [...] On ne peut pas donner toutes les souplesses de gestion, si l'on n'introduit pas la notion de temps.* » *Opus cité.*

à l'essentiel du budget, et elle évite les demandes ad hoc et les gels. Pourquoi la LOLF n'a-t-elle pas adopté ce système ? Essentiellement par pragmatisme. Introduire conjointement une idée nouvelle, le programme et la prévision pluriannuelle aurait demandé trop d'efforts simultanés à chaque ministère.

Un enjeu : les effets des tuyaux d'orgue

Pourquoi le choix de programmes exclusivement ministériels est-il fait par la LOLF ? Par souci de simplicité et de clarté des responsabilités. Si un programme se cale sur un ministère, il sera plus facile à définir et à mettre en place, il entrera alors dans les cadres organisationnels déjà existants. Par ailleurs, les responsabilités seront claires, car elles seront celles des directeurs et du ministre, alors que dans des programmes interministériels l'attribution de responsabilité est plus complexe, sans être impossible (cf. chapitre 6).

En pratique, la difficulté tient au nombre d'actions ou de politiques impliquant plusieurs services, voire plusieurs ministères, comme la lutte contre la délinquance ou la politique de la ville. Or, les structures influent sur les comportements, d'autant plus que le fonctionnement et l'évaluation hiérarchique des fonctionnaires l'emportent parfois sur la volonté de travailler entre administrations. Les pays managériaux appellent cela le problème des *stovepipes*, ou tuyaux d'orgue. Travailler entre administrations est un luxe et un supplément de dévouement pour des fonctionnaires zélés, mais non une règle de système.

Pour agir différemment, c'est-à-dire disposer de programmes interministériels ou interdirections, il est difficile de se passer d'une organisation matricielle, où le chef d'un centre de responsabilité est responsable à la fois des activités du centre et d'une politique publique déterminée, par exemple, une direction départementale de l'Équipement et la politique de la ville.

La gestion des programmes interministériels

En matière d'actions interministérielles, les attributions de responsabilité deviennent plus complexes :

• soit il existe un chef de projet qui fait autorité par délégation du Premier ministre et qui dispose d'un fonds déconcentré globalisé ;

- soit un pilotage serré est mis en place, par exemple, à travers un conseil des ministres spécifique qui se réunit régulièrement (ceci ne peut se faire que sur un nombre limite de priorités).

Au plan budgétaire, deux solutions sont possibles :

- un programme ad hoc rattaché à un ministère mais finançant les actions d'autres ministères ;
- soit une ventilation en pourcentage des crédits par ministère, selon la place qu'ils occuperont dans le programme interministériel.

L'ensemble de ces solutions est couramment adopté par le budget britannique et plus de 30 % du budget sont dédiés à des actions conjointes entre ministères. Néanmoins, le Royaume-Uni a trente ans d'expérience des programmes.

La solution française suppose, pour fonctionner, qu'il n'y ait pas trop de programmes par ministère (en Australie, de cinq à six). Les ministères, peu familiarisés avec cette notion, risquent de les plaquer sur les directions existantes. De plus, si le quotidien l'emporte, l'habitude de vivre dans sa forteresse (*stovepipes*) risque de prendre le pas sur une coopération efficace entre services. À ce moment-là, les programmes ne seraient que des reformulations d'anciens clivages.

On peut espérer que, dans un second temps de l'application de la LOLF, la question de la coordination entre programmes sera prise en compte.

Chapitre 3

Le nouveau rôle du Parlement : une incitation à la performance et à l'évaluation

« Note au cabinet de la part du directeur général :
Veuillez, cher ami, prendre en considération les points suivants :
Si le Ministre devait effectivement être responsable de son ministère, il s'ensuivrait :
– le chaos ;
– des innovations ;
– un débat public ;
– la possibilité d'être évalué par le Parlement.

Il est donc clair que le rôle du Ministre est tout autre :
– il est notre avocat auprès du ministère des Finances, au sein du gouvernement et auprès de l'opinion publique ;
– il se charge seul de rendre compte au Parlement ;
– il est notre employeur et doit se battre pour que nous puissions faire notre travail et ayons nos salaires. »
Yes Minister, opus cité, p. 132.

Le chapitre précédent concernait essentiellement les avancées de la LOLF, en matière de souplesses et de rigueur de gestion, favorables aux gestionnaires de programmes. Dans ce chapitre seront abordées les contreparties nécessaires, notamment une meilleure information du Parlement, au niveau du budget général, et une obligation de compte-rendu accrue par les fonctionnaires.

Les règles

Un budget plus transparent

Les mesures de transparence de la LOLF correspondent à des revendications anciennes du Parlement.

- Les mouvements de crédit en gestion sont plus encadrés par une information préalable et par un plafonnement en pourcentage des crédits initiaux. Les virements réglementaires, qui modifient la répartition des crédits entre programmes d'un même ministère, ne peuvent dépasser 2 % des crédits initiaux de chaque programme. Le montant global des annulations de crédits ne peut excéder 1,5 %, et le montant des reports de crédits de paiement 3 %, des crédits initiaux du programme.
- Une évaluation des ressources et des charges, y compris de trésorerie, est faite dans le projet de loi de finances. Ces dernières « *concourent à la réalisation de l'équilibre financier* » et sont présentées dans le tableau de financement, alors que la loi de finances est limitée aux charges budgétaires.
- Le projet de loi de finances fixe un plafond de la « variation nette », appréciée en fin d'année, de la dette négociable de l'État, supérieure à un an.
- Le projet de loi de finances autorise l'octroi de garanties et de prise en charge d'emprunts par des organismes publics ou privés.
- Une évaluation des recettes des fonds de concours et des dépenses afférentes est également faite dans la loi de finances.
- L'affectation d'une ressource établie au profit de l'État à une autre personne morale doit être prévue par la loi de finances. La LOLF prévoit la ratification par décret en Conseil d'État des rémunérations pour services rendus. La LOLF supprime l'obligation de dépôt des disponibilités de trésoreries des collectivités territoriales auprès de l'État.
- La loi de règlement arrête le montant définitif des ressources et des charges.
- Les affectations de ressources sont limitées par la suppression des taxes parafiscales (fin 2003).
- Des conditions plus restrictives reposent sur les budgets annexes et les comptes spéciaux.
- Le système services votés / mesures nouvelles est abandonné au profit d'une justification des crédits au premier euro.

Un budget plus prospectif

En enrichissant l'actuel rapport économique social et financier, joint au projet de loi de finances, l'article 50 de la LOLF est une innovation importante. En effet, au moment du dépôt du projet de loi de finances, le gouvernement doit présenter un rapport sur la situation et les perspectives économiques, sociales et financières de la nation. Dans ce rapport sont détaillées les hypothèses économiques sous-jacentes aux choix de la loi de finances, tout comme les perspectives d'évolution des recettes, pour les quatre ans à venir, et les dépenses du solde de l'ensemble des administrations publiques. C'est ce que l'on peut appeler la « sincérité budgétaire ».

Ce point est essentiel car, traditionnellement, le budget est perçu comme « indéfiniment extensible ». Dès qu'un problème social apparaît, il suffit que l'État accorde des crédits supplémentaires, alors que cette mise en perspective économique montre les contraintes et les opportunités de la situation plus globale du pays.

Ce rapport sert de base au débat d'orientation budgétaire qui existe depuis 1996, mais se trouve institutionnalisé par la LOLF. Il est accompagné d'un rapport de la Cour des comptes sur l'exécution du Budget.

Un Parlement ayant plus de pouvoirs sur le Budget

L'ordonnance est porteuse d'un changement majeur dans les pouvoirs du Parlement. Les parlementaires peuvent proposer des dépenses gagées répartissant différemment les dépenses entre programmes, au sein d'une mission. Il s'agit d'une révolution, au sens où le Parlement français ne pouvait déposer d'amendement d'accroissement de dépenses, fussent-elles gagées et gagées sur d'autres personnes morales que l'État (Assemblée nationale). Ces amendements, non débattus à l'Assemblée, n'étaient donc connus que de leurs auteurs, ce qui posait des problèmes de reconnaissance par leurs électeurs aux parlementaires, qui ne pouvaient revendiquer publiquement les bénéfices de leurs propositions.

Par ailleurs, la plupart des pays managériaux (Australie, Royaume-Uni) n'acceptent pas le gage de dépenses entre programmes, alors qu'il est désormais possible en France. Il est important de suivre l'usage que le Parlement fait de cette liberté. Le Parlement est aussi plus étroitement associé à l'exécution budgétaire *via* des procédures d'information et d'avis, notamment :

• une information des commissions des Finances sur les motifs de dépassement des crédits évaluatifs ;

- une information lors de tout projet de loi de finances rectificative sur les mouvements réglementaires intervenus au cours de l'année en cours ;

- une information sur les décrets de virement et de transfert qui doivent être transmis, avant leur signature, pour avis aux commissions des Finances et aux commissions concernées ; les virements peuvent modifier l'objet de la dépense, les transferts non ; en accord avec l'objet des programmes, les transferts ne font que changer de responsable de mise en œuvre.

- une information sur les décrets d'avance pris après avis du Conseil d'État qui doivent être également soumis pour avis aux commissions des Finances ;

- une transmission des décrets d'annulation, pour information, aux commissions des Finances et aux autres commissions concernées ;

- une aide de la Cour des comptes au Parlement car elle doit élaborer un rapport d'orientation budgétaire, un rapport sur l'exécution du budget (joint au rapport du projet de loi de règlement) et un rapport sur les décrets d'avance dont la ratification est demandée au Parlement (non gagés) ;

- en règle générale, la Loi organique redéfinit les missions des commissions des finances, en les chargeant de suivre l'exécution de la loi de finances et de procéder à l'évaluation de toute question de finance publique ;

Pour réaliser ce projet, les présidents et les rapporteurs de cette commission disposent de pouvoirs accrus :

- droit d'accès à tout renseignement administratif et financier ;

- droit d'entendre toute personne, dès que son audition est jugée nécessaire ; à ce moment-là, cette personne n'est plus tenue au secret professionnel ;

- possibilité de demander à la Cour des comptes toute enquête, dont les conclusions doivent être remises dans les huit mois.

En cas de non-communication des renseignements, le juge administratif pourra ordonner la communication desdits renseignements, en référé et sous astreinte.

De plus, la LOLF toilette les différentes techniques de budgétisation annexes :

- les budgets annexes ont vocation à couvrir des opérations de nature commerciale. En cas de surplus de recettes, seuls les crédits pour amortissement pourront être majorés.

Les pratiques

Le nécessaire changement culturel au sein du Parlement

Un Parlement qui ne dispose que d'informations sur les moyens ne peut débattre que de leur montant, de façon subjective, mais non de leur pertinence et de leur aide à atteindre les objectifs des politiques publiques. La LOLF, en introduisant la budgétisation par programmes, conduit le Parlement à se prononcer sur les objectifs et les moyens de les atteindre, plutôt que sur les moyens seuls.

Certains obstacles à une culture du résultat, que le Parlement français pourra certainement surmonter, existent.

L'électoralisme

Dans certains pays, les gouvernements (et leurs Parlements) ont gagné les élections avec des politiques de redistribution électoralistes à l'égard des seuls groupes les soutenant, sans tenir compte des évaluations de programmes (Australie), ce qui a eu pour effet de décourager les gestionnaires de programmes.

L'inertie des administrations

Les fonctionnaires devront jouer le jeu en donnant aux parlementaires des informations pertinentes. Ce problème s'est certainement amélioré depuis vingt ans, mais il reste beaucoup à faire pour que le Parlement dispose, en temps réel, des expertises des administrations et qu'il ait les collaborateurs pour les analyser. Le Parlement français fait figure de parent pauvre par rapport à ses homologues des pays développés.

Une volonté d'hégémonie trop poussée du Parlement

Dans un pays comme la France, l'équilibre entre l'exécutif et le législatif évolue lentement. Lors de l'élaboration de la LOLF, certains parlementaires voulaient pousser leurs pouvoirs, jusqu'à modifier les termes des programmes proposés par les ministères ou les rendre entièrement fongibles entre ministères. Cela signifierait que les vrais choix se feraient du côté du Parlement. Mais cela aurait aussi pour conséquence d'enlever leur capacité de programmation aux ministères et les aurait plus que démotivés. Désormais, les parlementaires peuvent gager des dépenses entre programmes d'un même ministère mais non définir les programmes ou les missions.

Synthèse. Un débat préalable sur les orientations et les priorités du gouvernement avec le Parlement, comme c'est le cas en Suède ou en Nouvelle-Zélande et maintenant en France, paraît plus adapté à une définition des rôles respectifs du Parlement et des ministères.

S'agit-il d'une utopie de recentrer le Parlement exclusivement sur la rationalité des mesures et des évaluations ? L'expérience d'autres pays montre que, s'il n'est pas possible d'éviter les considérations propres à l'électorat de chaque parlementaire, le débat peut s'élargir à des considérations de fond liées aux politiques publiques de chaque ministère.

Par exemple, au Royaume-Uni, le Treasury and Civil service committee a acquis une incontestable expertise au fil des ans en ce qui concerne les questions liées à la réforme de l'administration. Non pas parce que les Anglais seraient meilleurs que d'autres, mais parce qu'ils ont cherché à remplir certaines conditions : les membres du comité analysant le service public conservent leurs fonctions sur plusieurs années, ce qui leur donne le temps de l'apprentissage. De plus, il existe un accord bipartisan sur les questions à poser aux administrations, ce qui empêche ces dernières de jouer de l'opposition entre les membres du comité. Enfin, la capacité d'entendre longuement tout expert, public ou privé, donne au comité des éléments d'appréciation variés, qui ne sont pas nécessairement identiques à ceux des administrations.

En définitive, la bonne application de la LOLF révisée repose sur un trépied :

• une gestion par résultats dans les ministères ;
• une spécialisation des parlementaires dans la connaissance des problèmes de performance ;
• une solidarité accrue du gouvernement dans la fixation de priorités.

Rendre compte et mieux gérer sont-ils compatibles ?

Historiquement, la budgétisation par programmes a été marquée par la contradiction entre les obligations de compte-rendu et les exigences d'une bonne gestion. Cela se produit quand les obligations de compte-rendu demandées par les parlementaires ne correspondent pas aux attentes des gestionnaires dans leur travail.

Cas pratique

LA PERTINENCE DES INDICATEURS

Au sein d'une Direction Départementale de l'Équipement, les élus souhaitent connaître le temps moyen de déneigement DDE par DDE. Or, cet indicateur n'a pas de sens pour les DDE elles-mêmes, pour lesquelles ne pas avoir à réagir aussi vite dans tous les cas permettrait de dégager des moyens sur d'autres priorités.

Cette situation est une dérive maintes fois observée.

Cas pratique

OBJECTIFS AFFICHÉS / OBJECTIFS RÉELS AU ROYAUME-UNI[1]

Les résultats de l'agence des pensions pour enfants divorcés au Royaume-Uni n'étaient pas à la hauteur des espérances, car de nombreux pères refusaient de payer leur pension alimentaire. Le ministre annonça des objectifs très élevés et irréalisables. L'année suivante, en toute logique, les résultats étaient encore plus mauvais.

Aucune incantation, même venue du haut de l'État, ne peut résoudre un problème social aussi complexe et qui suppose des moyens subtils, en particulier plus de collaboration de la police, voire des impôts, pour trouver les récalcitrants, des moyens de négociation sur les montants des pensions, etc. Voilà une question qui ne peut pas être réglée par décret mais par le travail patient d'une administration qui tente d'apporter des solutions. Le temps, facteur clé pour obtenir des résultats satisfaisants, a cruellement manqué au ministre, alors en période d'élection. Cette histoire véridique s'est soldée par les départs du directeur de l'agence[2] et du ministre (1994). Le double langage a été très utilisé dans les premiers temps de la mise en place des objectifs des agences.

Un Parlement qui ne s'intéresse qu'aux dysfonctionnements

Il est arrivé, dans les pays managériaux, que le Parlement ne s'attache qu'aux détails et au blâme mais pas aux conditions de succès de la gestion interne ou de la mise en œuvre des politiques publiques des administrations. Dans nombre de ces pays, le Parlement, sensible aux scandales administratifs, détaille les frais de missions, les remboursements de taxis, les subventions, plutôt que

---

1. Trosa report, Cabinet Office, Londres, 1994.
2. Les agences britanniques sont des entités dotées à la fois de l'autonomie de gestion et d'obligations de résultats. Le plus généralement, elles restent attachées à part entière aux ministères.

la performance des programmes. En ce cas, rendre compte et bien gérer sont deux préoccupations nettement distinctes.

Un Parlement et des ministres démagogues

Dans ce cas de figure, les ministres sont des parlementaires qui choisissent d'afficher des résultats trop ambitieux, irréalisables mais populaires, tout en sachant que les administrations ne pourront pas suivre.

Une absence de confiance

Lorsqu'il n'existe pas de réelle relation de confiance entre le ministre et son administration, celle-ci refuse de s'engager sur des résultats ambitieux et d'en rendre compte. Le ministère aura tendance à produire des rapports annuels en « langue de bois » et qui ne rendent pas compte de la réalité.

Cas pratique

SURVALORISER
LES RÉSULTATS

En Australie, le fait pour les ministères de survaloriser les résultats était devenu courant. Au fil des années, à partir de la mise en place de la budgétisation par programmes, les rapports annuels épaississaient, étaient truffés de statistiques peu précises en ce qui concerne le degré d'atteinte des objectifs initiaux. Le volume et la complexité du document ne permettaient ni au ministre, ni au Parlement, de se faire une idée précise des résultats. Pourtant, l'objectif était atteint : fournir des informations au Parlement sans pouvoir être attaqué sur des détails ou sur la mise en œuvre des objectifs. Cette manière de faire s'explique le plus souvent par la dégradation des relations entre les administrations et le politique.

Le *reporting* peut détruire l'obligation et le goût de rendre compte.

Une administration mal soutenue dans ses efforts de modernisation

Dans certains cas, l'administration se préoccupe peu d'améliorer sa gestion (seuls les ministres ne sont pas responsables...) : manque de moyens, incompréhension de la réforme, politique trop présent. Le rapport devient alors formel, et il se produit ce que les pays managériaux appellent la « *compliance* », c'est-à-dire l'obéissance passive ou trop complaisante aux ordres. Les administrations rendent compte mécaniquement au ministre et au Parlement, sans répercuter ce qu'elles ont appris de leur compte-rendu pour améliorer leur fonctionnement interne (procédures et résultats).

Dans ces hypothèses qui combinent un Parlement démagogue, tatillon, peu intéressé par les politiques publiques ou peu formé à son nouveau rôle, et des administrations arrogantes, rétives ou craintives, l'obligation de compte-rendu s'apparente à une obligation formelle et non à un processus permettant l'amélioration continue des performances.

Cas pratique

DES MINISTÈRES QUI N'ONT PAS LE TEMPS OU LES MOYENS DE LA PROGRAMMATION

C'est le cas dans certains pays managériaux, dans les ministères de l'Immigration. Débordés par leurs taches quotidiennes, ils n'ont plus de temps pour la gestion prévisionnelle (budgétaire ou des emplois). Le ministère, qui vit toujours à l'heure de la crise, ajuste tant bien que mal ses actions aux problèmes quotidiens. En ce cas, quelle est la solution ? Soutenir ses ministères en termes de formation, de conseil et d'effectifs.

L'objectif de cette liste n'est pas d'être négative mais plutôt de pointer les dangers à éviter.

Comment définir le rôle du ministère des Finances dans les programmes ?

Dans de nombreux pays, les ministères des Finances ont joué un rôle prépondérant dans la définition des programmes, surtout dans la phase initiale de mise en œuvre de la réforme. C'est encore le cas de l'Office of management and Budget aux États-Unis. La raison en est que les ministères des Finances ont souvent été à l'origine de l'idée de budgétisation par programmes et connaissent mieux la méthode que des administrations qui démarrent en la matière. Néanmoins, la question est de savoir si une telle situation est souhaitable sur la longue durée, car elle déresponsabilise les ministères. À long terme, les ministères des Finances devraient afficher les priorités gouvernementales, vérifier la conformité des propositions des ministères avec ces priorités et l'évaluation régulière des programmes (Australie, Danemark, Suède), plutôt que d'intervenir directement sur la définition des programmes. Cette compétence de mise en cohérence et d'évaluation des programmes peut être partagée avec les services du Premier ministre, en fonction de leurs missions, très variables d'un pays à l'autre.

Partie II

LA CASCADE
DE LA PERFORMANCE

Dans cette partie nous développerons les différentes dimensions qui doivent faire partie de la LOLF pour qu'elle fasse sens au quotidien.

Cette seconde partie traitera précisément des piliers indispensables à la mise en place de la LOLF.

En amont, nous aurons la définition d'un programme : la logique de programme et les différentes méthodes de mise en œuvre des programmes ; la méthode, venue du haut de la hiérarchie au travers des budgets stratégiques et la méthode venue du bas au travers de la connaissance des réalités de terrain.

Il ne faut pas confondre comptabilité et budget, et il est souhaitable d'utiliser intelligemment la connaissance des coûts. Il faut également éviter de plaquer la réforme sur les structures existantes.

En aval, nous aurons la responsabilisation, le système de management global – développer la mesure, l'audit et l'évaluation – et une gestion des ressources humaines cohérente avec la gestion stratégique et les valeurs de l'organisation.

Chapitre 4

Les différentes méthodes de mise en œuvre des programmes[1]

« Il y a différentes phases dans une mise en œuvre d'une politique nouvelle me dit le directeur général :
Il faut d'abord dire au Ministre que nombre d'actions sont déjà engagées et qu'il n'est pas possible de les arrêter subitement afin d'en ajouter une nouvelle.
Si le Ministre insiste, il faut lui faire comprendre que son idée est bonne mais que la meilleure façon de la mettre en œuvre n'a pas été suffisamment étudiée ;
Si le Ministre persiste, lui expliquer que le moment est malvenu et qu'il risque de remettre en danger le climat social paisible qu'il a contribué à forger.

En général, ces différentes étapes ont découragé les Ministres, et si par malheur ce n'est pas le cas, car le temps a passé, il suffit de dire que les élections sont désormais trop proches. »
Yes Minister, opus cité, p. 93.

Nous allons examiner les différentes méthodes de définition des programmes pour montrer que, *in fine*, leur ensemble constitue une démarche cohérente et logique.

La difficulté de clarifier des objectifs

Le programme idéal

Un programme est la définition d'une priorité, dont le sens est clair, la durée définie, les publics concernés identifiés, les stratégies de mise en œuvre débattues avec le ministre, l'implémentation définie par des plans d'action aux responsables précis, pour

---

1. Une des premières publications les plus complètes sur le management par résultats est l'étude de l'OCDE, *La gestion des performances dans l'administration : mesure des performances et gestion axée sur les résultats*, Paris, 1994.

obtenir des résultats concrets, mesurables, vérifiables et faisant l'objet de consultations des citoyens les plus larges possibles.

Un programme peut être remis en cause dans son essence en fonction des besoins, des changements de politique, de l'évolution de la pertinence de service public. Il peut également varier dans sa mise en œuvre lorsque des services, autres que le service chargé initialement de ce programme, seront plus à même de le réaliser, en termes de coût, d'efficacité ou de proximité des usagers.

Objectifs opérationnels (résultats à atteindre) et objectifs vagues

Les « mauvais » objectifs, vagues ou contradictoires entre eux, sont définis en interne et ne sont pas finalisés par les attentes des partenaires de l'action publique. Par ailleurs, ils ne sont pas classés en fonction de leur importance.

▶▶ Les objectifs vagues ou contradictoires

Il s'agit, par exemple, de sauvegarder les zones humides tout en y développant l'activité. Un tel objectif restera lettre morte. Pour être budgété, une mission ou un objectif ont besoin d'être décliné en actions concrètes et en résultats à atteindre, ce qui suppose que l'objectif ne soit pas contradictoire en son essence.

▶▶ Les objectifs non vérifiables

La généralité des objectifs est parfois telle qu'il est difficile de savoir s'ils sont réalisables.

▶▶ Les objectifs internes et non finalisés

La vision interne des objectifs par les fonctionnaires n'est pas nécessairement celle des citoyens. Par exemple, de nombreuses études ont montré que ce qui exaspérait le plus les citoyens était de ne pas connaître leurs droits ou la date d'aboutissement d'une demande, plutôt que d'avoir des cibles d'accélération des procédures (un délai supplémentaire peut être acceptable, si l'on est prévenu)[2].

---

2. Études menées par les ministères de la Sécurité sociale au Royaume-Uni et en Australie.

▶ Les objectifs non hiérarchisés

Lorsque les objectifs ne sont pas hiérarchisés, la situation est proche d'une absence d'objectifs. Toutes les missions ne peuvent pas être prioritaires simultanément, dans le cadre d'un budget plafonné et d'une capacité de travail limitée des agents. Ceci ne signifie pas que certaines missions doivent être délaissées mais que le niveau d'investissement en travail peut y être circonscrit. Cette affirmation pourrait heurter, mais, si l'on songe aux impôts ou à la douane, une hiérarchisation des risques paraît de bon sens et conforme à l'esprit de service public. Est-il raisonnable d'investir la même énergie sur des petits risques que sur des gros ? sur les petites fraudes que sur les fraudes très importantes ? À défaut de priorités, ne risque-t-on pas de délaisser les délits les plus importants ?

▶ Un objectif opérationnel est toujours un service concret

Un objectif opérationnel (résultat à atteindre) répond aux objectifs politiques mais aussi aux préoccupations des citoyens, enfin, il est vérifiable. On peut, par exemple, augmenter la prévention contre le sida, favoriser la coopération entre les services de justice et de police, n'envoyer que des lettres courtoises aux citoyens, décider d'un taux d'informatisation, etc.

▶ Un objectif opérationnel répond à l'objectif du gouvernement et aux préoccupations des citoyens

Les deux ne sont pas nécessairement contradictoires. Que les avions arrivent à l'heure sur la piste, ce qui est la préoccupation des techniciens, ne signifient pas que les passagers arrivent à l'heure (sortent de l'aéroport), ce qui implique une coopération entre la police, les services des aéroports et les douanes. Un tel indicateur, pertinent pour le citoyen, impliquerait des mesures communes au trafic aérien, à la douane et à la police. Les fonctionnaires n'accepteront ces mesures que si elles sont l'objet d'un dialogue, en expliquant la pertinence pour le citoyen et l'enrichissement de leur propre travail.

Les activités réglementaires n'ont pas à être exclues d'une démarche qualité de prise en compte des attentes des citoyens sur la mise en œuvre des services. Même dans le cas des activités les plus réglementaires, il est toujours possible de dire non avec courtoisie ou d'être respectueux des droits des citoyens.

Si la prise en compte des citoyens joue plus au niveau de la mise en œuvre que d'une redéfinition des objectifs, rôle du Parlement et du gouvernement, il ne faut pas la sous-estimer pour autant. Une multitude de choses sont ainsi en jeu au niveau des modalités de mise en œuvre : le choix des instruments, la nature de la relation, la rapidité, la courtoisie du service, l'écoute, le respect... Il est facile de railler les démarches qualité ou les chartes du citoyen, encore faut-il être capable de les mettre en œuvre.

▶▶ Un objectif opérationnel est vérifiable

Une des grandes raisons de la méfiance envers les objectifs est certainement leur nécessité d'être mesurable. Mais la mesure est perçue de diverses manières : purement quantitative et objet de blâme, si les cibles ne sont pas atteintes ; comme un indicateur permettant de mieux comprendre une activité et d'en améliorer la mise en œuvre. En fait, il s'agit d'une véritable dichotomie, d'un choix, dont le management est responsable. Si vous avez un budget d'études ou un hôpital à gérer avec des moyens fixes, il est décisif de classer les études ou les interventions par degré de complexité, et la mesure permettra de cerner les moyens nécessaires à tel type d'études ou d'interventions chirurgicales.

Le problème essentiel n'est donc pas technique, il concerne l'acceptation de la clarification des objectifs par la population.

Dans la vie de l'administration, les objectifs sont rarement transparents et univoques ; pour une raison fondamentale, leur position au croisement de plusieurs logiques :

• celle de l'autorité politique, en prenant en compte les différences éventuelles entre Parlement et gouvernement, entre niveau national et élus locaux ;

• celle des fonctionnaires et de l'expertise qu'ils ont acquise à travers leur expérience professionnelle ;

• celle des citoyens, que l'on peut connaître à travers des sondages, des enquêtes et différentes méthodes d'enquête sociologique. Dans le cadre d'une démocratie représentative, les citoyens n'ont pas le dernier mot en matière d'objectifs, mais ils peuvent prendre part à la mise en œuvre (comment le service a-t-il été mis en œuvre ?).

Cas pratique

**LE PANEL DES USAGERS
AU ROYAUME-UNI**

Le Royaume-Uni a mis en place un panel d'usagers (1 000 au départ, 5 000 actuellement) pour tenir compte de la diversité démographique, ethnique, de sexe, professionnelle. Ce panel, soutenu par un groupe de recherche, est subventionné à 60 % par l'administration du Premier ministre. Ses prestations sont payantes. L'idée est d'avoir une mini-représentation de la société civile, à laquelle il est possible de faire appel rapidement et sans passer par des appels d'offre. Une première évaluation en a été faite par les services du Premier ministre (Cabinet Office).

Les points positifs

Il y a un apprentissage des techniques et des méthodes en raison de la stabilité du groupe.

La moitié des participants a accru sa connaissance du service public et de la complexité des problèmes qu'il a à à gérer ; 80 % sont heureux de répondre aux initiatives auxquelles ils participent.

*Les points à
améliorer*

Les personnes les plus mobilisées sont les hommes blancs d'âge moyen et cadres. Les plus jeunes et les plus âgés sont peu mobilisés et les femmes sous-représentées.

L'utilité du panel réside surtout dans les sondages d'opinion. Il se prête moins aux groupes témoins, parce qu'il est générique et non spécialisé dans des questions plus techniques.

*Les évolutions
en cours*

Pour répondre à la demande des ministères concernant la connaissance technique de problèmes sectoriels (santé, environnement, etc.), le panel est organisé en sous-groupes plus spécialisés. Il est surtout utilisé pour les questions communes et transversales au service public. *In fine*, l'administration reconnaît l'utilité du panel, parce qu'il lui sert de test pour ses projets et parce qu'il est une force de proposition pour le gouvernement, en particulier pour l'amélioration des services rendus aux citoyens.

Enfin, le panel induit un changement culturel dans les administrations, qui est de se placer du point de vue du citoyen récipiendaire plus que du point de vue du technicien de l'administration. Cela ne veut pas dire que « le client est roi » mais qu'il faut tenter de comprendre le client et de se mettre à sa place. Néanmoins, l'utilité du panel va de pair avec deux évolutions :

• la « professionnalisation » des usagers, c'est-à-dire la faculté de compréhension des problèmes spécifiques au secteur ou aux programmes sur lesquels ils sont consultés ;

• la sensibilisation au fait que des arbitrages ou d'autres façons de mettre en œuvre les prestations doivent être envisagés ; les augmentations budgétaires ne peuvent pas toujours être la réponse.

La voie de la clarté

Le politique[3] choisit parfois l'ambiguïté pour ne pas froisser certains groupes sociaux. Par conséquent, il est souhaitable que l'administration exprime plus de clarté dans son action, autour de laquelle il est fait peu de publicité. La clarification des objectifs peut s'avérer délicate, lorsque les problèmes posés sont trop nouveaux et incertains, ce qui peut se produire autour d'enjeux technologiques, environnementaux ou de redistribution. Les études sont encore peu nombreuses et l'anticipation des effets se révèle ardue, d'où la difficulté à fixer des objectifs clairs.

Clarifier les objectifs revient souvent à répondre à deux questions : à qui et à quoi servent-ils ? Et cela ne se fait pas sans mal, ce qui explique la difficulté du politique à gérer toutes les logiques d'acteurs qui sont impliquées dans les actions publiques.

Pour autant, les objectifs ne sont pas nécessairement imprécis. Ainsi, certains pays managériaux ont subordonné l'aide de l'État au *self-help*, c'est-à-dire à un effort du citoyen pour s'en sortir sans aide. Par exemple, les aides aux chômeurs sont conditionnées par le suivi de formations ou d'activités communautaires (*work for the doll*).

La capacité de clarifier les missions et les objectifs est donc liée à l'acceptation sociale par les citoyens des mesures proposées. Plus la mesure est socialement mûre, plus l'objectif devient clair. Par exemple, la notion de développement durable, en matière d'environnement, a nécessité des années de débat avant d'être acceptée.

▶▶ La définition des objectifs n'est jamais simple

Trois cas de figure se présentent.

• Lorsque les objectifs sont clairement définis par le pouvoir politique. En ce cas, les principales questions concernent leur mise en œuvre par l'administration, qui ne peut en aucun cas les contester. À certains moments, dans les pays managériaux, les gouvernements se sont montrés très dirigistes sur la question des objectifs, et considéraient l'administration comme un exécutant non habilité à prendre part à leur processus de définition. C'est le cas de l'Australie depuis six ans et de la Nouvelle-Zélande depuis dix ans.

---

3. Nous emploierons l'expression « le politique » pour parler du gouvernement, des députés ou des élus locaux ; ce que les Anglais appelleraient « *government* ».

- Lorsque les objectifs émanant du politique sont trop flous, c'est l'administration qui comble les manques de différentes façons :
  - par le travail de l'ensemble de l'administration, entre administrations centrales et déconcentrées ;
  - par les propositions formelles ou par réseaux des administrations déconcentrées (par exemple, en matière d'habitat au ministère de l'Équipement) ;
  - par l'absence de mise en œuvre ; dans ce cas, les lois ne sont pas appliquées (fusion de communes [loi de 1970] politiquement trop conflictuelle ou certaines politiques d'environnement [périmètres de protection des eaux] pour les mêmes raisons) ;
- Lorsque la détermination des objectifs est à mi-chemin entre la réflexion de l'administration (que nous avons appelé « méthode venue du bas ») et des objectifs plus ou moins précis de l'autorité politique. La tradition française, à l'inverse de la tradition anglo-saxonne, s'inscrit plutôt dans ce type d'itérations et de compromis.

Cas pratique

COMMENT DÉFINIR DES STANDARDS DE QUALITÉ POUR LA SÉCURITÉ SOCIALE ?

L'objectif opérationnel est d'atteindre 95 % de paiements sans erreurs en trois ans. Pour construire un tel objectif, il faut :

- qu'il ait une pertinence pour le ministre, ce qui est le cas (le ministre pourra se féliciter d'un meilleur service aux citoyens) ;
- qu'il ait une pertinence pour les citoyens, en effet, les erreurs obligent à de multiples redressements et tracasseries, même si certains fraudeurs peuvent se voir peinés de l'efficacité de l'administration ;
- que le taux de 95 % émane de l'avis professionnel des fonctionnaires, qui apprécient si l'objectif est réalisable ou non ;
- que les processus de travail soient pris en compte : les moyens informatiques sont-ils suffisants pour repérer les erreurs ? des procédures qualité ont-elles été mises en place ?

▸▸ Plusieurs facteurs sont à prendre en compte

La volonté de l'autorité politique qui se traduit dans la loi, le décret, voire des discours.

La mémoire et l'expertise de l'administration qui incarnent la continuité du service public.

Les attentes des citoyens, des usagers, des partenaires, des parties prenantes.

L'analyse du réel, des services effectivement fournis et des processus qui les soutiennent ; sans cela, les objectifs risqueraient être inatteignables.

Partir des priorités centrales : la méthode déductive

Définir les programmes à partir des budgets stratégiques

Qui dit programmes, dit établissement de priorités gouvernementales traduites dans le budget. Depuis cinq ans[4] se développe cette pratique, également appelée « budgets stratégiques ». Ces derniers[5] représentent des budgets façonnés par des priorités gouvernementales préalables.

Ceci pourrait paraître une tautologie car le budget est supposé exprimer la politique d'un gouvernement. Dans les faits, il en va autrement. Le gouvernement émet quelques idées préalables (éducation, santé, etc.) mais ne définit pas l'axe à approfondir (primaire, formation continue, hôpitaux, médecine ambulatoire, etc.), et les conférences budgétaires se feront dans ce contexte de flou.

La politique du gouvernement se déduira de l'accumulation des conférences budgétaires et des décisions qui y sont prises, en espérant qu'elles soient cohérentes. Le budget conduit les choix au lieu d'être conduit par eux. C'est pourquoi la France a lancé, en 1996, le débat d'orientation budgétaire qui doit cadrer le budget au Parlement.

Quel est le rapport avec les programmes ?

L'essentiel à retenir, dans la notion de programmes, est la capacité de définir des priorités. Ces dernières représentent des choix qui distinguent les domaines où seront consacrés le plus d'argent et le plus d'énergie.

La notion d'objectifs devrait être la même que celle de priorités. Mais dans la pratique, les objectifs sont souvent fixés sans priorités, en raison de l'absence de contraintes budgétaires ou de la

---

4. France, Royaume-Uni, Australie, Canada, Suède.
5. Pour mieux appréhender le concept de stratégie, vous pouvez consulter l'ouvrage de Michael Porter, *What is strategy* ? Harvard Business Press, 1996.

méconnaissance des problèmes de terrain par les responsables de programmes. Cela signifie que l'administration aura une série d'objectifs sans avoir distingué ce qui est essentiel, important mais non essentiel et ce qui est de moindre importance, à mettre en œuvre, s'il reste du temps et de l'argent.

La difficulté de cette entreprise est de gérer et d'expliquer que les actions « non prioritaires » ne sont pas délaissées, ce qui suppose :

- que le gouvernement puisse faire comprendre à l'opinion publique que les domaines non prioritaires sont bien mis en œuvre, même s'ils ne bénéficient pas d'un effort budgétaire spécifique ;
- que les ministres ne pensent pas qu'en termes d'accroissement de leurs budgets ;
- qu'il y ait des marges de manœuvre financières pour alimenter les domaines prioritaires.

C'est dire que les réorientations vers un budget stratégique ne peuvent se faire que progressivement, parce qu'elles supposent de gérer un contexte stratégique délicat, qui implique :

- de convaincre les fonctionnaires de changer d'orientation ou de mode d'action ;
- d'influencer les groupes de pression.

La définition des priorités

Faire admettre les priorités ou une culture des priorités n'est pas toujours possible. Cela dépend de plusieurs facteurs, notamment la légitimité du gouvernement, l'état de crise ou non des services publics, la préparation de l'opinion publique. Il est impossible de mettre en place un budget stratégique sans une préparation des esprits.

Sans choix, les objectifs seront définis de façon tellement large et générique qu'ils incluront l'ensemble des programmes possibles. Dans ce cas, le contenu effectif des programmes sera déterminé par les ministères eux-mêmes. Ces derniers tendront, en toute bonne foi, à pérenniser les actions existantes, parce qu'elles sont connues, qu'elles ont leurs spécialistes au sein des ministères et leur clientèle en dehors des ministères.

Si le budget n'est pas stratégique, les programmes s'assimileront à des financements qui traduiront soit les sommes antérieures qui leur étaient consacrées, soit à des « saupoudrages » de compromis, soit à des conflits de territoire et de pouvoir (faute d'autres critères supportant les choix). Il est en effet difficile tant pour le ministère des Finances que pour le Premier ministre ou ses ministres de résister aux pressions des secteurs ou des lobbies, si des priorités gouvernementales claires ne sont pas affichées.

Cela signifie-t-il qu'il faille toujours imaginer les moyens du service public à la baisse ? Cet ouvrage cherche à éviter toute prise de position idéologique. Indépendamment de tout débat sur la dette publique ou sur le poids du secteur public dans les prélèvements obligatoires, le fait est que les demandes des usagers augmentent à mesure que le niveau d'éducation et la connaissance de l'administration s'accroissent. La société civile demande toujours plus à l'État ; c'est pourquoi il devient indispensable de fixer des priorités.

Cas pratique

LE BUDGET STRATÉGIQUE AU ROYAUME-UNI (BUDGET 2001)

Le budget est structuré en axes stratégiques – aide à la jeunesse défavorisée, passage de l'assistanat au *self-help*, action régionale, lutte contre les drogues –, le gouvernement veut ainsi afficher ses priorités et l'évolution du management des ministères et des agences. Depuis 1988, ces derniers disposent d'objectifs chiffrés, généralement sur trois ans, révisables tous les ans si besoin est.

Au début de la réforme, les objectifs étaient en nombre limité, et l'histoire ainsi que l'interventionnisme des administrations centrales aidant, les objectifs se sont multipliés à tel point que les directeurs et les chefs d'agence se sont plaints de perdre leur autonomie en termes de management et de pilotage de leurs organisations. C'est pourquoi, à partir de l'année 2000, une distinction a été faite entre deux types de documents de planification : les *Public Service Agreements* (contrats de service public), ou PSA, et les *Service Delivery Agreements* (contrats de délivrance de service), ou SDA.

Étroitement contrôlés par les administrations du ministère des Finances et du Premier ministre, les PSA incarnent les priorités gouvernementales et définissent la manière dont le ministère, ou l'agence, va y contribuer. Les SDA représentent plutôt le document de planification stratégique de l'agence, ses propres stratégies de mise en œuvre, et portent avant tout sur la qualité des services. Propres à la responsabilité du ministère et de l'agence, ces documents font l'objet d'une obligation de compte-rendu plus que d'un contrôle. Cette distinction traduit la volonté de séparer ce qui relève du gouvernement en direct et ce qui relève d'une autonomie et d'une responsabilité managériale décentralisée.

Les deux documents sont chiffrés sur quatre ans. Une fois cette période écoulée, la méthode est aussi, comme dans la LOLF, celle du budget base zéro, en ce que le ministère des Finances conduit une évaluation globale des budgets des ministères, appelée « *spending review* » (révision des dépenses).

Exemple : objectif interministériel d'insertion sociale des jeunes

Cet objectif est décliné en deux items : objectifs du ministère de l'Éducation et de l'Emploi, augmentation des standards de lettrisme et de mathématiques de 11 % par tranche d'âge. Il sera associé à l'objectif du ministère de la Santé : diminuer le décalage en termes de standards de santé entre les populations des zones défavorisées et favorisées. Un groupe de travail associant les professionnels et les populations définira des standards quantitatifs. Il sera également associé à l'objectif du ministère de l'Intérieur, qui est de réduire le nombre de délits : 30 % sur les véhicules, d'ici 2004 ; 25 % sur les effractions de domicile, à horizon 2005. Il sera aussi couplé avec l'objectif du ministère de l'Environnement, qui concerne la réduction du nombre de logements sociaux insalubres (taux à définir par un groupe de travail).

L'ensemble des objectifs, par ministère, constitue l'objectif du programme interministériel.

En conclusion, il est indispensable de fixer des objectifs chiffrés, y compris sur des matières très qualitatives ; ces derniers ne sont pas imposés, mais résultent de processus consultatifs. Enfin, la responsabilité de compte-rendu incombe à chaque ministère, selon ses objectifs et sa place dans le programme.

L'expertise

L'expertise dans ce cadre est un soutien indispensable pour les ministres. D'ailleurs, l'expérience montre que les budgets stratégiques ont été mieux intégrés dans des ministères dont la base d'expertise dans l'action est forte, notamment l'environnement. La raison en est que l'expertise donne une base objective aux débats et aux choix, qui permet de répondre aux pressions exercées par les différents intérêts particuliers. Le budget stratégique est le soubassement nécessaire des programmes qui leur permet d'être l'expression effective de priorités.

▶▶ Méthode : comment élaborer des budgets stratégiques ?

1 Travail itératif entre les Finances, les services du Premier ministre et les ministères gestionnaires pour connaître leurs priorités, ce qu'ils considèrent négociable et non négociable.

2 Synthèse effectuée par les services des Finances et du Premier ministre.

3 Séminaire de l'ensemble des ministres eux-mêmes, à qui est présentée la synthèse. Ils doivent ensuite définir les problèmes à résoudre dans le pays (moins de dix). Ces problèmes cernent des domaines prioritaires : intégrer les jeunes, lutter contre l'immigration clandestine, diminuer la pollution urbaine, etc.

4 À partir des problèmes sont élaborées des listes d'actions prioritaires par les services des Finances et du Premier ministre, en liaison avec les ministères.

5 Ces actions sont ensuite reparties entre les ministères.

6 À la suite de ce séminaire, les ministères déterminent leur contribution aux actions prioritaires et quelles sommes ils peuvent y consacrer.

7 Une fois les priorités budgétées, le ministère des Finances étudie les possibilités de financements complémentaires pour les nouvelles actions des ministères. La différence par rapport à une procédure budgétaire classique est que, dans cette dernière, toutes les actions nouvelles sont examinées avant que les priorités ne soient claires.

8 Au niveau des ministères, des chefs de file et de projet sont désignés par domaine prioritaire.

▶▶ **Ce mode de travail présente un double enjeu**

Raisonner par problème social, économique ou environnemental à résoudre et non par champ d'action du type agriculture ou industrie, et inverser la charge de la preuve : au lieu d'additionner les demandes des ministères, le gouvernement demande à ces derniers de montrer en quoi ils contribuent aux priorités avant de déterminer la pertinence de financements supplémentaires.

L'originalité de cette approche réside dans la « budgétisation par problèmes à résoudre ». Au lieu de raisonner par domaines (éducation, agriculture, industrie, etc.), les expériences existantes ont conduit les ministres à penser en termes d'enjeux majeurs pour le pays : entre autres, lettrisme à l'entrée en sixième, effort de cohésion sociale, agriculture moins polluante. Cette démarche se rapproche donc de la définition d'objectifs, et les ministères au lieu de vouloir augmenter leurs budgets doivent au contraire démontrer comment ils participent de l'effort collectif du gouvernement. La condition préalable de l'existence d'un budget stratégique est d'avoir des gouvernements qui ne sont pas que des additions de ministères et qui supportent un certain effort de transparence. Ce peut être le cas, comme cela peut ne pas l'être.

Cas pratique

UN PROGRAMME DU BUDGET CANADIEN (BUDGET 2001)

Prenons l'une des priorités du budget stratégique canadien, qui est « améliorer la sécurité des Canadiens ». Cette priorité, liée aux événements du 11 septembre 2001, met l'accent sur la protection des frontières. Pour remplir cet objectif, il est prévu au budget 7,7 milliards de dollars canadiens sur cinq ans. Nous ne détaillerons que les principales prestations attendues au plan de la sécurité :

- augmentation des crédits des services secrets ;
- augmentation des effectifs de surveillance côtière ;
- développement des outils technologiques de surveillance des immigrants ;
- mise en place d'une unité d'élite anti-terroriste ;
- nouvelle approche de la sécurité dans les aéroports (inclut toute une série d'actions) ;
- nouveaux moyens technologiques pour les douanes ;
- coordination entre douanes, police et services secrets.

Chacune de ces prestations est chiffrée sur cinq ans. Toutefois, la différence avec d'autres budgets (Royaume-Uni, Australie, Nouvelle-Zélande) réside dans la non-spécification des attributions de responsabilité et la non-évaluation chiffrée des objectifs d'amélioration.

Cas pratique

LES PROGRAMMES DE MODERNISATION EN FRANCE (PPM)

Ces programmes ont donné lieu à une évaluation par la DGAFP / DIRE, direction générale de la fonction publique (2001), après une année d'expérience. Bien qu'initiés dans des conditions difficiles, sans concertation préalable sur le principe et réalisés dans des délais très courts, ils montrent une certaine capacité de programmation et de réflexion stratégique dans les ministères français.

Ces plans ont donné lieu à un large débat au sein des ministères, où la question de l'actualité des missions a effectivement été posée et où les services ont véritablement commencé à raisonner en termes d'objectifs.

Les lacunes tiennent plutôt aux faits suivants :

- flou dans l'attribution des responsabilités (la direction X) ;
- flou dans la mesure, ainsi qu'une quasi absence d'indicateurs (a contrario, le ministère de l'Équipement a mis en place une cotation chiffrée de l'atteinte des objectifs) ;
- cloisonnement des territoires, l'évaluation a souligné la difficulté de travailler entre directions, ce qui pose le problème des systèmes et des incitations à la coopération au sein des ministères.

Cette expérience montre la motivation des services pour clarifier leurs missions et améliorer leurs méthodes de travail.

Partir de la connaissance des réalités du terrain

Un autre moyen de définir les programmes est d'utiliser la méthode inductive et de raisonner à partir des services effectivement rendus aux citoyens, et d'en tirer les résultats.

Comment définir les résultats à atteindre, cohérents avec les objectifs ?

En termes de méthodologie, il y a quatre solutions possibles pour définir des résultats, selon la clarté des objectifs.

Si les objectifs sont clairs, les résultats sont en fait des actions et des produits précis qui assurent la mise en œuvre des objectifs. Par exemple, une politique de santé peut cibler comme résultats : un accroissement du taux de vaccination, une campagne de prévention, un meilleur taux d'assainissement de l'eau, une accessibilité des services médicaux, etc.

Si les objectifs sont moins clairs, les détours inductifs possibles sont la connaissance de l'attente des acteurs celle des services délivrés et des processus, la mise en place d'indicateurs, l'analyse des stratégies de mise en œuvre.

La connaissance des attentes des acteurs

La construction des objectifs peut se faire par la connaissance des attentes des acteurs. Il est possible de partir d'une analyse stratégique qui établisse la meilleure synthèse entre ce que l'on peut apprendre des attentes des différentes parties prenantes et de l'intérêt général pour l'avenir.

Pour prendre un exemple d'actualité : la retenue de l'impôt à la source. Cette dernière est une attente des citoyens, en revanche, elle soulève des réticences de la part des services. La connaissance des raisons des uns et des autres peut aider à définir l'objectif qui serait de « rendre l'impôt plus facile pour les Français ».

La connaissance de ce qui se passe dans les services

La construction des objectifs se construit aussi par la connaissance de ce qui se passe dans les services. On peut aussi procéder à rebours en analysant les résultats actuels – ce que produit effectivement l'administration – et en étudiant les moyens qui y sont consacrés, les redondances de processus, la pertinence de service public des produits (carte des processus). Puis, à partir de cette analyse, il est possible de définir non pas ce que sont les résultats mais ce qu'ils devraient être. Ce serait parfois une construction des objectifs a contrario, par ce qu'il ne faut pas faire. Par exemple, si les sous-directions budgétaires d'un ministère des Finances de fait passent 80 % de leur temps à examiner le détail des dépenses et 20 % à réfléchir sur les priorités stratégiques d'un ministère avec ce dernier, l'objectif pourra être d'inverser les proportions en temps sur ces deux activités.

La construction des objectifs à partir des indicateurs

Enfin, une méthode efficace est de se concentrer sur les indicateurs en oubliant les objectifs. Les indicateurs dévoilent en effet les signes du succès ou de l'échec des actions mises en place. Il est possible de travailler avec les fonctionnaires pour construire ces indicateurs, relever ce qu'ils considèrent comme des critères d'échec ou de réussite, et par la même de remonter aux objectifs. Si, par exemple, l'indicateur d'une bonne route est sa qualité technique, l'objectif est d'avoir les meilleures routes en Europe. Si l'indicateur est le nombre de villages desservis, l'objectif peut être le développement local. Si l'indicateur est l'espace préservé, l'objectif est de protéger l'environnement.

Les indicateurs ne sont que l'expression ou le symptôme des objectifs. Parfois, des objectifs trop précisément définis divisent ou ne sont pas réalisables, alors que les indicateurs implicitement utilisés dans l'action permettent de remonter aux objectifs de façon moins conflictuelle.

Comme l'indique le rapport 2001 du Sénat américain sur la réforme américaine, il est toujours possible de construire des indicateurs en se posant la question suivante : qu'est-ce qui marche ou qu'est-ce qui ne marche pas et de quel point de vue ?

La connaissance des objectifs par celle des stratégies de mise en œuvre

Les stratégies de mise en œuvre sont parlantes sur les objectifs. Ainsi, un ministère qui ne vit que dans l'action au jour le jour, de façon très réactive, est probablement un ministère auquel on n'aura pas confié la mission de conseiller le gouvernement. Une stratégie d'environnement négociée avec les partenaires du secteur privé n'aura pas le même objectif qu'une stratégie d'environnement imposée par la règle ; dans un cas, il s'agira de développement durable, dans l'autre, de protection de la nature au sens restrictif du terme.

Cas pratique

COMMENT PROTÉGER UNE ZONE NATURELLE DE 3 000 KM DE LONG ?[6]	Pour construire le programme, si l'on suit la grille précédente, l'équipe de travail chargée de décliner la logique de programme de l'établissement public de la Grande Barrière de corail, s'est interrogée sur les acteurs, les processus, les procédures, les indicateurs et les stratégies.
Les acteurs	Le gouvernement en place cherche à préserver l'environnement.
	Les touristes cherchent à visiter le site et ne sont pas sensibilisés, à ce stade, aux questions de préservation de la nature.
	Les professionnels du tourisme sont partagés entre ceux qui ont conscience du danger, pour leur métier, à ne pas protéger l'environnement et ceux qui pensent qu'il y aura toujours de belles aires à explorer.
	Les communautés locales souhaitent bloquer toute intrusion dans ces zones.
	On le voit, il n'existe pas de panel d'attentes plus contradictoires.
Les processus mis en œuvre	L'établissement public en charge de cette zone naturelle déploie une stratégie de zonage avec certaines zones protégées, d'autres ouvertes au public avec des conditions très restrictives (mouillage obligatoire sur des balises pré-marquées) et des zones libres (mouillage en tout endroit).
	L'enquête menée par l'équipe de travail a mis en évidence le mauvais fonctionnement de cette politique sur le terrain, car l'étendue de la zone ne permet pas aux forces de surveillance de repérer les contrevenants. Par ailleurs, ces derniers représentent souvent des industries locales que les garde-côtes, également locaux, hésitent à pénaliser pour ne pas les mettre en difficulté économique.
Les indicateurs et les stratégies	Dans la configuration actuelle, les indicateurs tels qu'établis dans le projet de service illustrent le nombre de contraventions, d'infractions repérées (qui n'ont pas toutes donné lieu à des contraventions), de contrôles de la qualité de l'eau et du corail. Ces indicateurs traduisent des objectifs spécifiques, à savoir la protection de la nature et la mise en place d'une stratégie fondée sur la répression.
	L'ensemble de cette analyse permet de constater que la contradiction des objectifs entre acteurs peut nuire à l'efficacité de la politique et que la stratégie de mise en œuvre est assez inefficace.
	En conclusion, suite à la réflexion de groupes de travail entre fonctionnaires de l'établissement public puis à une consultation avec les partenaires (communautés locales, industries), la mise en place d'une

---

6. Cet exemple est réel. Il résume une mission qui m'a été confiée par le ministre de l'Environnement durant six mois, en 1999.

> procédure d'accréditation plutôt que d'une politique de zonage est envisagée. Les industriels qui acceptent de suivre une formation et de respecter des normes qualité, en matière d'environnement (notamment, une sensibilisation systématique des touristes), reçoivent une sorte de label rouge qui leur donne accès à la zone naturelle. Dans ce cadre, les procédures de surveillance sont facilitées car elles ne concernent pas les accrédités. Les deux objectifs de protection de la nature et de développement industriel local sont pris en compte.

Il est trop tôt pour dire si cette solution a produit de bons résultats, mais elle montre comment la prise en compte des différentes composantes de la définition d'objectifs permet de les rectifier et de trouver de nouvelles stratégies de mise en œuvre.

Il faut préciser que ces différentes méthodes permettent de contourner une difficulté, l'imprécision des objectifs initiaux, qu'elles sont pratiques mais non optimales car elles risquent de maximiser l'utilité de ce qui se fait par rapport à ce qui devrait se faire. On peut essayer de se passer d'objectifs clairs dans l'action, mais cette situation ne sera jamais optimale.

La définition des résultats à atteindre (ciblés) implique alors :

• une connaissance des objectifs du gouvernement, au cas où ils ne figurent pas dans la loi ;

• une exploration des attentes des citoyens et des partenaires du service public qui implique des arbitrages entre intérêts, différents ou contradictoires, des procédures de négociation et de résolution de problèmes avec les citoyens pour les sensibiliser au fait que des choix s'imposent ;

• une élaboration de différents scénarios de mise en œuvre des priorités pour maximiser le rapport entre coût et efficacité, qui induit une discussion avec la hiérarchie administrative et politique sur la stratégie souhaitée ;

• une analyse des processus de travail et de production des services concrets pour savoir ce qui est effectivement fourni au citoyen et comment l'améliorer.

L'essentiel à retenir est qu'il est impossible de sauter l'une de ces étapes. En revanche, elles peuvent être reprises simultanément.

Le point commun à toutes les méthodes : la logique de programme

On le voit donc, l'exercice de définition d'un programme ne peut être ni unilatéral, ni trop rapide, ni l'affaire de quelques spécialistes, ni seulement interne, ni calé exclusivement sur ce qui se fait, ni embelli seulement par ce qui devrait être.

En réalité, les méthodes déductive et inductive (descendante et ascendante) ont intérêt à être combinées dans une démarche itérative. C'est le meilleur moyen de ne pas manquer un élément essentiel de la définition des objectifs d'un programme, que ce soit les objectifs du gouvernement ou leur « vérification » par la connaissance des pratiques sur le terrain. Une fois les objectifs clarifiés, la logique du programme vient articuler et clarifier son pilotage

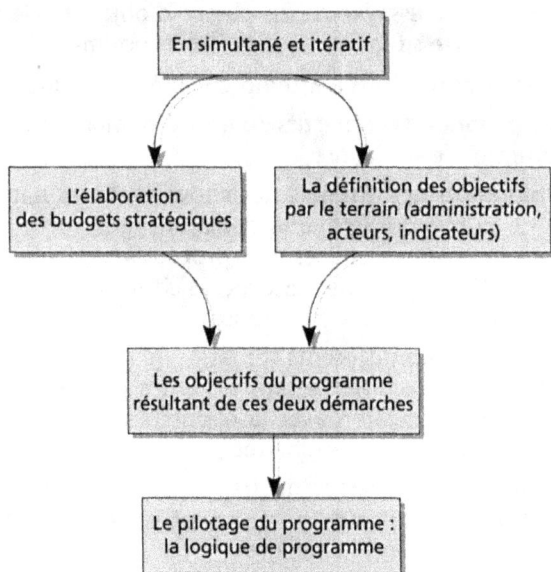

```
                    ┌─────────────────────────┐
                    │ En simultané et itératif │
                    └─────────────────────────┘

┌──────────────────────┐      ┌──────────────────────────┐
│    L'élaboration      │      │ La définition des objectifs│
│ des budgets stratégiques│    │ par le terrain (administration,│
│                      │      │    acteurs, indicateurs)  │
└──────────────────────┘      └──────────────────────────┘

              ┌──────────────────────────────┐
              │   Les objectifs du programme  │
              │ résultant de ces deux démarches│
              └──────────────────────────────┘

              ┌──────────────────────────────┐
              │  Le pilotage du programme :   │
              │    la logique de programme    │
              └──────────────────────────────┘
```

Ce sont ces différentes dimensions que nous développerons ici.

La logique de programme est l'outil de déclinaison qui permet de passer des objectifs aux actions concrètes. Cet outil, utilisé dans tous les pays utilisant des programmes, est parfois appelé « logique d'intervention ».

Comment décliner la logique de programme ?

Les composantes suivantes et leur articulation logique permettent de définir un programme.

1 Objectif général / finalité / impact.

2 Objectif spécifique / réalisation / résultat à atteindre.

3 Stratégie de mise en œuvre.

4 Mesure.

5 Indicateurs.

6 Plans d'action.

7 Responsables.

||||||||||||||||||||||||||||||||

Objectif général (impact)

Exemple d'objectif : rationaliser le travail entre deux directions.

Condition de réussite : soutien au plus haut niveau par le ministre.

||||||||||||||||||||||||||||||||

Objectif spécifique (cible, réalisation ou résultat)

Exemple d'objectif : développer les actions conjointes entre ces deux directions.

Condition de réussite : association des personnels et soutien d'un noyau dur de cadres.

||||||||||||||||||||||||||||||||

Stratégie

Expérimenter le changement dans un nombre de services représentatifs.

Suivre en temps réel l'expérimentation.

\\\\\\\\\\\\\\\\\\\\\\\\\\\\\\\\

Indicateurs

Nombre d'actions conjointes entre directions.

Accroissement de la mobilité des personnels entre directions.

Processus budgétaire coopératif.

La logique de programme exposée d'un point de vue logique pourrait paraître évidente. En pratique, elle l'est beaucoup moins.

Dans nombre de projets de service, on peut trouver deux niveaux : celui des missions générales et celui des actions concrètes, sans savoir quel est le lien entre eux.

La raison en est souvent le peu de temps consacré à la réflexion, à ce qu'il est possible de faire. Les objectifs quantifiés pratiques devraient émaner d'une analyse de ce qui est fait à un moment donné et de l'équilibre à trouver entre des cibles idéales et les progrès réalisables. Si, par exemple, l'on décide que les paiements de sécurité sociale seront faits sans erreur à un taux de 90 %, ce peut être parce que le taux actuel est de 80 % et qu'il est imaginable, en utilisant de nouvelles procédures informatiques et des contrôles qualité, de passer à 90 % en un an. Sous la pression, réelle ou internalisée, de l'affichage d'objectifs ambitieux, les cibles sont parfois l'objet d'une estimation au doigt mouillé. Il est préférable qu'elles viennent d'une appréciation réaliste d'un objectif mobilisateur mais réalisable, basé sur l'analyse des pratiques de travail.

Peu de temps également est consacré aux stratégies de mise en œuvre : faut-il aller vite ou lentement ? qui faut-il impliquer ? quels sont les facteurs de succès de l'objectif ? l'action relève-t-elle de l'autorité, de l'influence ou de la négociation ? quand mêler les partenaires ? La stratégie de mise en œuvre est souvent oubliée dans les programmes, en raison de sa complexité. Elle est au croisement de choix politiques spécifiques, notamment les personnes à impliquer dans la décision et une bonne connaissance des processus. Tant que la stratégie n'est pas définie, l'action peut rester dans le flou.

Cas pratique

OBJECTIF DU MINISTÈRE DE L'ÉDUCATION NATIONALE AU ROYAUME-UNI (BUDGET 2001)

Mission : donner à chacun sa chance de développer son potentiel et créer ainsi une société compétitive et solidaire.

Objectif : s'assurer que tous les jeunes de seize ans disposent de capacités d'apprentissage, d'adaptation et de travail dans un monde en évolution rapide.

Cible : 92 % des élèves obtiennent un diplôme du secondaire.

Dans cet exemple, la logique qui fait découler l'objectif de la mission et la cible de l'objectif est inattaquable. En revanche, il manque la stratégie de mise en œuvre de la cible ainsi que les mécanismes d'évaluation de cette cible, pour vérifier si la réponse est adaptée à l'objectif.

Qui décide quoi en matière de programmes ?

Décision ou arbitrage	Proposition par les services	Négociation entre centres de responsabilité et leur tutelle	Approbation par le ministre
Objectifs	Oui	Non	Oui
Résultats	Oui	Oui	Oui
Stratégies, mesures, indicateurs	Oui	Non	Non

Les objectifs relèvent d'abord de la compétence de l'autorité politique. Ils peuvent être proposés par les services, faire l'objet de discussions mais non de négociation. Même si, comme il a été souligné dans l'introduction, la construction des objectifs devient l'objet d'un dialogue de plus en plus large, *in fine*, leur responsabilité est celle de l'autorité politique.

Les résultats à atteindre (prestations et impacts) font le plus souvent l'objet d'un travail en commun entre les administrations centrales (Finances) et les gestionnaires de programme.

Les stratégies, les mesures et les indicateurs relèvent de la seule autorité des gestionnaires de programme et de leur responsabilité managériale, sinon l'évolution n'a pas de sens.

Consultation	Ministre	Centrale	Finances	Usagers	Parties prenantes
Objectifs	Oui	Oui	Oui	Non	Non
Résultats	Oui	Oui	Non	Oui	Oui
Stratégies, mesures, indicateurs	Oui	Non	Non	Oui	Oui

La consultation s'avère plus large que le processus de décision. Aujourd'hui, l'administration implique de plus en plus son personnel[7] et ses réseaux dans le travail de planification straté-

---

7. C'est le cas du ministère de l'Intérieur, où une consultation approfondie a favorisé l'émergence d'une politique consensuelle de gestion des ressources humaines (interview avec Pierre-René Lemas, Directeur général de l'administration, 2002).

gique des programmes. Ces réponses, qui se calent sur la majorité des pratiques des pays dotés de programmes, sont contestables. Toutefois, l'important est de se mettre d'accord entre acteurs sur la répartition des rôles, sauf à courir le danger d'ambiguïtés (dont la création de faux espoirs) ou d'un interventionnisme croissant du centre en désaccord avec l'esprit de la gestion par programmes.

informatique

La différence être les pays managériaux, dits « de tradition de Westminster », et la France est le rôle respectif joué par les ministres et l'administration centrale. Dans les pays de Westminster, la responsabilité des objectifs est clairement celle des ministres et du gouvernement, et les administrations centrales sont des « conseillers ». Cette situation est cohérente avec le fait que les cabinets ministériels sont restreints et n'ont pas la même légitimité que les directeurs d'administration centrale.

Synthèse : comment construire un programme ?

Un programme implique des finalités (missions, du sens), des objectifs, des résultats à atteindre (prestations et impacts), des responsabilités clairement définies, des résultats mesurés et évalués.

En d'autres termes, les conditions de succès d'un programme sont les suivantes :

- les finalités sont définies par les autorités politiques ;
- les objectifs résultent d'une synthèse et d'un arbitrage par l'autorité politique entre ses propres objectifs, les attentes des différents partenaires de l'administration, la mémoire et l'expertise des fonctionnaires mais aussi les possibilités de mise en œuvre ;
- les objectifs, grâce à la logique de programme, sont déclinés en cibles (résultats à atteindre), vérifiés et suivis par des mesures et des indicateurs ;
- un mécanisme d'évaluation simultané est souhaitable afin de pouvoir interpréter les résultats des mesures et des indicateurs ;
- une fois les conclusions établies sur l'efficience, l'efficacité et la qualité des résultats, les informations doivent être vérifiées en permanence en ce qui concerne le niveau responsable de la détermination des objectifs. Ceci pour que le système de pilotage soit réactif et puisse rectifier les problèmes au fur et à mesure qu'ils surviennent.

Chapitre 5

Comment mesurer les programmes ?

« You get what you measure », « *Vous n'obtiendrez que ce que vous mesurez* ».
Vieux proverbe anglo-saxon.

Dans ce chapitre seront essentiellement abordé les points qui ont été en débat au Parlement lors du vote de la LOLF et qui, dans l'expérience internationale des programmes, ont suscité le plus de controverses. L'un des points forts de la réforme est de ne pas confondre les rôles respectifs du budget et de la comptabilité. La comptabilité est indispensable pour savoir où va l'argent, tandis que le budget est l'expression du choix des priorités. Certes, à un moment ou un autre, les deux doivent être réconciliés pour une cohérence des chiffres entre le budget et la comptabilité. Mais il ne s'agit pas de la même démarche. En fait, il faut distinguer deux niveaux.

Le niveau 1 concerne la comptabilité d'engagement qui permet de suivre où va l'argent et comment il est consommé, et qui fait partie du budget.

Le niveau 2 est celui de la comptabilité analytique qui détermine le coût des produits ou des services. Cette comptabilité suppose que l'on puisse définir les services, par exemple, le déneigement se fera en tant d'heures x fois par jour. Elle devient de plus en plus complexe au fur et à mesure que l'on atteint des niveaux d'organisation plus larges, car la proportion des frais généraux croît. De plus, il y a un certain excès à la qualifier de comptabilité, il s'agirait plutôt d'une analyse des coûts des services.

Au niveau des centres de responsabilité, on ne dispose généralement pas du niveau 1 (les chefs de service ne reçoivent pas de tableau hebdomadaire ou mensuel de leurs consommations de crédits), ni du niveau 2 (le coût de leurs actions).

Pourquoi connaître les coûts ?

La connaissance des coûts est d'abord un enjeu de probité : être sûr que l'argent a été utilisé aux fins qui lui étaient assignées. Cela paraît évident, mais ne l'est pas en réalité. Cela ne l'est pas dans les pays en voie de développement, où certains experts de la Banque mondiale vont parfois installer des budgets à la néozélandaise alors qu'il n'y a même pas de comptabilité pour suivre les dépenses et les recettes. Cela ne l'est pas non plus forcément dans les pays développés, où, faute de définition des prestations, il n'est pas toujours possible de déterminer le montant affecté à telle ou telle politique publique, en particulier lorsqu'il est partagé entre différents niveaux d'autorité publique – État, région, département, commune (Conseil national de l'évaluation, rapport 2000) – et que les différents circuits de comptabilité ne coïncident pas. La question devient difficile lorsque l'utilisation des coûts est non seulement un outil de probité mais aussi de management. Y compris à ce niveau, les finalités diffèrent.

Rendre compte au commanditaire

Les coûts peuvent être conçus comme un élément d'*accountability* (rendre compte) et, par la même, de négociation avec le client (opération claire au ministère de l'Équipement dans les années 1980, où chaque DDE avait un compte décliné en trois produits et trois clients, pour mieux négocier ses crédits avec les conseils généraux et avec l'État).

Gérer les plans de charge des agents

Les coûts permettent de mieux savoir ce que l'on fait. Le quotidien de la fonction publique est soit de répondre au plus vite, s'il s'agit du ministre ou du cabinet, soit de faire le meilleur travail possible. C'est ainsi qu'une étude d'un mois devient une étude de trois mois et une évaluation d'un an dérive en une évaluation de cinq ans. Il n'est pas question d'être utopiste et d'enfermer chaque activité dans un carcan, « *j'ai prévu cinq jours et vous en aurez pour cinq jours* », mais de mieux connaître au niveau de chaque service les types d'activités et les moyens qu'elles requièrent. Quel est le coût marginal pour déneiger un département en une heure plutôt qu'en deux ? cela en vaut-il la peine ?

Le responsable d'une étude n'aura pas les mêmes besoins en moyens et en temps, selon qu'il s'agit d'une étude sur un sujet difficile ou d'un *survey* d'études déjà réalisées. L'avantage de cette connaissance est une meilleure maîtrise personnelle de son plan de charge et une négociation plus claire avec celui qui fournit les fonds. Est-ce utopique ? En partie. Mais l'on peut toujours essayer de convaincre un patron que, à mal calibrer les moyens ou les choix, il n'obtiendra qu'un service minimum et que, faute de mesures, les argumentations sur les moyens sont subjectives.

Fixer des limites

Les coûts sont parfois utilisés comme un moyen de régulation. Par exemple, la Cour des comptes australienne n'accepte de la part de ses agents aucun audit au-delà de 300 000 dollars. Avantage : aucun audit dans son cahier des charges ne dépassera 300 000 dollars.

Cas pratique

LE CALCUL DES COÛTS EN MATIÈRE D'IMMIGRATION

En Australie, la politique des immigrés est centrée sur l'arrivée par bateaux d'immigrés clandestins. À cela deux raisons : c'est visible et cela fait peur aux Australiens. Une équipe de quinze personnes s'en occupe pour un coût de 300 millions de dollars, ce qui est très élevé. La Cour des comptes, en publiant ces chiffres, a démontré que cette politique était à la fois coûteuse et douteuse dans son efficacité. Mais cela n'a pas eu d'impact sur l'opinion publique. Rationnellement, la fraude est plus importante aux aéroports, mais elle n'est pas visible comme l'immigration par bateaux. De fait, l'opinion publique, qui pourtant est très sensible aux dépenses publiques, n'a pas été choquée par les sommes énormes et peu rationnelles mises dans la prévention des boat people. En clair, le calcul des coûts peut éclairer les décisions, mais ne s'y substitue pas. Il ne faut pas tomber dans l'illusion de la décision rationnelle. Même dans les pays les plus libéraux, l'opinion publique et les ministres peuvent choisir des politiques coûteuses.

Aider la décision

Le coût est d'abord l'instrument d'une prise de conscience, selon laquelle toutes les dérives ne sont pas possibles, notamment des rapports qui prennent plusieurs années, des notes réécrites de multiples fois. À l'inverse, des investissements préalables peuvent être nécessaires à la réussite d'actions. Le coût n'est pas nécessairement un argument de réduction budgétaire, il peut être au contraire un clignotant d'alerte signalant des réorganisations de processus nécessaires ou des investissements de modernisation. C'est un instrument de pilotage et non une règle aveugle.

Pour une meilleure utilisation des coûts

Ne pas se servir des coûts comme un absolu et un palliatif à l'absence d'objectifs. Dès que l'on met les coûts en avant, il faut faire attention à ce que des clignotants d'alerte ou de choix délibéré ne deviennent des objectifs en eux-mêmes et que tous les efforts se tournent vers la maîtrise des coûts au détriment des objectifs et de la qualité des services.

Il peut être rassurant pour s'afficher dans la modernité de promouvoir d'abord le contrôle de gestion[1], axé sur les méthodes de calcul des coûts et où les indicateurs sont d'ailleurs confondus avec les mesures quantitatives. Le risque est de solliciter un travail important de la part de chaque administration sans utilité patente et d'afficher des coûts de l'administration trop élevés car, de fait, le service public est généralement coûteux, eu égard aux obligations qui sont les siennes.

La connaissance du coût, une aide à la décision

Le coût est un élément indispensable de connaissance dans le cadre de la prise de décision, mais il n'est pas un objectif en soi, sauf décision gouvernementale contraire. Il est important de ne pas utiliser les coûts dans une perspective de sanction (tout dépassement de coûts est sanctionné) mais dans une perspective cognitive et d'amélioration pratique : pourquoi, dans tel endroit, une école coûte-t-elle deux fois plus cher ou moins cher qu'une autre ? que faut-il en conclure et que peut-on faire ? Sans la connaissance des coûts, ces questions ne surgiraient probablement pas.

Un autre élément important, en matière de coûts, est de ne pas réinventer ce qui est déjà connu. Un syndrome habituel est un réflexe de type contrôle de gestion : lorsque les services ne connaissent pas les objectifs ni les résultats à atteindre, qu'ils n'ont

---

1. *Guide du contrôle de gestion*, édité par la délégation interministérielle à la réforme de l'État, France, 2000.

pas accompli le travail de fourmi permettant de savoir quel est l'état de leurs prestations, ils se replient sur les coûts pour montrer qu'ils sont de bonne volonté et ont au moins fait quelque chose. Chaque administration en vient à inventer sa Méthode de calcul des coûts et y déploie beaucoup de temps et d'énergie. Le problème est que l'on ne sait pas ce que l'on compte.

Cas pratique

LE COÛT D'UN AUDIT À LA COUR DES COMPTES AUSTRALIENNE

Aucun audit de la Cour des comptes australienne ne peut dépasser 300 000 dollars. Mais les effets pervers sont évidents : aucun audit ne coûtera moins de 300 000 dollars car il n'y pas d'incitation à réduire les coûts. Le chiffre de 300 000 dollars devient l'objectif et non le moyen et peut servir de prétexte à geler les transformations de l'organisation du travail. « *Si le commanditaire veut des comparaisons internationales ou des éléments de recherche, il lui faudra payer plus de 300 000 dollars* », répondra le personnel, même si une autre façon d'organiser le travail permettra de le faire dans le cadre du budget initial. Que faire alors ? La réponse vient d'un véritable travail de management avec les agents : pourquoi ne pouvez-vous pas réduire les audits à un coût inférieur ? les agents sont-il trop peu formés ou inexpérimentés dans le domaine étudié ? le contrôle hiérarchique est-il trop lourd ?

Déterminer les coûts quand c'est possible mais...

Le dernier avatar des coûts réside dans leur calcul lorsque cela ne sert à rien. Si les pays managériaux sont assez avancés sur ce calcul, c'est aussi parce qu'ils ont introduit des souplesses de gestion jusque-là inconnues en France. Lorsque les crédits sont fongibles, la connaissance des coûts est utile pour déterminer, par exemple, si l'informatisation d'un processus en vaut la peine, si une activité doit être ou peut être sous-traitée, etc. Le coût n'est pas le seul facteur de la décision, il n'y contribue que s'il existe des marges de liberté permettant de faire des choix. Lorsque la prise de décision sur la seule base des coûts est impossible, le calcul de ces derniers est vain. Il n'augmentera même pas la transparence de l'administration. En effet, comment interpréter le coût ? par rapport à quel référant ?

Le cas est clair en ce qui concerne l'immobilier. Dans certains pays managériaux qui possèdent peu de monuments historiques, les administrations peuvent choisir entre l'achat, le crédit-bail ou la location, vendre leurs bâtiments ou les louer, ou encore sous-traiter leur gestion ou leur entretien. En ce cas, le calcul des coûts est décisif. En revanche, si aucune de ces options n'est ouverte, à quoi sert une comptabilité patrimoniale ?

Cas pratique

LE CALCUL DES COÛTS INDIRECTS EN AUSTRALIE

En Australie, la direction du Budget avait mis en place un groupe de travail interministériel sur le calcul des frais indirects dans l'administration, qui incluait les services généraux jusqu'au salaire du directeur d'administration centrale. Par les comparaisons effectuées entre ministères et en incluant la part retraites (qui n'est pas élevée en Australie) la direction du Budget était arrivée à un taux de frais indirects de 56 %. La comparaison entre les services montrait que les frais de fonctionnement étaient en moyenne de 10 % jusqu'au A plus, et de 15 % au-delà. Les salaires avaient une moyenne de coûts par grades. À ce titre, les centres de responsabilité pour définir leurs budgets n'avaient besoin que d'utiliser ces clés pour connaître leurs coûts sans avoir à y consacrer une énergie inutile. Certes, les proportions doivent être actualisées en fonction de l'évolution des indices, des retraites, de la politique de sous-traitance. Mais la formule paraît plus simple que chaque service réinventant son système de calcul des coûts. D'autant qu'il n'existe pas réellement de guide indiquant quand tel type de mesure est plus adapté que tel autre (par exemple, entre les différentes variations de l'*activity based costing*).

Faut-il une comptabilité patrimoniale ?

Les débats parlementaires au moment du vote de la LOLF ont largement abordé la question de la comptabilité patrimoniale (en anglais, *accrual budgeting*) et de son applicabilité en France. Une budgétisation comptable est-elle envisageable dans notre pays ? C'est un problème très complexe auquel nous n'allons apporter que les principaux éléments de réponse.

Une partie de la comptabilité patrimoniale est résolue, en ce sens que la France dispose déjà d'une comptabilité d'engagement. Il est peu probable que le gouvernement ou le Parlement verse dans l'idée initiale de la comptabilité patrimoniale, qui est de décider des choix budgétaires sur la base des coûts.

L'un des avantages de la comptabilité patrimoniale est de comptabiliser le patrimoine (en charge) et de verser en produit un taux de retour au budget général (11 % en Nouvelle-

Zélande, 12 % en Australie). Cela dit, ces pays présentent deux différences majeures par rapport à la France : la faible importance du patrimoine historique, la possibilité pour les administrations de vendre leurs bâtiments et de choisir la formule qui leur convient le mieux entre l'achat, le leasing ou la location.

Cas pratique

UN BUDGET CALÉ SUR LES COÛTS EN NOUVELLE-ZÉLANDE

Comment ce débat est-il né ? Essentiellement autour de l'expérience néo-zélandaise qui a voulu harmoniser le budget et la comptabilité. Le budget, selon cette expérience, doit être traduit exclusivement en prestations et en services délivrés. Ainsi, l'un des élément prioritaires du choix du Parlement et du gouvernement est le prix des prestations connu par les voies de la comptabilité publique. Le prix est supposé représenter le coût plus la qualité. Comme Allen Schick l'a montré, en évaluant l'expérience néo-zélandaise, autant ce pays a effectivement réussi à mettre en place une comptabilité fiable du coût des services, autant la dimension qualitative n'a pas souvent été prise en compte, car elle aurait supposé des choix gouvernementaux sur le niveau des services délivrés aux citoyens. Aujourd'hui, la situation a sensiblement évolué. Si la Nouvelle-Zélande (suivie par l'Australie) pratique toujours le calcul du prix, ce dernier est devenu un concept large qui inclut non seulement le coût mais aussi la volonté du gouvernement de payer, c'est-à-dire d'investir dans la qualité et le caractère prioritaire des services. Dans ce cas, pourquoi garder ce qu'un ministre néo-zélandais a qualifié lui-même de « fixation sur les coûts »[2] ? Parce qu'ils sont un instrument comme un autre pour obliger une administration à avoir une vision base zéro de son activité.

Choisir les critères de comptabilisation

De plus, pour atteindre une comptabilité patrimoniale, il faudrait lancer un travail de réflexion sur le critère de comptabilisation utilisé. Celui-ci a évolué à l'étranger, où sont choisis essentiellement des critères complexes comme la valeur locative mêlés à d'autres critères, entre autres, les coûts (ou bénéfices d'opportunité) à la fois financiers et sociaux de la nature et de la situation géographique des bâtiments (en anglais, *social opportunity cost*), plutôt que l'amortissement. Le coût n'est alors plus un index simple tel que l'amortissement. Dans la mesure où la plupart des bâtiments français n'offrent pas les

---

2. *Lifting the game from outputs to outcomes*, conférence des hauts fonctionnaires, Wellington, 1998. Disponible sur le site Internet ssc.nz

marges de liberté qui peuvent exister dans des pays disposant d'espace, on peut se demander si ce problème doit figurer en tête des questions à résoudre.

Il fait d'ailleurs preuve d'une obsession des coûts qui devient obsolète. L'expérience néo-zélandaise est très intéressante à cet égard. En dix ans, les Néo-Zélandais sont passés de l'idée de coût à celle de prix, lequel inclut non seulement le coût mais la qualité du service. Il tient compte aussi de la capacité à vendre ou, en termes moins métaphoriques, à convaincre les ministres de faire une priorité de la prestation qui leur est proposée. Preuve s'il en est, que le coût n'est pas le seul facteur détermi- nant de la décision.

Pourquoi alors maintenir le système ? Parce qu'il contraint les administrations à chiffrer leurs coûts, leurs niveaux de qualité et à apprécier leurs priorités. Cela permet aussi de développer de véritables tableaux de financement.

En résumé, il ne semble pas que la mise en place d'un *accrual budgeting* complet, d'une comptabilité patrimoniale de type néo-zélandais soit une priorité du budget français.

Peut-on mesurer l'efficacité et ne pas se cantonner à l'efficience ?

Par le passé, la mesure des coûts était surtout tournée vers l'effi- cience et moins vers l'efficacité, donnant implicitement l'impression que l'efficacité n'était pas mesurable. Les raisons en étaient à la fois politiques (réduire le coût du secteur public) et de compétence (mesurer l'efficacité suppose de connaître d'abord et d'évaluer les prestations et les impacts). Pourtant, il est possible d'utiliser les coûts pour améliorer l'efficacité, et pas seulement augmenter la productivité.

Comment et pourquoi mesurer l'efficacité ?

Une évolution est très nette dans tous les pays. La mesure ne doit plus être obligatoirement quantitative mais doit aussi inclure l'efficacité et les effets attendus pour le citoyen. Elle n'est plus seulement imposée, mais combine évaluation et auto- évaluation, ce qui est une différence majeure par rapport à une période qui n'était orientée que vers les coûts (jusqu'en 2000).

L'efficacité est mesurable

Le lien entre les prestations et les impacts pose la question de la capacité de mesurer non seulement les coûts mais l'efficacité (sinon, il n'y a que des prestations). Le travail sur les programmes, dans maints pays, s'est plus concentré sur l'efficience que sur l'efficacité pour des raisons de choix politique (Royaume-Uni, Suède, Nouvelle-Zélande). De plus, dit-on (un point de vue essentiellement scientiste), l'efficacité est plus difficile à mesurer. Il est possible aujourd'hui de se mettre en porte-à-faux par rapport à cette affirmation.

L'efficience n'est pas si simple à mesurer. La détermination des coûts suppose moult débats sur ce qu'est un coût salarial, sur la comptabilisation des frais généraux, sur ce qui est comptabilisé ou ne l'est pas. Pour preuve : les standards comptables ne sont pas homogénéisés d'un pays à l'autre.

Si la totalité de l'efficacité est difficile à mesurer, car il faut s'inscrire dans la durée pour juger de l'impact de programmes, en revanche, il est toujours possible de trouver des mesures intermédiaires. Ceux qui ont été obligés de le faire, eu égard aux contraintes de leur profession, l'ont fait. Par exemple, en matière de santé, le taux de mortalité ou le degré de prévention sont mesurables. En ce qui concerne l'environnement, le taux de pollution, la quantité de reboisement, le nombre d'industries signant des contrats de dépollution sont des indicateurs intermédiaires d'efficacité. Ils indiquent si l'administration est sur la bonne voie ou non.

Les mesures intermédiaires n'excluent pas le nécessaire travail d'interprétation pour comprendre les mesures, apprécier leur pertinence, mais ceci est tout aussi vrai pour l'efficience que pour l'efficacité. Un programme suppose donc l'utilisation de tous les outils de mesure.

En résumé, la gestion par programmes indique le lien entre les outils de mesure.

Comment articuler les différents outils de mesure ?

De façon théorique, on peut toujours dire que les analyses des différents facteurs – efficience, efficacité, impacts – doivent être menées de façon séparée. En réalité, pour le gestionnaire, cela n'a pas de sens. Il a besoin de données comptables qui mesurent l'activité (contrôle de gestion), de références pour situer son efficience (*benchmarking*) et, si écart il y a, de techniques qui lui permettent de comprendre pourquoi et d'améliorer (évaluation).

Dans les faits, il y a un chaînage :

Mesure (activité) → *benchmarking* (référence) → évaluation → Rectifications → nouveaux objectifs ou nouvelle stratégie → mesure.

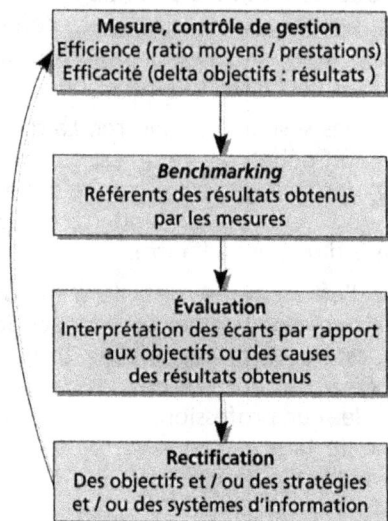

Certes, il est toujours possible de procéder différemment, mais le risque est d'obtenir des chiffres ou des analyses impossibles à interpréter ; d'autant que l'absence de chaînage est souvent le produit de l'influence de groupes de pression, qui n'occupent pas le même territoire, ou d'institutions séparées, qui ne travaillent pas suffisamment ensemble. La concurrence et l'émulation paraissent discutables lorsqu'elles figent les territoires.

L'intérêt de cette initiative est de fournir des informations qui entraînent la remise en cause d'idées reçues (car elles se réfèrent à des cas semblables). Pour être pertinents, les indicateurs de la LOLF nécessitent des référents qui servent de comparaison et qui ne sont pas seulement les objectifs initiaux affichés.

Cas pratique

LE LIEN ENTRE LA MESURE ET LE *BENCHMARKING* AU DANEMARK

Le ministère des Finances danois a mis en place, depuis 1997, un « système de pilotage structurel ». Cette initiative a des incidences sur les choix budgétaires, car elle permet de comparer les résultats des indicateurs nationaux, secteur par secteur, avec ceux de sept pays développés (Allemagne, États-Unis, France, Japon, Pays-Bas, Royaume-Uni, Suède). Le choix des pays ayant participé à cette étude a été guidé par le souci de comparer des pays présentant des similitudes de situation, tout en respectant une variété réelle de modèles et d'approches. Ici, la comparaison justifie la mesure, car elle permet de situer l'action du Danemark par rapport aux politiques publiques internationales. Trois motivations prévalent dans cette démarche.

Sans se substituer à une analyse fouillée, le *benchmarking* favorise l'émergence de questions et joue le rôle de catalyseur dans le débat sur les politiques publiques. (Introduction du rapport, ministère des Finances, 2001).

La seconde raison du *benchmarking* est que le Danemark admet clairement que, sur certaines politiques publiques, son action rejoint celle des autres pays, notamment en matière d'environnement.

De plus, la complexité de certains thèmes, en particulier l'éducation, nécessite de se pencher sur l'expérience des autres pays, si l'on veut innover. Le système utilise plus de 300 indicateurs, et les chiffres sont obtenus par enquête et collation des mesures des autres pays.

Jusqu'a présent, les autorités politiques et l'opinion publique ont opté pour le débat public plutôt que de réagir négativement devant des résultats non satisfaisants. Le choix des thèmes à comparer ne relève pas du hasard, mais répond à un modèle. L'hypothèse de départ est que les facteurs ayant un impact positif sur la croissance sont les investissements, l'éducation et la formation, la capitalisation des savoir-faire, la recherche, le commerce extérieur, la stabilité des conditions politiques, sociales et économiques, des marchés suffisamment compétitifs, mais aussi un service public efficace. Cette analyse a permis de déterminer les questions à comparer (les facteurs précités). Par exemple, l'efficacité du service public est mesurée par des critères comme la confiance du public en l'administration, la qualité de l'organisation, la qualité des services rendus et l'efficience, le management des ressources humaines, les mécanismes salariaux incitatifs.

Le *benchmarking* montre que le Danemark se situe dans la moyenne des pays européens, sauf pour l'administration électronique, moins développée qu'au Royaume-Uni, la productivité horaire des personnels et la qualité de la régulation du travail réglementaire.

Le soubassement technologique de la mesure

On n'insistera jamais assez sur l'importance de la technologie car, sans elle, une réforme peut échouer. À cet égard, la LOLF dispose d'un atout, le système ACCORD ; ce précieux outil informatique permet d'avoir une comptabilité intégrée au niveau de l'État. Plus la décision est décentralisée et des souplesses de fongibilité admises, plus les saisies comptables doivent être correctes et homogènes au niveau du ministère.

Un système informatique adapté

Sans un système informatique adapté, la tâche paraîtra trop lourde et sera négligée. Idéalement, la réforme de l'ordonnance aboutit à la suppression des contrôles a priori pour ne conserver que les contrôles a posteriori, d'où la nécessité pour les gestionnaires et les financiers d'être rigoureux dans leur tenue comptable. Chaque chef de centre de responsabilité devrait pouvoir suivre ses engagements et avoir des projections annuelles, à intervalles réguliers, pour rectifier son activité, si besoin est. Les gains de productivité devraient être importants, les délais financiers en général étant beaucoup trop longs en France.

Chapitre 6

Comment articuler les programmes avec les structures existantes ?

« Entita non sunt multiplicanda praeter per necessitatem », « *Il ne faut pas multiplier les organisations sauf par nécessité.* »
Guillaume de Occam.

Faut-il se caler sur la verticalité des directions et les tuyaux d'orgue existants ?

L'organisation de nombre d'administrations est issue de stratifications historiques complexes : missions parfois dépassées, jeu de pouvoir entre directeurs, pression des lobbies. Parfois, les raisons d'une organisation sont même oubliées. Il n'y aurait rien de pire que de plaquer les résultats attendus par la mise en œuvre de la LOLF sur des structures qui n'y correspondraient pas. En ce cas, il y aurait, d'un côté, le monde des missions et de la légalité, de l'autre, celui des résultats et du management.

Il n'existe pas de structure parfaite, mais deux tendances d'organisation peuvent être dégagées : par client ou par fonction. La structure matricielle qui combine les deux est également très utilisée.

Pourquoi ne pas garder les structures telles qu'elles sont ?

En règle générale, les structures sont issues de stratifications historiques qui ont créé des redondances. Or l'administration n'est pas suffisamment riche pour se permettre d'avoir divers services accomplissant le même travail.

Les personnels cherchent à comprendre dans quelle logique d'organisation ils se situent car cette dernière symbolise leurs priorités. Tout changement, comme toute inaction, a sa marque visible, qui se traduit par le maintien ou la réforme des forteresses administratives. Si celles-ci demeurent en l'état, il sera difficile de développer de nouveaux objectifs dans le cadre de la LOLF.

La mise en œuvre de la réforme, pour avoir quelque crédibilité, doit donc être accompagnée d'une réflexion sur les structures et sur les meilleurs moyens organisationnels d'atteindre les résultats escomptés.

Il ne s'agit pas de changer les structures pour le plaisir mais de partir des résultats à atteindre pour déterminer quel type d'organisation y répondra le mieux. Pour des raisons historiques ou politiques, il ne sera pas souhaitable, dans certains cas de figure, de toucher aux structures mais, pour le moins, la réflexion et le débat sur leur adéquation auront été menés. A contrario, on peut citer l'exemple de la fusion des services de l'urbanisme et de la route par Edgar Pisani, en 1966. Cette fusion a mis vingt ans à entrer dans les mœurs et les pratiques des agents car ces derniers n'avaient pas compris la finalité et l'utilité du rapprochement de ces structures.

Comment définir un programme dans le cadre d'une organisation ?

A priori, il n'existe pas de méthode unique, cependant, toutes les méthodes ont un point commun, celui de définir un grand domaine d'action par fonction (études et recherches), par client (action régionale) ou par une organisation matricielle conciliant les deux. L'essentiel est de procéder, dans tous les cas, à des regroupements de services, finalisés par un sens partagé de l'organisation.

Le sens partagé suppose une analyse stratégique préalable, non pas de la qualité intrinsèque de l'organisation, mais de ce qu'elle devrait être et où elle devrait se diriger.

A contrario, pour opérer des regroupements, il est important d'avoir repéré les redondances, les recoupements et les actions peu utiles afin de repartir sur une nouvelle base.

Par conséquent, la définition du programme ne peut être un exercice technocratique à la va-vite. Elle suppose un temps pour l'analyse stratégique, un temps pour la négociation et un temps pour faire admettre les réorganisations.

Un programme peut toujours exister, mais, pour de simples raisons de masse financière, il ne permettra pas d'user des souplesses nouvelles. Il faut trouver un juste équilibre entre des programmes trop larges, qui ne peuvent servir d'unité de management concrètes pour les agents, et des programmes trop restreints, qui ne permettent pas les redéploiements budgétaires ou des innovations significatives

Faut-il conserver une globalisation des crédits au niveau central ?

On peut très bien imaginer un scénario où tout demeurerait central, tant la définition des résultats que la gestion des crédits. C'est probablement la question fondamentale de la mise en œuvre des programmes. Garder une définition centrale des programmes donne certainement plus de souplesse aux administrations centrales, en termes de fongibilité des crédits. La méthode est aussi plus rapide. En revanche, cela ne change guère la vie des services déconcentrés, lesquels se retrouvent contraints par les anciens chapitres (*stovepipes*).

Pour la déconcentration des mécanismes de la LOLF ?

Existe-t-il de sérieux arguments contre la répercussion des mécanismes de la LOLF au niveau des services déconcentrés ?

L'explication des administrations centrales, pour ne pas déconcentrer, relève généralement de motifs de maturité : « *ils n'ont pas notre expérience des problèmes et la vue globale dont nous disposons* ». Il est certain que, si l'on ne met pas un service en état d'apprendre, il n'apprendra pas. L'argument est circulaire.

La taille de certains services départementaux est aussi un facteur de réticence. Lorsque les effectifs et le budget d'un service sont trop limités, la fongibilité des crédits ne peut pas intervenir. Ceci est un deuxième argument circulaire, car l'application de la LOLF donne l'occasion de réfléchir sur l'organisation territoriale de l'État.

Ces arguments pourraient apparaître comme des tautologies, mais il est décisif que la LOLF dépasse l'exercice centralisé et qu'elle se concrétise au niveau des centres de responsabilité[1].

---

1. Guillaume. H. : « *partout est intervenue une identification des centres de responsabilité* », opus cité.

Déconcentrer lorsque les résultats sont concrets

Il est possible de déconcentrer lorsque des résultats tangibles existent, traduisant une bonne gestion et un bon dialogue social. La définition des objectifs, la gestion des crédits et la consultation sont en effet plus aisés dans un contexte déterminé, répondant à un problème précis, alors que tout ce qui est national est nécessairement surdéterminé par des enjeux moins négociables, donc plus difficile à gérer.

Par exemple, la mise en place du travail de nuit dans certaines directions départementales de l'Équipement en milieu urbain est justifiée parce que les autoroutes sont plus dangereuses le jour que la nuit pour les agents qui y travaillent. Cette mesure se négocie plus aisément au cas par cas. A contrario, leur mise en œuvre simultanément par toutes les DDE, lesquelles ne sont pas confrontées au même problème, soulève un débat de principe sur le travail de nuit et non la question spécifique de la dangerosité des autoroutes pour les agents. Ici, il s'agit d'une mesure spécifique adaptée à des circonstances particulières. Dans l'hypothèse de la généralisation, c'est le délicat débat sur le travail de nuit, avec tous ses conflits, qui apparaîtra.

Déconcentrer pour que les cadres puissent devenir des managers

L'un des arguments contre la centralisation est la revendication en faveur d'une gestion effective des agents par les cadres supérieurs afin d'éviter le renvoi de leurs responsabilités à d'autres (centrale, Budget, etc.).

L'application de la LOLF pourrait avoir des conséquences non seulement budgétaires (ne pas recréer les tuyaux au niveau des services décentralisés) mais également de gestion des ressources humaines, tout en ayant des CAP (commissions administratives paritaires) locales qui n'existent pas toujours aujourd'hui, inter corps quand c'est justifié, et des CTP (comités techniques paritaires) locaux, quel que soit le nombre d'agents, ce qui n'est pas le cas également. Le dialogue social en sortirait renforcé[2].

Déconcentrer car la responsabilité est générale ou elle n'est pas

Au niveau de centres de responsabilité, ne pas enchaîner les souplesses et les globalisations des programmes reviendrait à reproduire l'erreur de la rationalisation des choix budgétaires (le gadget des technocrates centralistes) mais surtout à détruire l'objectif majeur de la LOLF : la responsabilisation. Certes, on

---

2. Rapport Fournier sur le dialogue social dans la Fonction publique, Df, 2002.

peut toujours dire qu'un directeur d'administration centrale est juridiquement responsable de tout. Toutefois, aucun être n'étant omniscient, ce serait multiplier les risques d'erreur et la capacité d'inertie des gestionnaires.

Par conséquent, la responsabilité ne sera réelle que lorsqu'elle sera pertinente à tous les niveaux de la hiérarchie, et lorsqu'elle sera relayée, pour ainsi dire, et fera partie de l'essence même du travail d'encadrement et de pilotage des agents et des actions publiques.

Faut-il décliner les programmes à tous les niveaux hiérarchiques ?

Le programme en soi, en ce qu'il exprime des finalités communes, est valable pour tous les niveaux hiérarchiques et doit être connu de tous les participants. En revanche, les plans d'action diffèrent d'un niveau hiérarchique à l'autre.

Par exemple, un élément d'un plan d'action d'un directeur général peut être la mise en place d'un comité de direction soudé, d'assurer le *coaching* de ses cadres dirigeants ou de veiller aux relations avec les partenaires de haut niveau. Le plan d'actions d'un service comptable sera plutôt d'obtenir les informations dont il a besoin à temps, d'effectuer les paiements lorsqu'ils sont dus, etc. Est-ce que cette diversité retire son sens à la notion de programme ? Non, si un programme est finalisé autour d'un domaine d'action commun (exemple : qualité de l'eau) ou d'un client commun (exemple : service aux communes), les différents niveaux hiérarchiques devraient pouvoir s'intégrer dans l'objectif commun, en fonction de leurs compétences respectives. La question n'est délicate que pour les services de prestation internes, dont les programmes sont souvent des programmes d'amélioration continue de leur action.

Comment gérer la cascade de la performance en termes organisationnels ?

La mise en œuvre des programmes doit se faire en « cascade », être déclinée à tous les niveaux hiérarchiques en fonction des différents métiers. En d'autres termes, chaque niveau hiérarchique définit sa contribution à la mise en œuvre des impacts, des finalités et des prestations. La globalisation des crédits doit aussi se faire en cascade, en fonction des objectifs des différents niveaux hiérarchiques. Pour être honnête, cela suppose qu'il n'y ait pas trop de niveaux hiérarchiques et que l'on définisse le niveau de base de la gestion et le centre de responsabilité. En administration centrale, ce peut être la sous-direction, en territoriale le service déconcentré, mais d'autres formules devraient être explorées qui concilieraient :

• une homogénéité ou complémentarité de métier ;

• une masse critique suffisante pour que la fongibilité des crédits fasse sens.

Synthèse. Une bonne mise en œuvre des programmes suppose que leur niveau normal de gestion des crédits globalisés (au moins sur la masse salariale et le fonctionnement) mais aussi de mise en œuvre des plans d'action et de compte-rendu soit le centre de responsabilité. À charge pour l'administration centrale de justifier pourquoi cela n'est pas le cas, lorsque les crédits sont gérés à un autre niveau.

Autrement dit, la mise en œuvre de la LOLF est indissociable d'une action sur la déconcentration. Si les crédits sont fongibles, il faudra bien déterminer quelles masses demeurent centrales et lesquelles sont gérées au niveau local.

La multiplication des niveaux hiérarchiques est un obstacle à la bonne mise en œuvre des programmes parce qu'elle multiplie les plans d'action, peut créer des contrôles redondants et rend plus difficile la définition de la responsabilité de chacun.

Néanmoins, un centre de responsabilité doit avoir suffisamment d'agents (à apprécier au cas par cas avec les chefs de centre et les responsable du budget) pour que la taille critique soit atteinte en termes de budget et de professionnalisme.

Un centre de responsabilité n'est pas nécessairement une unité déconcentrée territorialement, mais peut parfaitement être une sous-direction d'administration centrale.

Cas pratique

ÉVALUATIONS INDIVIDUELLES DES CADRES DIRIGEANTS BASÉES SUR LA COOPÉRATION ENTRE SERVICES

Ainsi, dans l'un des ministères de la Santé où nous avons enquêté sur les primes, les carrières des directeurs sont liées à leur capacité à travailler en équipe, à ne pas demander systématiquement la maximisation de leur budget et à insuffler un esprit coopératif à leurs directions. Cet exemple est d'autant plus intéressant qu'il a été mis en œuvre dans un ministère où les forteresses d'expertise sont fortes et n'ont pas a priori besoin d'être soudées. Pour que la coopération ne devienne pas artificielle, elle implique un travail plus approfondi de réflexion sur les politiques publiques et les impacts souhaités sur les citoyens, afin d'établir des ponts entre services qui soient fondés sur des buts à atteindre.

Comment régler le problème territorial ?

Le niveau territorial constitue un vrai problème à résoudre. Il n'y a que deux solutions possibles : régionaliser les services (ce qui a été fait pour les hôpitaux) ou concéder au préfet un réel pouvoir interministériel de représentant du Premier ministre, même si sa gestion est assurée par le ministre de l'Intérieur. Ces propositions ne sont pas nouvelles, mais elles n'avaient jusqu'alors pas de déclencheur. Même si le catalyseur budgétaire existe aujourd'hui, il sera difficile de faire des budgets par résultats au niveau de l'ensemble des services déconcentrés (trop nombreux, trop petits ou redondants). Or, c'est le seul niveau où il est possible de définir des prestations et des impacts de façon pragmatique, à la lumière des besoins du citoyen et de la mise en œuvre des politiques publiques.

Cas pratique

L'EFFORT DE MISE EN CONVERGENCE DES SERVICES EN NOUVELLE-ZÉLANDE (AUDIT DU CENTRE PUBLIÉ PAR LE GOUVERNEMENT NÉO-ZÉLANDAIS EN 2001)[3]

Au début des années 1990, la Nouvelle-Zélande est partie d'une théorie selon laquelle les services travailleraient mieux, s'ils pouvaient se concentrer sur une seule mission et un métier homogène (*single purpose agencies*). S'en est suivi une restructuration en profondeur pour découper les ministères en agences de métier défini. Par exemple, le ministère de l'Intérieur a été découpé en plusieurs agences : des prisons, de l'ordre public, de la sécurité extérieure. Les effets n'en ont pas été que négatifs. Cette réorganisation a rompu avec l'habitude de certains fonctionnaires de brasser trop large, de prendre en charge un nombre trop élevé de questions sans se concentrer sur la mise en œuvre d'une mission. Toutefois, dix ans plus tard, une fois la culture de gestion et de priorités établies, l'enjeu est en évolution. Aujourd'hui, il s'agit surtout d'établir des collaborations effectives entre administrations, car les services rendus aux citoyens sont rarement l'œuvre d'un seul ministère. Ce problème, toutefois, n'est pas inhérent à la Nouvelle-Zélande, les cloisonnements entre services peuvent être aussi forts dans de grands ministères intégrés.

« *L'enjeu pour le futur du service public, qui s'adresse à l'ensemble des nations, est l'interface avec les citoyens et la liberté que l'on peut laisser aux agents de guichet et de terrain pour trouver des solutions adaptées à la spécificité des cas individuels.* » The review of the centre, State services commission, Nouvelle-Zélande, 2001.

---

3. *Report of the Advisory group on the Review of the centre*, présenté au ministre des Finances et à celui de la Fonction publique, novembre 2001.

▸▸▮ La délégation territoriale, une solution possible

Cette impossibilité soulève une question cruciale : comment mettre en œuvre la délégation au niveau territorial ? De fait, elle se pratique bien avant le vote de la LOLF. Le préfet peut être ordonnateur primaire, tandis que des chefs de projet sont nommés ordonnateurs secondaires sur des projets ou des problèmes interministériels. Pour autant, chacun est tenu de respecter les proportions budgétaires allouées par les ministères pour la réalisation des actions concernées. Ceci se passe déjà pour la gestion de l'eau ainsi que pour la ville, et cette technique a de grandes chances de s'étendre.

Pour un avenir meilleur, il est nécessaire d'imaginer des incitations à la coopération entre services. Ces incitations peuvent être des sanctions dans l'évaluation des chefs de service qui ne coopèrent pas ou des valorisations, par exemple, par des augmentations budgétaires ou des formes d'intéressement pour ceux qui coopèrent (d'ailleurs, ces deux formules sont utilisées dans le budget britannique de 2001).

Faut-il promouvoir les administrations horizontales ?

La solution qui consiste à créer des administrations horizontales en parallèle aux administrations verticales (Finlande, France) fonctionne rarement pour diverses raisons. Les administrations horizontales disposent de moins de moyens ; elles n'ont pas d'influence sur les actes de gestion au quotidien et ne disposent pas toujours du personnel à l'aise avec la diplomatie et la dissuasion graduée (pour paraphraser les militaires), nécessaires pour impulser l'évolution des pratiques au sein des équipes. Dès lors, les Néo-Zélandais préconisent plusieurs moyens :

- fusionner lorsque c'est nécessaire ;
- établir des contrats de coopération prévus au budget, comme au Royaume-Uni, au niveau des organisations et des responsables ;
- établir une culture du *networking* et des réseaux chez les fonctionnaires, qui devrait les conduire à tester leurs idées et à consulter largement avant de prendre des décisions, pour favoriser le développement de la collaboration.

▸▸▮ Redéfinir le rôle des fonctionnaires

Une prise de conscience intéressante se dessine à travers cet exemple. Elle concerne l'évolution de mentalité des fonctionnaires. Ces derniers sont incités à mieux appréhender les problèmes des citoyens (par exemple, en se demandant

« qu'est-ce qui leur arrive ? »), plutôt que de raisonner simplement en termes de territoire administratif. Ceci leur demande une double évolution : une réflexion sur leur mission mais aussi sur la fonction du service public.

▸ **Cela poserait-il des problèmes en matière d'obligation de compte-rendu ?**

Dans une action interministérielle, il est préférable d'avoir un ministre responsable en première ligne, et l'on pourrait admettre que c'est faire preuve d'une grande rigidité que de penser qu'un ministère ne pourrait pas travailler avec des préfets assumant la coordination.

Cas pratique

LE GUICHET UNIQUE DE LA SÉCURITÉ SOCIALE EN AUSTRALIE, CENTRELINK

Bien qu'il n'y ait pas de préfets en Australie, ce cas présente des similitudes avec la France en ce qui concerne les obligations de compte-rendu. En effet, Centrelink a été constitué sur la base d'un regroupement des deux tiers des personnels du ministère des Affaires sociales et d'un tiers des effectifs du ministère de l'Emploi. Ce regroupement est parti d'un constat : les deux ministères géraient des programmes similaires, et c'était au chômeur de se frayer un chemin dans le labyrinthe de ses droits. Le regroupement en une agence unique a supprimé les duplications. De plus, un *case manager*, ou fonctionnaire attitré à un chômeur ou à un ayant droit déterminé, le dirige vers les programmes et les aides auxquels il a droit, le conseille et l'oriente vers les services compétents.

La difficulté de mise en place de l'agence n'a pas été la résistance des personnels, satisfaits d'avoir un meilleur contact avec les citoyens, mais l'inquiétude des ministres, car la question s'est immédiatement posée de savoir qui était le ministre responsable qui devait rendre compte.

La solution choisie a été de créer un conseil d'administration avec les différents ministres et directeurs des ministères et des personnalités qualifiées. Le ministre de la Sécurité sociale a été désigné tête de file en matière de compte-rendu, bien que l'agence travaille de fait avec cinq ministères. Une telle situation n'est pas sans tensions, tant entre les centrales et l'agence qu'entre les ministères. Pour autant, ces tensions n'ont jamais entravé le fonctionnement de l'agence, au contraire, elles ont permis de rendre plus transparentes des différences de point de vue légitimes entre ministères. Le service aux usagers y a gagné autant que le débat public sur les politiques sociales.

Cas pratique

LE PILOTAGE D'INITIATIVES ET DE PROGRAMMES INTERMINISTÉRIELS AU ROYAUME-UNI

L'une des orientations majeures de l'administration anglaise est de mettre en place une action commune entre administrations mais aussi entre administration et société civile. Des programmes ont ainsi été mis en place, dont un pour les enfants en âge préscolaire, les sans-abri, les petites entreprises, le développement des capacités d'exportation des entreprises, etc. On dénombre ainsi une dizaine de programmes interministériels. De fait, ils font l'objet d'une évaluation par le NAO (Cour des comptes britannique), moins pour les juger que pour aider à leur mise en place (rapport *Joining up public services*, 2001). Le NAO a d'ailleurs préconisé une grille de lecture et de pilotage pour chacun de ces programmes, dont les items sont les suivants : quelle est la population ciblée ? les objectifs du programme ; le financement ; les partenaires impliqués ; les résultats attendus ; les principales conditions de succès.

La grille de lecture doit être remplie et rectifiée au fur et à mesure de la mise en œuvre des programmes. Par ailleurs, le NAO a développé les critères de réussite qui suivent.

Définir qui doit être impliqué dans un programme interministériel

Peut-on changer les pratiques des administrations existantes ou inclure de nouveaux partenaires ? Ou faire les deux ? Un équilibre est à trouver entre le souhait d'impliquer le plus possible de partenaires et le fait de ne pas rendre le travail ingérable. Il n'y a pas de règle d'or mais des solutions ad hoc. Les décisions devraient dépendre de la qualité des prestations et non de considérations sur la légitimité ou le pouvoir des différents partenaires. Il est bon de ne pas trop déranger les structures existantes, quand cela est possible, et de s'appuyer sur des initiatives existantes plutôt que de les copier.

Définir les incitations au travail en commun

La première incitation est un leadership fort, une volonté claire de réaliser l'initiative interministérielle. Des doutes sur les intentions sont la première cause d'échec de l'activité interministérielle, selon le NAO. Les objectifs de l'initiative interministérielle doivent intégrer les objectifs des différents partenaires, sinon il faut tenter d'aplanir les divergences pour arriver à un consensus. Une initiative interministérielle ne saurait résulter d'une plateforme de compromis politique et de négociation permanente, en d'autres termes, des objectifs et un sens communs, même s'ils ne recouvrent pas tous les problèmes, doivent animer les partenaires avant que l'initiative ne soit mise en œuvre. Des incitations financières peuvent alors s'avérer utiles. Par exemple, le conseil du comté de Kent s'est engagé à coordonner les efforts des administrations concernées par la lutte contre l'exclusion et, s'il atteint cet objectif, il recevra une subvention de 26 millions de livres et une flexibilité budgétaire accrue.

Mettre en place les mécanismes de soutien au travail en commun

Bien souvent, l'absence de coopération est due à la méconnaissance des différents acteurs et à des capacités non connues ni développées du travail en commun. Or, travailler en commun suppose certaines compétences, qui doivent être déployées par tous les moyens : des formations, la mise à disposition d'experts ou l'apprentissage en réseau (colloques, séminaires, boîtes à idées électroniques où l'on peut échanger des réflexions sur les pratiques ayant obtenu des résultats et celles qui en ont moins).

Déterminer le type de financement le plus approprié	Différents cas de figure sont possibles. Quand l'argent est déjà globalisé, l'effort réside dans le fait de savoir comment il est utilisé ; quand il ne l'est pas, l'effort sera de créer plus de fongibilité. Néanmoins, en règle générale, l'expérience britannique a montré que la globalisation intégrale des crédits, moyennant des objectifs de résultats très clairs, chiffrés et évalués, apparaît comme la meilleure solution car elle permet de bien adapter les solutions aux problèmes.
Définir la durée de vie de l'initiative interministérielle	Avant son lancement, il est nécessaire de déterminer si l'initiative sera limitée dans le temps ou non. Si elle l'est, il faut prévoir comment ses bénéfices seront repris par les administrations existantes (par exemple, le programme de lutte contre l'exclusion). En revanche, lorsque l'objectif est permanent, il faut savoir si l'expérimentation débouchera sur la création d'une nouvelle administration ou d'une nouvelle compétence au sein d'une administration existante (par exemple, le programme du guichet unique pour les entreprises). Dans tous les cas, le devenir du programme doit être scénarisé à l'avance, quitte à ce que la pratique affine le scénario.
Clarifier les mécanismes de responsabilité	Les procédures de responsabilité varient selon les initiatives interministérielles. Toutefois, elles présentent certaines similitudes : une définition des rôles de chacun des partenaires ; des objectifs clairs et des indicateurs acceptés par ces derniers ; un système de mesure de la performance efficace ; une définition claire des bénéficiaires ; la nomination d'un responsable du changement de dispositif de mise en œuvre en cas de problème (autorité de recours et de rectification) ; un *reporting* financier audité ; des évaluations indépendantes périodiques.

Cet exemple démontre que la responsabilité étant un effort coûteux en énergie et en temps, il est donc préférable de s'appuyer sur les moyens déjà existants dans l'administration, notamment en matière stratégique, d'audit ou d'évaluation. La nouveauté dans ce type de définition des programmes est que :

- les conditions préalables sont réelles ; par exemple, lorsque la tentative d'aboutir à un accord échoue entre partenaires, cela peut signifier qu'il est trop tôt pour lancer le programme interministériel ou que d'autres moyens de mise en œuvre des objectifs sont nécessaires ;
- la pérennisation des nouvelles structures n'est pas une hypothèse a priori ;
- ces mécanismes doivent être vivants, évalués en continu, afin d'être rectifiés en temps réel ;
- la modernisation peut solliciter des compétences qui n'existent pas encore et que des actions de soutien sont donc indispensables.

Comment piloter les programmes ?

La question du pilotage est essentielle car c'est par elle que commence la mise en œuvre. Comme dans tout problème de management, il n'existe pas de nombre d'or : aller trop vite casse les bonnes volontés qui se sont investies dans des projets dont elles n'ont pas vu les fruits (les modes managériales, etc.) ; aller trop lentement désespère également les volontaires car ils se sentent isolés dans des systèmes de gestion inchangés. L'effort a ses limites. Au fond, le pilotage consiste à trouver le juste milieu entre la réforme par big-bang et l'expérimentation pilote. Le savoir-faire progresse en la matière (*cf.* la réforme américaine, longuement analysée ci-dessous). Les lignes générales sont :

- de commencer par des expérimentations en choisissant les services les mieux armés pour atteindre les objectifs de la réforme, afin de laisser aux autres le temps de se former et d'être soutenus dans le changement ;
- d'annoncer, dès le démarrage de la réforme, son horizon de généralisation, ses étapes intermédiaires (ce qu'a fait la LOLF), à dire vrai, afficher un plan de mise en œuvre comprenant des actions tangibles pour chaque année de la mise en route de la réforme ;
- de prévoir le dispositif d'évaluation au départ également (qui évalue ? avec quel budget ? quand sont prévues les conclusions intermédiaires ?) ;
- d'impliquer institutionnellement les partenaires clés de la réforme dans sa mise en œuvre, afin qu'ils s'en sentent solidaires (par exemple, charger un ministère central de la formation, prévoir que le Parlement et la Cour des comptes l'évalueront, etc.).

Le *Government Performance Results Act* aux États-Unis

La loi de mise en place d'une performance basée sur les résultats et un exemple de mise en œuvre laissant le temps de la maturation, mais avec un leadership affirmé. La réforme de la National Performance Review (NPR), lancée sous l'égide du président Clinton, continue. Sa traduction législative a été le *Government Performance Results Act*, voté en 1993. Le Sénat américain a rendu un rapport préalable au vote de la loi, qui certes date de 1993 mais n'a rien perdu de son actualité[4].

---

4. Rapport 103-5, juin 1993.

Certaines conclusions du rapport sont fort intéressantes :

« *Nous avons travaillé récemment avec le ministère de l'Agriculture pour essayer d'analyser le lien entre les objectifs et l'information financière que nous avons rassemblée. Quand vous faites cela, ce que vous apprenez de la pratique effective des administrations est réellement incroyable. Vous arrivez enfin à comprendre ce que les chiffres veulent dire. Vous voyez émerger les tendances d'avenir. C'est donc notre espoir de pouvoir analyser l'atteinte des objectifs, grâce à des systèmes d'information et des données financières.* »[5].

Les indicateurs de performance

Il est déploré dans ce rapport le manque d'indicateurs de performance développés par les agences ; ces derniers permettraient au Parlement d'établir un véritable débat avec elles. Pour autant, il existe des exceptions. Ainsi, l'État de Floride a demandé, en 1986, que tous les programmes en faveur de l'enfance soient assortis d'indicateurs d'impacts et fassent l'objet d'évaluations. En 1991, l'État de Floride a évalué cette réforme et les conclusions données au Sénat ont été les suivantes :

• l'information sur les impacts est de plus en plus utilisée pour informer le processus budgétaire ; elle a permis d'identifier les programmes à évaluer plus systématiquement car leurs effets paraissaient incertains ;

• cette démarche a surtout permis de sensibiliser nombre d'acteurs de la politique de l'enfance dans la société civile (parents, avocats, magistrats) sur l'importance de participer aux résultats attendus.

Le Sénat a aussi fait comparaître les responsables de la ville de Sunnyvale, un pilote de la modernisation aux États-Unis, en particulier de la mesure des performances. En fait, la démarche y a commencé en 1973, dans le cadre d'une action appuyée par le GAO (Général Accounting Office, Cour des comptes au service du Parlement). Elle a été progressive, démarrant par quelques indicateurs significatifs pour les citoyens, tels que « avoir moins de dix plaintes contre les services d'information de la mairie par an », « réparer tout dommage intervenu à la suite d'un vandalisme en moins de trois jours », « répondre aux appels d'urgence adressés à la police en moins de trois minutes dans 90 % des cas », etc.

---

5. Donald H Chapin, Assistant Comptroller general, GAO (General Accounting Office).

Tous les ans, le directeur général de la ville présente un rapport sur l'atteinte des objectifs et les raisons expliquant leur atteinte ou leur non atteinte au conseil municipal. Petit à petit, l'accoutumance à ces mesures de performance a permis à la ville de développer une planification stratégique sur vingt ans, qui a été adoptée par le conseil municipal. La question posée par le Sénat a été de savoir, bien entendu, quel était le degré d'accord bipartisan sur la démarche, qui est la condition d'un plan de vingt ans. La réponse du directeur de la ville a été la suivante : « *Lorsqu'on clarifie les objectifs de cette façon précise, la démarche devient moins politisée car même les opposants sont contraints de définir des résultats à atteindre tangibles. D'une certaine manière, cela rend le processus budgétaire moins politisé.* »

La « cascade » de la performance

Le Sénat préconise, suite à l'ensemble des auditions effectuées, ce que nous avons appelé la « cascade de la performance », c'est-à-dire l'articulation entre des missions de haut niveau qui donne le sens à l'action, des plans stratégiques pluriannuels et des *business plans* (ou projets de service) annuels qui déclinent de plus en plus précisément les missions.

Un lien, non mécanique mais plutôt un lien étroit au niveau de l'engagement des agences entre cette démarche et le budget, a été établi. Par exemple, si une agence n'arrive pas à réaliser les résultats attendus, elle devra chiffrer ce dont elle a besoin pour y parvenir dans le cadre du débat budgétaire. En contrepartie, elle s'engage à atteindre les résultats prévus. La sanction en cas d'échec est un contrôle très étroit de l'agence par le ministère des Finances, un audit et un plan de redressement.

Une expérimentation progressive de la réforme est prévue, afin de permettre son évaluation avec des horizons et des limites prévus dans le temps : par exemple, dix projets pilote (mesure des performances) ont été menés en 1993, cinquante projets pilote (mise en œuvre de souplesses budgétaires) en 1994. En 1997, l'OMB a émis un rapport sur les projets pilote, relayé par le GAO en 1998. L'horizon de généralisation pour les projets de service annuels était l'an 2000. L'articulation de ces plans avec le budget a été réalisée en 2001.

▸▸ La mise en place d'une démarche de pilotage

La pertinence de la démarche du GPRA réside dans la mise en place d'une véritable démarche de pilotage qui prévoit :

- l'expérimentation ;
- les modalités d'évaluation de cette expérimentation ;
- les acteurs responsables d'en rendre compte (OMB et GAO) ;
- l'horizon de généralisation de la réforme.

La démarche de réforme aux États-Unis a donc été la suivante ;

- la définition d'un nombre limité d'indicateurs facteurs de succès et une mise en œuvre de ces indicateurs ;
- le suivi des indicateurs (en particulier de ceux qui ont donné des résultats non satisfaisants) permet de cerner les faiblesses des agences et d'enclencher une réflexion sur les priorités stratégiques.
- la définition des résultats à atteindre dans le cadre d'une planification stratégique, incluant les partenaires des programmes dans la société civile ;
- les agences s'engagent sur ces résultats et le ministère des Finances sur des souplesses de gestion facilitant l'atteinte des résultats ;
- le ministère des Finances et l'office parlementaire évaluent les résultats des agences ainsi que la réforme ; une fois les leçons tirées de ces évaluations, la généralisation de l'accès au dispositif pour toutes les agences est décidée ;
- s'ensuit la réforme des mécanismes budgétaires, basés (comme dans la LOLF) sur les programmes.

L'intérêt de cette démarche est de partir du plus concret et de sensibiliser l'opinion publique sur ce qui peut être réalisé, ainsi que la volonté d'impliquer les acteurs de la société civile dans la mise en œuvre des objectifs.

En fait, elle est très proche de la LOLF, à ceci près que les différences culturelles entre la France et les États-Unis font que la France doit démarrer par la loi pour enclencher l'expérimentation, alors que les États-Unis doivent commencer par l'expérimentation pour convaincre les parlementaires de changer une loi.

La nécessité d'évaluer à plusieurs niveaux

La réforme américaine attire l'attention sur la nécessité de deux types d'évaluations :

- des évaluations concomitantes, au niveau du ministère des Finances en liaison avec les agences et des agences elles-mêmes ;
- une évaluation parlementaire indépendante.

Il n'est pas question de nier que cette réforme a été contro-versée, notamment lorsque des gouvernements anti-fonction publique et anti-fonctionnaires ont été au pouvoir. En cette hypothèse, les objectifs de réduction des effectifs et de la dépense publique ont pu freiner la réforme. Toutefois, cela n'enlève rien à l'intérêt d'une évaluation de la démarche. De plus, et par bonheur, elle a été relayée par des collectivités locales, comme Sunnyvale, ou des agences à ressources relative-ment autonomes qui ont pu poursuivre les expérimentations, quelles qu'aient été les avatars des politiques fédérales.

Qu'en est-il aujourd'hui ?

D'après le GAO, la réforme s'est traduite par 118 milliards d'économies ; 640 000 pages de règlements inutiles supprimés ; 3 500 indicateurs de qualité mis en place. Le GAO a également défini, grâce à une évaluation[6] des facteurs de succès de la réforme, plusieurs points essentiels.

La démarche américaine

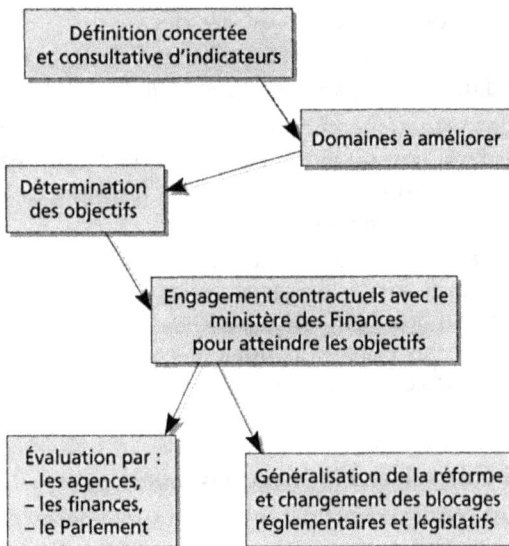

---

6. Cette évaluation a été exposée à la conférence de l'Indiana University, à Bloo-mington, en 1997.

⤜ La motivation par l'exemple

L'évaluation a permis de voir que les agences ayant le mieux intégré la réforme sont celles où l'engagement des cadres dirigeants a été non ambigu et continu.

Une motivation des fonctionnaires par des exemples clairs et probants, soit de dysfonctionnements, soit de réussites a été atteinte.

⤜ Les partenariats : un gage de succès

La mise en œuvre de partenariats entre agences, avec un secteur non lucratif, des entreprises, des universités aux fins de rassembler des idées nouvelles, de diffuser et de faire connaître les innovations du secteur public, de trouver des financements complémentaires.

⤜ La durabilité des réformes

L'abandon des réformes coup de poing, comme les réformes du statut des fonctionnaires pour des approches qui peuvent paraître plus disparates, mais sont plus approfondies, appropriées et donc durables.

Le schéma de pilotage d'un programme

▶▶ L'implication de tous les agents

L'implication des agents de tous niveaux est indispensable car les agents dits « d'exécution » sont les seuls qui peuvent mettre en œuvre les souplesses et améliorer le service au citoyen. Le changement par loi et par décret a beaucoup de mal à être diffusé de façon descendante.

▶▶ Le temps de l'appropriation

Il est important de ne pas lancer de nouvelles actions de réforme, sauf cas de nécessité économique, tant que les réformes existantes n'ont pas été appropriées par tous les personnels concernés.

Le président Bush, dans sa déclaration au Parlement, pour le budget 2002[7], a entériné les expérimentations existantes et a demandé plus d'évaluations de programmes dans le cadre des objectifs suivants : leur degré d'adaptation aux attentes des citoyens, leur orientation vers des résultats, leur ouverture à la compétition et l'innovation.

Dans le cadre du budget 2003, l'OMB a demandé aux agences d'établir la liste des dispositions réglementaires qui entravent leur efficacité, afin d'en proposer la suppression au Parlement.

Il s'agit de rééquilibrer les obligations. Ces efforts sont demandés aux agences et aux administrations centrales. Celles-ci sont invitées à diminuer les règles inutiles, à offrir conseil et soutien aux agences, à inverser les charges et les preuves. C'est également aux administrations centrales de faire la preuve de la mauvaise gestion d'une agence et non à l'agence de prouver sa bonne gestion.

En matière budgétaire, la déclaration du président a fixé comme objectif un réel examen des mesures de performance (incluant l'évaluation des programmes) au moment de la décision budgétaire.

---

7. Vous trouverez l'intégral du budget américain et cette déclaration sur le site Internet de l'OMB.

Chapitre 7

Comment faire accepter l'autonomie de gestion des administrations par l'autorité politique ?

« Les hommes politiques ne peuvent se libérer de l'idée que de meilleurs systèmes d'information ou un meilleur fonctionnement de l'administration pourraient prévenir les dilemmes politiques dans lesquels ils se trouvent. »
Brittan, *The Treasury under the Tories*, Penguin, p. 251, 1964.

Cet aspect sera probablement l'une des difficultés de la réforme. Pouvoir atteindre des résultats suppose un contrat sur ce qui doit être fait, qui ne soit pas sans cesse troublé par des priorités supplémentaires ou des demandes ad hoc ou de constants changements d'avis. En d'autres termes, le politique doit accepter la légitimité de l'administration sur son métier et ses missions.

Pour prendre un exemple hypothétique, est-il normal que pour une administration ou encore plus pour une entreprise publique, une négociation réussie avec le Budget, la direction du Trésor ou la Caisse des Dépôts prédomine sur la réflexion stratégique de ce que le service doit et peut être, sur la connaissance des attentes des citoyens, sur l'appréciation du degré de professionnalisme, sur l'efficacité de l'organisation par rapport à d'autres ? Il ne sera jamais possible, ni souhaitable, de nier le politique ou la gestion de la paix sociale, la question est une question d'équilibre : quelle est l'énergie développée sur chacun de ces deux pôles ? Si la gestion des équilibres de pouvoir subtils au sein de l'État consomme 80 % du temps, les proportions ne sont peut-être pas les bonnes.

Ce fut d'ailleurs la surprise de la réforme *Next Steps* (les agences) au Royaume-Uni. À son origine, la privatisation des agences avait été envisagée pour des raisons idéologiques (la supériorité du secteur privé sur le secteur public). En réalité, certaines agences elles-mêmes ont demandé à être privatisées, parce qu'elles étaient lasses de passer leur temps à répondre à des surenchères politiciennes plutôt que de faire leur travail.

« *Je passe 80 % de mon temps à répondre aux exigences de reporting de l'administration centrale et aux demandes du ministre, il ne me reste plus que 20 % du temps pour m'occuper de mon agence et assurer la liaison avec nos partenaires* », confie le directeur de l'agence des prisons écossaises[1].

Des services tournés vers le professionnalisme et la gestion

La légitimité de l'administration a certes été moins mise en cause en France que dans les pays managériaux, mais il s'agit ici de pratiques et non de discours. L'administration doit pouvoir travailler, fixer des priorités dans le cadre des objectifs qui lui sont assignés, avoir une voix sur les moyens d'y parvenir, être un partenaire respecté et non un simple exécutant. Si tel n'est pas le cas, les services n'auront d'autre choix, une fois les limites d'épuisement des agents atteintes, que de réduire la qualité des services produits.

Quel rapport avec les programmes ? Le fait que ces derniers supposent des engagements sur des résultats. Cette obligation rend la nécessité d'autant plus forte, pour l'administration, d'organiser son travail et de ne pas réagir seulement au coup par coup.

C'est d'ailleurs la conclusion à laquelle Christopher Pollitt et Geert Bouckaert[2], comparant un échantillon de pays managériaux, sont arrivés. L'atteinte des résultats a eu pour prix une diminution des niveaux de qualité offerts aux citoyens parce que les résultats ont été déterminés par le niveau politique sans souci de réalisme, simultanément avec une compression des budgets et des exigences croissantes.

Nous ne vivons pas dans un monde idéal et rien n'écartera jamais des exigences imprévues ou des contingences politiques. Néanmoins, ces imprévus ne devraient pas représenter plus de 10 % de la charge de travail (autant mettre une réserve de temps de côté dans la planification des charges de travail). Or, il

---

1. Sylvie Trosa report, 1994.
2. Opus cité, p. 160.

n'est pas rare aujourd'hui de voir des services mobilisés quasiment à temps plein par le travail au jour le jour pour les cabinets. Parfois même, cabinets et services font le même travail.

Il n'est aucune réforme de gestion qui ne suppose une certaine mise à distance du politique des décisions quotidiennes de mise en œuvre. Une fois les objectifs et la stratégie arrêtés, les interventions ponctuelles devraient être limitées, sinon les agents refuseront de s'engager sur des résultats.

Des ministres désormais responsables

A contrario, un management par résultats ne rend pas la vie des ministres plus facile car ils deviennent eux aussi responsables des résultats de leur ministère et doivent s'en expliquer. En ce cas, de même qu'il est important que les ministres respectent l'autonomie de gestion des fonctionnaires, il est décisif que les fonctionnaires fournissent suffisamment d'informations et d'arguments au ministre pour qu'il puisse répondre aux questions qui lui sont posées, dans le cadre de sa responsabilité. Plus qu'un jeu de notes, cela suppose une compréhension des préoccupations du ministre et la volonté d'y répondre de façon franche et honnête.

> La responsabilité des objectifs
> revient aux ministres

Responsabilité conjointe

Stratégies

> La responsabilité de la mise en œuvre
> revient aux fonctionnaires

Les pays managériaux distinguent la responsabilité des objectifs, qui est celle des ministres, et la responsabilité des fonctionnaires, qui est celle de la mise en œuvre.

Mais la vie est plus complexe. Entre les objectifs et leur exécution, il y a le choix des stratégies de mise en œuvre. Par exemple, une politique de lutte contre la drogue : privilégie-t-on les services de l'État, les collectivités territoriales, les associations ou une collaboration formalisée des trois ? Les choix stratégiques sont décisifs à la mise en œuvre de la décision. Ils résultent le plus souvent d'une réflexion commune entre ministres et fonctionnaires. Il y a en quelque sorte une zone grise, où les responsabilités des ministres et des fonctionnaires sont conjointes.

Cas pratique

L'AUTONOMIE DES AGENCES BRITANNIQUES

C'est d'ailleurs la leçon principale de la réforme anglaise *Next Steps* dont la volonté première a été de créer une distance officielle entre les politiques et les centrales, d'une part, et les agences, de l'autre. Cette réforme visait à permettre aux agences de faire leur travail. Cette séparation claire et nette des responsabilités, celle du ministre portant sur les objectifs et celle des fonctionnaires portant sur la gestion et la mise en œuvre, fonctionne généralement quand tout va bien. Par contre, dès qu'un problème se produit, ces délinéations claires et nettes s'estompent soudainement. Un problème est souvent le fruit d'une conjonction de mauvaises décisions ou de négligences multiples et non d'une seule cause ou de l'action d'une seule personne.

Il en va ainsi de l'évasion des prisonniers de l'IRA d'une prison anglaise, qui a créé un scandale au Royaume-Uni. Le directeur des prisons s'est défendu en argumentant le caractère politique du problème : des prisons sous-équipées rendant les évasions inévitables, or, le budget relève du ministre. Le ministre a plaidé, quant à lui, le fait que cette erreur était due au mauvais management des prisons : un directeur sous-informé sur ce qui se passait dans sa sphère de compétence. En de tels cas, la séparation totale entre le politique et l'administration (et l'idéologie qui la sous-tend) disparaît subitement, car les « problèmes » altèrent la rationalité claire entre l'administratif et le politique. Les brouillages de rôle relèvent souvent de causes ad hoc.

En général, on peut dire que la réforme a donné une réelle autonomie de gestion aux agences. Comme l'a résumé un haut fonctionnaire en charge d'une agence : « *Il y a dix ans, les hauts fonctionnaires britanniques n'avaient aucune idée de ce qu'était la gestion aujourd'hui, ils en connaissent toutes les pratiques et se focalisent sur la gestion presque jusqu'à l'excès* »[3].

3. Interview du chef de l'agence du Spectre, Londres, 2001.

Il n'y a pas de solution miracle aux heurts entre les ministres et leurs directeurs, car tout incident est le résultat d'une multiplicité de causes. Néanmoins, la vie quotidienne de l'administration n'est pas faite que de problèmes et la question du management par résultats devient celle de la capacité de mettre en œuvre un programme agréé avec le commanditaire.

Comment aider à clarifier les relations des ministres avec l'administration ?

Il y a deux moyens de limiter les dérives. Le premier revient à définir précisément les objectifs et les indicateurs qui sont obligatoires au niveau ministériel, et dont les administrations doivent rendre compte quoi qu'il arrive. Ces objectifs doivent être en nombre limité et traduisent les priorités du gouvernement. Pour les objectifs non ministériels, l'administration en rend compte dans son rapport annuel mais elle garde la maîtrise de la mise en œuvre de ses objectifs. Dans le premier cas, elle est étroitement contrôlée, dans le second, elle rend compte. Les rapports sont donc clarifiés en termes de responsabilité : qui est responsable de quoi ?

Le second concerne l'accord entre le ministre et son administration sur les objectifs et les indicateurs avec une entente implicite de non-interférence du ministre dans la vie quotidienne des administrations et de disponibilité immédiate de l'administration en cas d'urgence pour le ministre.

En résumé, il s'agit de trouver un moyen de ne pas oublier que le politique existe avec ses exigences en donnant la capacité aux administrations de gérer et de mener des réformes à moyen terme. Sans la capacité de planifier et d'agir à moyen terme, il n'y a pas de management par résultats possible.

C'est parfois possible, mais cela ne l'est pas toujours. La personnalité des ministres et des directeurs joue beaucoup, de même que le rythme du cycle électoral.

Chapitre 8

Comment mettre en pratique la responsabilisation des fonctionnaires ?

« La société peut demander compte à tout agent public de son administration »
Déclaration des droits de l'homme et du citoyen, août 1789.

*« Pour commencer, nous ne voulons pas que tous les hommes soient semblables.
Nous ne voulons pas définir un modèle que chacun s'efforcerait d'imiter. Ceci n'est
l'idéal que des bureaucrates impatients.*
*Les institutions doivent être jugées par rapport au bien ou au mal qu'elles font aux
individus. Est-ce qu'elles encouragent la créativité ou l'égoïsme ? Est-ce qu'elles
personnifient une éthique de respect d'autrui ? Est-ce qu'elles développent l'estime de
soi ? »*
Bertand Russell, *Les idéaux politiques*, texte écrit en 1917 et publié en 1963, Londres,
Unwin books.

La responsabilité est l'un des thèmes majeurs de la réforme. Qui
veut plus de pouvoir doit aussi accepter d'être plus responsable.
La responsabilité ici n'est pas un thème juridique, au sens où
elle pourrait entraîner des conséquences pénales ou civiles. Le
monde anglo-saxon n'a pas de tradition de responsabilité avec
ou sans faute ou pour faute de service, comme la France. La
responsabilité y fonctionne à deux niveaux, l'*accountability* (la
capacité de rendre des comptes devant le Parlement) et le sentiment profond que chaque fonctionnaire est responsable de ce
qu'il fait et y croit.

Avoir envie d'être responsable

C'est sur la question de la responsabilité que la gestion par
programmes peut le plus facilement échouer, car seuls des
cadres et des agents se sentant personnellement responsables

de l'atteinte de résultats feront des efforts pour réaliser ce projet.

Il est indiscutable que la responsabilité fera peser une contrainte supplémentaire sur les fonctionnaires : par rapport à leur hiérarchie d'abord, car les résultats atteints seront évalués ; par rapport au ministre qui lui aussi sera mis en cause par la publicité des résultats ; par le Parlement qui peut à tout moment convoquer les fonctionnaires pour leur demander de rendre des comptes.

La responsabilité implique surtout une culture du collectif qui n'existe pas nécessairement dans toutes les administrations. Pour obtenir des résultats, dans des situations où les effectifs ne sont pas surabondants, il n'y a que deux solutions :

• être individualiste et s'épuiser au travail ;

• être réaliste et jouer l'équipe, c'est-à-dire ne pas s'angoisser si l'un de vos collaborateurs va à une réunion de haut niveau sans vous, accepter de vous faire remplacer, ne pas intervenir à tout moment sur des tâches qui ont été déléguées, etc.

Ceci est un profond changement culturel car il suppose des réflexes d'approfondissement permanents des méthodes de travail en commun, mais aussi l'acceptation du fait qu'apprendre doit être une donnée continue de la carrière et non quelque chose que l'on choisit à certains moments pour avoir droit à une promotion.

Cas pratique

LA RESPONSABILITÉ DES FONCTIONNAIRES DANS LES PAYS MANAGÉRIAUX

L'expérience des pays managériaux montre que cette responsabilité n'est pas toujours facile. Les fonctionnaires ont en général à comparaître deux fois par an, sur la base de certaines questions connues à l'avance et d'autres qui leur sont soumises en séance publique. Néanmoins, les parlementaires sont assez subtils pour savoir que les fonctionnaires ne peuvent pas répondre à toutes les questions, notamment celles qui sont trop proches des choix politiques.

De plus, les questions parlementaires sont une incitation forte à l'évaluation, car les fonctionnaires veulent être en mesure de répondre à des questions sur les résultats des politiques publiques. Si une question est posée à un fonctionnaire et qu'il ne peut pas répondre aux parlementaires, il doit la prendre en compte et lancer une évaluation pour être en mesure de répondre à la prochaine série de questions parlementaires.

La motivation est complexe et ambivalente

La motivation des fonctionnaires est un problème complexe qui ne sera probablement jamais résolu. Les pays managériaux s'y sont attelés, principalement en définissant dans chaque ministère, de façon très participative, des valeurs générales (esprit d'initiative, probité, respect des autres) que les personnels peuvent partager. Elles sont malheureusement vite devenues comportementales (participation à l'esprit d'entreprise, intériorisation de ses normes). La conséquence en a été une certaine dérive. À partir d'un avantage qui est celui de sélectionner un personnel motivé, on risque aussi de recruter un personnel uniforme où les « déviants » sont peu tolérés[1].

Un équilibre est à trouver entre des valeurs qui soudent les personnels dans un projet commun et une dérive qui conduira à ne recruter que les mêmes personnalités, les mêmes profils, ce qui est plus simple à gérer mais moins productif.

La motivation est également ambivalente. Elle se joue à deux et toutes les responsabilités ne sont pas du côté du manager. On trouve souvent dans la fonction publique un syndrome du « ce n'est pas possible », qui vient d'une anticipation, d'une réaction négative des supérieurs ou de ce qui est admissible dans l'organisation, sans que pour autant il y ait des précédents ou des preuves de cette impossibilité.

Pour diffuser une nouvelle culture, il faudra également lutter contre la tendance à toujours rejeter le blâme sur autrui ou sur des causes transcendantes (la faute à pas de moyens, à pas de volonté politique, à la direction qui n'a pas de stratégie, etc.) pour penser en termes de moyens : « que puis-je faire avec mes moyens ? »

Éliminer les causes de démotivation est plus tangible que de chercher à motiver

La première condition d'acceptation de cette responsabilité en est que les causes de démotivation des fonctionnaires soient analysées et autant que faire se peut éliminées.

Imaginons qu'un cadre soit tenu à des résultats et n'ait pas la capacité d'obtenir ou de former un personnel compétent. Même si, théoriquement, il a un budget suffisant mais que le processus de recrutement ou de formation demeure inadéquat,

---

1. Intervention du ministre néo-zélandais de la Fonction publique au colloque des sous-directeurs du pays, en 1989.

tant le cadre que ses agents seront démotivés, voire sceptiques. Cela ne veut pas dire en soi que le recrutement doive nécessairement être décentralisé mais que la hiérarchie soutienne le service pour remplir les vacances d'emploi, ou qu'il soit possible de faire appel à des agences de travail temporaires en cas d'urgence, etc. Autre exemple : il est souvent nécessaire dans la fonction publique de corriger des textes à différents niveaux hiérarchiques, mais si les raisons des corrections ne sont pas expliquées, ou si cela se résume à d'infimes changements de forme, le comportement de l'agent sera de ne pas se sentir motivé car son texte sera mis en pièces sans qu'il ne comprenne pourquoi.

En d'autres termes, la responsabilité fera peur sans des mécanismes efficaces de résolution de problèmes et des partenaires s'asseyant autour d'une table pour dialoguer et chercher positivement des solutions, plutôt que de se bloquer sur des territoires ou des positions toutes faites.

Peut-on être tenu pour responsable des résultats ?

La réponse doit être différenciée selon le type de résultats dont on parle et ce que l'on appelle la « responsabilité ». Celle-ci peut se décliner en trois dimensions :

- **l'obligation de rendre compte** qui devrait pouvoir être remplie par tout gestionnaire de programme ou chef de centre de responsabilité ;
- **la responsabilité des résultats effectifs**[2] qui s'avère très complexe ; en effet, comment tenir quelqu'un pour responsable de résultats dont il n'a que la maîtrise partielle parce qu'ils dépendent aussi d'autres acteurs ? Si tel est le cas, les fonctionnaires fuiront devant la responsabilité ;
- **la responsabilité de mise en place de systèmes de pilotage.** Les pays managériaux ont développé la notion de responsabilité pour *due diligence* et pour *diligence adéquate*, ce qui veut dire que le fonctionnaire est tenu pour responsable d'avoir mis en route tous les mécanismes possibles pour l'obtention et le suivi des résultats, mais non les résultats eux-mêmes. Il faut que les critères de la bonne diligence aient été

---

2. Les pays managériaux commencent à distinguer l'*answerability* et la capacité de rendre compte de l'*accountability*, qui concerne la responsabilité effective sur les résultats.

définis au départ. Mais dans un système de management qui se respecte, un objectif est assorti d'un plan d'actions de mise en œuvre. La *diligence adéquate* sera alors référée et jugée par rapport à ces plans d'action.

Cas pratique

LA MISE EN CAUSE DE LA RESPONSABILITÉ DANS L'ACCIDENT DE CAVE CREEK

Le débat est loin être formel. Certains risques peuvent survenir sans que la responsabilité soit clairement établie et sans que la sanction soit en fait très utile. En Nouvelle-Zélande, en 1996, il y eut un scandale, celui de Cave Creek (dans un parc naturel un pont s'était effondré faisant de nombreuses victimes). Si la responsabilité de l'entrepreneur sous-traitant était claire, celle du directeur de l'administration et du ministre l'était moins. Tout leur fut reproché : de ne pas avoir inspecté l'installation, l'insuffisance des financements qui avait conduit l'entrepreneur à réduire la qualité des matériaux utilisés, etc. Peut-on attendre d'un directeur d'administration qu'il sache tout ce qui se passe sur les chantiers ? Peut-on l'attendre d'un ministre ? La règle juridique dans les pays managériaux, qui est celle de la *diligence*, peut aussi se formuler autrement : les fonctionnaires sont responsables des erreurs de système et non des accidents occasionnels. Par exemple, dans le cas de Cave Creek, le directeur devait être tenu pour responsable de ne pas avoir prévu des systèmes d'assurance et de contrôle qualité, ainsi que des inspections. S'il l'avait fait et que ces mécanismes avaient fonctionné correctement, mais que l'accident était survenu malgré tout, il n'y aurait pas eu de faute. Par contre, s'il avait négligé de mettre en place les systèmes nécessaires de pilotage et de contrôle, il y aurait eu faute, donc responsabilité.

Comment rendre la responsabilité acceptable ?

En résumé, les conditions d'acceptation de la responsabilité seront une prise de conscience par la hiérarchie de la complexité des résultats dans l'administration.

Quelle que soit la solution adoptée en matière d'attribution de responsabilité, elle devra apparaître plus du côté du *problem solving*, de la résolution de problèmes que de la relation hiérarchique sans discussion. La responsabilité est difficile et les supérieurs doivent en tenir compte. Les marges de manœuvre, même si elles existent, resteront toujours moindres dans le secteur public, eu égard aux contraintes politiques et au fait de travailler avec des acteurs ayant des légitimités fortes. Or, moins on a de marges de manœuvre, moins on a envie d'être responsable.

Prenons l'exemple d'une administration astreinte à des délais, elle pourra ne pas les atteindre parce qu'elle est mal organisée mais la cause pourra également être le fait qu'elle attend une collaboration d'autres ministères qui ne vient pas, ceux-ci étant mêmes débordés. En ce cas, le problème se déplace et devient : comment faire pour que les collaborations fonctionnent mieux ? S'y prendre plus à l'avance, à un autre moment de l'année, en s'adressant à d'autres interlocuteurs, etc. ? Le diktat n'est guère efficace dans des situations complexes et les cadres ne voudront pas être tenus pour responsables de situations auxquelles ils ne peuvent rien, sauf si la responsabilité est d'abord une obligation de s'expliquer et de proposer des solutions.

Un soutien collectif des équipes

Il est rarement possible d'être utilisé comme bouc émissaire, si l'on a l'appui de ses collègues et de ses supérieurs immédiats. Cet appui permet d'éviter que l'organisation ne se décharge de ses responsabilités systémiques pour parer au plus pressé en trouvant un coupable. L'équipe fera blocage contre des explications simplistes. Plus l'esprit d'équipe est fort, moins il est facile en cas de difficulté de dire « c'est la faute à telle personne », sans analyser les causes structurelles ou les systèmes qui ont causé le problème.

Une responsabilité axée sur la compréhension

La responsabilité suppose une culture de la recherche de solutions plus que du blâme. La tendance, dès que les choses vont mal, est de blâmer une personne plutôt que d'analyser les causes structurelles de dysfonctionnements. Cette tendance est généralisée car elle est beaucoup plus confortable. Elle peut être renforcée par le management par résultats qui fait pression sur les individus et attribue des responsabilités, alors que dans un système sans résultats mesurés, tout demeure flou et opaque, y compris la responsabilité.

Sans responsabilisation, la gestion de programmes ne sera ni plus ni moins que la gestion de crédits budgétaires. Derrière la réforme budgétaire se joue un changement culturel profond de la profession de fonctionnaire. Sous les chiffres se niche la responsabilité.

Créer un système d'incitations qui motive les fonctionnaires

Le facteur clé de cette réforme va être la motivation des fonctionnaires. Si les gestionnaires de programmes n'y voient qu'une réforme budgétaire, la motivation sera faible. Les ministères doivent prendre conscience que la réforme repose sur la nécessité de prendre en charge, de façon responsable, l'amélioration continue de leur gestion interne et des services qu'ils fournissent aux citoyens. Sinon tout pourrait devenir formel : des programmes qui recouvrent les anciens services, des indicateurs simplistes et faciles à mesurer, un ministère des Finances tatillon qui axe son travail sur le détail des moyens, des décisions budgétaires qui répondent à l'histoire ou au pouvoir, des résultats « gonflés » pour faire plaisir aux parlementaires.

Un management par résultats est un moyen fort de la motivation des fonctionnaires, d'abord, parce que la mesure des résultats collectifs est une légitimation indispensable de l'évaluation individuelle ; plus profondément, parce que le besoin d'atteindre les résultats soude les équipes et crée des solidarités[3].

Les incitations découlent de la cohérence des démarches

Des évaluations individuelles ne sont légitimes que si les résultats collectifs de l'organisation sont aussi évalués (étude de l'OCDE, 1996). La gestion des carrières doit être conforme avec les objectifs et les valeurs fixés dans le cadre des programmes. Il n'est pas possible, dans ce cadre, de développer toutes les dimensions de la rétribution des fonctionnaires mais seulement de faire quelques remarques. Les pays managériaux, plus récemment l'Italie et la Belgique, ont expérimenté diverses solutions pour rétribuer la contribution des fonctionnaires.

Le contrat : vers une solution plus adaptée

La mise sous contrat des fonctionnaires d'encadrement, voire de tous les fonctionnaires, pose le problème du passage d'un extrême à l'autre de fonctionnaires quasiment inamovibles, quelle que soit leur attitude ou leurs résultats, à des fonctionnaires qui peuvent être licenciés sur la base d'une divergence de culture et de valeurs avec leur supérieur hiérarchique.

---

3. *Integrating people management into public sector reform*, OECD, Working Papers, PUMA, 1994. Ce travail et ses conclusions sont issus d'une série d'études de cas concernant différents pays.

Il serait bon de trouver un système plus juste qui ne confère pas l'infaillibilité mais protège contre le discrétionnaire, qui oblige à prouver la non-performance sans rendre cette preuve impossible.

Il est important de mentionner qu'il n'existe aucune évaluation qui démontrerait qu'un fonctionnaire sous contrat est plus attentif aux objectifs de l'organisation qu'un fonctionnaire titulaire.

Ce sujet mériterait un ouvrage spécifique. Soulignons seulement que depuis dix ans les modèles se sont diversifiés et que de nombreuses variations sont nées entre le statut à la française et les contrats de type privé : statuts sans corps, recrutements par voie de concours avec des avancements de grade répondant à des critères légaux et une garantie de l'emploi.

Il n'y a pas de corps car tous les recrutements, ou nominations à un poste, font l'objet d'une compétition ouverte, c'est-à-dire accessible à tous les candidats sans condition, tant au plan international qu'au niveau des directions générales des ministères.

Le grade, comme dans un cadre d'emploi, ne donne pas automatiquement droit à un emploi. Selon les pays, si un fonctionnaire ne trouve pas d'emploi, il se trouve en disponibilité (Australie) ou il perçoit une partie de son salaire (Italie).

Les recrutements par concours répondent à des règles légales (par exemple, le jury doit être composé d'un représentant de la fonction publique ou d'un autre ministère) mais ne comportent pas toujours des épreuves écrites. Ce peut être des entretiens approfondis se déroulant dans des centres d'évaluation : une série d'épreuves collectives et individuelles sur une journée, etc. Le candidat reçu au mérite devient titulaire. Cependant, certains pays plus que la France n'hésitent pas à mettre en œuvre le licenciement pour insuffisance professionnelle. En Australie, lorsqu'il y a insuffisance professionnelle, la personne doit en être prévenue. La première discussion doit déterminer si cette insuffisance est liée à une mauvaise adéquation à l'emploi, au travail requis dans le ministère (auquel cas, des mobilités peuvent être envisagées), à un manque de formation ou d'encadrement ou à une attitude personnelle.

Si ce premier dialogue ne résout pas le problème, l'agent a accès à un projet d'amélioration de ses performances de trois à six mois qui suppose la fixation d'objectifs individuels et des bilans hebdomadaires, en présence des syndicats. Si la situation ne s'est pas améliorée dans les six mois, il peut être proposé à la personne en difficulté un travail de responsabilité moindre ou une indemnité de licenciement.

Les pyramidages ne sont fixés par aucun texte mais la masse salariale est rigoureusement plafonnée dans chaque centre de responsabilité, et les services centraux de gestion des ressources humaines veillent à ce qu'il y ait un équilibre entre les différents niveaux de responsabilité afin de favoriser les carrières.

--- **Cas pratique** ---

LE SERVICE PUBLIC DE DIRECTION AUX PAYS-BAS

Le *senior public service* a été mis en place en 1997, afin de favoriser le recrutement de managers de valeur et de favoriser la mobilité entre ministères. Un office interministériel doit appuyer les initiatives de chaque ministère quant au développement :

- d'instruments de capitalisation des savoirs, à travers plus de formations, de séminaires, de réseaux, certains facultatifs, d'autres fortement conseillés ;

- de la mobilité, en promouvant l'annonce des vacances d'emplois dans l'ensemble des ministères et en établissant une liste centrale interministérielle de candidats pour les postes de direction ;

- d'instruments de facilitation des carrières à travers l'établissement de profils individuels de carrière, des évaluations, du *coaching* ;

- de la recherche en gestion des ressources humaines.

Les raisons d'une haute fonction publique intégrée avancées par les Pays-Bas[4] sont les suivantes :

- l'internationalisation de l'économie et de certaines règles juridiques ; si l'internationalisation progresse, il serait important que les fonctionnaires puissent présenter une attitude nationale cohérente et donc avoir une culture commune ;

- la complexité des demandes sociales et le développement de l'incertitude. Ces évolutions de la société supposent des fonctionnaires flexibles, ayant des expériences diversifiées, continuant à se former en cours de carrière. Le modèle de la carrière au sein d'un seul ministère ou de contrats de courte durée ne permettrait pas d'assurer cette connaissance diversifiée et cette flexibilité. Une gestion des carrières personnalisée et une mobilité interministérielle permettraient au contraire de développer ces qualités.

Cependant, un système de statut sans corps n'abolit pas les garanties de stabilité de l'emploi, l'impartialité des concours, le principe d'indépendance des fonctionnaires, mais il met toujours en cause l'idée de droit à la carrière, c'est-à-dire l'idée

---

4. *Vers une administration intégrée*, document adopté par le Parlement en 1994.

d'un droit à l'avancement automatique ou que, parce que l'on fait partie d'un corps, les parcours de carrière sont quasi assurés.

Les pays qui ont le plus adhéré à la privatisation des emplois de direction (Pays-Bas, Royaume-Uni, Nouvelle-Zélande) sur le thème « le service de l'État n'est pas pour la vie, mais un moment de la vie », reviennent à des systèmes qui permettent de souder sur le long terme des managers spécifiquement publics. Ces derniers connaissent bien les politiques publiques, la complexité des rapports avec les ministres et les nécessités de compte-rendu. La raison en est probablement qu'il s'agit de quelque chose qui s'apprend et que ces pays se sont rendu compte que les systèmes contractuels les conduisaient à perdre leurs meilleurs éléments, de façon encore plus arbitraire que dans le secteur privé. En effet, rien dans le secteur public ne s'oppose à l'arbitraire d'un patron, en l'absence de résultats de marché.

Les primes

Les primes de performance individuelles varient entre 25 et 100 % du salaire en Nouvelle-Zélande et au Royaume-Uni. Sans aucun doute, ces montants sont motivants pour les fonctionnaires concernés, mais ils créent du ressentiment chez les autres, et la portée de ce ressentiment peut miner la solidarité des équipes. Par contre, une prime collective quand les résultats sont meilleurs est rarement expérimentée car elle donne moins de prise aux directions sur les individus (par exemple, elle est exceptionnelle dans les pays managériaux).

La valorisation

La valorisation par tous les moyens des résultats positifs : prix, brevets, colloques annuels, diplômes, etc. L'avantage de cette solution est de penser que les fonctionnaires peuvent être guidés par la fierté de leur travail. Valorisation et primes collectives paraissent mieux s'inscrire dans la tradition française.

La carrière

Enfin, plus fondamentalement, la prise en compte des nouvelles valeurs et comportements est essentielle dans la carrière. La modernisation restera un surcroît de travail ou un supplément d'âme tant que les promotions ne se caleront pas sur ceux qui jouent le jeu en la matière.

Chapitre 9

Comment développer un contrôle moderne ?

« Le pari de l'évaluation dans un monde imparfait est que les chiffres et les faits peuvent faire une différence ; qu'un peu de logique scientifique et d'évidence empirique est mieux que leur absence ; qu'un accord entre acteurs est meilleur qu'une décision arbitraire. »
Joseph Palumbo.

Nous appellerons « contrôle moderne » l'évaluation qui sera utilisée dans son acception la plus générique de mesure, d'analyse et d'interprétation des résultats. À ce titre, l'évaluation inclut l'audit et le contrôle de gestion. L'utilisation d'un concept large est à la fois stratégique (éviter de recréer des chapelles et des corporations qui ne vendent qu'un savoir-faire limité, les évaluateurs, les contrôleurs de gestion et les auditeurs) et de fond, car toutes les disciplines liées à la mesure ou au diagnostic ne peuvent se limiter à ce diagnostic, mais doivent se demander POURQUOI de tels résultats ont été obtenus ; et la question du pourquoi est celle de l'évaluation.

Cette question est essentielle car la LOLF organise le passage du contrôle a priori au contrôle a posteriori.

Pourquoi le contrôle traditionnel n'est-il plus adapté ?

L'évaluation de même que la responsabilité va être la pierre angulaire de réussite de la réforme. En effet, un contrôle traditionnel peut décourager les mauvaises volontés, quel que soit le système de gestion dans lequel on se trouve.

Qu'est-ce qu'un contrôle traditionnel ?

C'est intervenir à toutes les étapes d'un processus de travail sans respecter le fait qu'une délégation a été donnée, c'est ne pas être précis au départ sur ce que l'on attend de l'agent et pouvoir lui faire tous les reproches à la fin, c'est le désavouer en public, c'est se garder tous les actes valorisants (contact avec les responsables de haut niveau, animation des réunions, monopole des contacts externes) tout en faisant faire le travail de fourmi par les subordonnés...

Plus il y a d'échelons hiérarchiques, plus ces tentations sont fortes. Elles le sont plus dans le secteur public que dans le secteur privé, à cause des obligations de respect de la légalité et de compte-rendu. Paradoxalement, elles seront renforcées par le management par résultats car, pour obtenir des résultats, les fonctionnaires devront :

- travailler en réseaux et s'entraider plutôt que de tout faire eux-mêmes ;
- inclure le client (usager ou partie prenante) dans l'atteinte du résultat afin que celui-ci soit mieux accepté ou plus efficace ;
- faire appel à la mémoire de l'administration pour ne pas perdre de temps à réinventer la roue.

Ce qui implique un fonctionnement plus autonome dans les contacts, les échanges, l'interface avec les non administratifs, qui ne s'inscrit pas dans une logique hiérarchique traditionnelle où ce mode de fonctionnement est souvent réservé aux responsables. De plus, cela crée des difficultés pour la hiérarchie intermédiaire. Les élément de valorisation sont en quelque sorte poussés vers le bas et accessibles à tous, tandis que la hiérarchie intermédiaire se voit reléguée dans le rôle de pilotage et de contrôle qualité qui sont des travaux arides, par rapport au contact client ou au travail en réseaux.

Personne n'a trouvé de solution miracle au « malaise des cadres », sauf à :

- investir les cadres dans le travail de management des hommes et des femmes ;
- en faire les piliers de la planification des projets et des stratégies de mise en œuvre ;
- leur attribuer le contrôle qualité mais dans un sens dynamique qui puisse être capitalisé par d'autres (*knowledge management*, ou management du savoir).

Par conséquent, sortir du contrôle traditionnel est un facteur de succès majeur de la réforme.

L'audit des performances

Cet audit, lié à l'existence de programmes, suppose que l'on distingue le contrôle de régularité, qui seul devrait s'appeler contrôle, et l'évaluation des performances. Cette distinction se traduit par des distinctions organisationnelles, de méthodes et d'attitudes.

Au plan de l'organisation, il n'est pas sain que les mêmes personnes effectuent les deux tâches. Il faudra donc, au sein des corps d'inspection ou de la Cour des comptes, bien dissocier les services et les personnes qui s'occupent des deux volets, ce qui n'empêche pas des échanges d'information.

En termes de méthode, l'audit des peformances vise l'amélioration, ce qui représente en quelque sorte un travail d'agent double. D'une part, il faut être capable d'avoir un regard neuf et de poser des questions qui dérangent tout en convainquant le ministère concerné des mesures d'amélioration préconisées : par exemple, les Cours des comptes des pays managériaux ont des objectifs en taux de propositions émises par les cours et mises en œuvre par les ministères. D'autre part, un audit des performances, de même qu'une évaluation, suppose un cahier des charges explicitant les hypothèses à approfondir en fonction des objectifs des programmes, les méthodes d'investigation, le temps et le budget. En général, ce cahier des charges est travaillé entre les corps de contrôle et le ministère avant approbation par l'autorité en charge.

En termes d'attitude, l'auditeur doit faire preuve d'un mixte de compréhension, voire d'empathie, pour mieux comprendre le programme et de fermeté, lorsque le ministère cherche à manipuler les conclusions en sa faveur ou à retenir des informations. C'est un art, et non une science, qui devrait être appris.

Dans le paysage du contrôle français, cet art demande que :

- les centres de responsabilité se donnent les moyens de s'auto-évaluer à intervalles réguliers, une fois par an ;
- les ministères aient un programme d'évaluation de programmes approuvé par le ministre et qui soit mis en œuvre par le service d'évaluation / audit des performances interne, en liaison avec les gestionnaires de terrain et avec les corps d'inspection ;
- le contrôle de régularité soit bien distingué de l'évaluation des performances et des résultats.

Les corps d'inspection devraient se situer tant dans le contrôle de régularité que dans l'évaluation des performances, à condition de bien clarifier la position des fonctionnaires en charge et les méthodes de travail (qui ne sont pas les mêmes dans les deux cas). Il en est de même pour la Cour des comptes, à ceci près que la loi lui donnant un rôle privilégié auprès du Parlement, elle pourrait s'en rapprocher pour élaborer son programme d'audits ou d'évaluations.

Par ailleurs, chaque ministère doit disposer d'un directeur financier de haut niveau (en anglais, le *Chief Financial Officer*), qui ne soit pas nécessairement le « budgétaire » faisant partie du comité de direction du ministère mais plutôt le gardien et la vigie des comptes et des principaux indicateurs de l'administration.

Le contrôle n'est pas le *reporting*

Le danger majeur dans la gestion par programmes est celui de l'excès de *reporting*. Cela a été le cas pratiquement dans tous les pays managériaux. Le contrôle a priori disparaissant, l'angoisse des administrations centrales de ne pas savoir ce qui se passe dans les services croît également. C'est ainsi que sont nés les comptes-rendus financiers bi-hebdomadaires au ministère des Finances. C'est ainsi également que le *reporting* devient la sanction obligée de toute politique nouvelle. Veut-on monter des actions pour les jeunes ? Les administrations devront, de part le décret, faire un *reporting* annuel. Veut-on augmenter la sous-traitance ? Les administrations devront faire de même. Le *reporting* peut alors être ressenti comme plus pénible que le contrôle a priori.

La mise en place d'indicateurs

Le préalable de tout contrôle (évaluation) est la mise en place d'indicateurs. Dans les démarches de contrôle et d'évaluation, le changement le plus notable est la volonté d'éviter les surprises (en anglais, *no surprise policy*) et les contrôles sur la base de critères, qui se construisent durant le contrôle et sous la seule responsabilité du contrôleur, mais de les définir, voire de les négocier, à l'avance. D'où l'importance de la mise en place préalable à toute mise en œuvre de programmes d'indicateurs.

L'existence préalable d'indicateurs

Cet exemple sera particulièrement développé car les critères de bons indicateurs sont en fait les critères d'un contrôle moderne. Les critères de bons indicateurs sont les suivants :

- clarté des objectifs et des publics ciblés par chaque indicateur ;
- précision et non-dispersion ;
- équilibre et diversité ;
- appropriation par les personnels ;
- capacité d'être vérifiés et évaluation ;
- potentiel d'apprentissage et de savoir ;
- amélioration continue ;
- interprétation dans un contexte ;
- responsabilité.

Des objectifs et des publics clairement définis

Collecter de l'information coûte cher, prend du temps et n'est pas neutre. La collecte de l'information ne peut donc pas se faire au hasard. Elle doit répondre à des besoins ou à des demandes précises, par exemple, en matière d'éducation.

Les citoyens seront intéressés seulement par quelques indicateurs de haut niveau, comme le taux de succès aux examens ou les différences régionales entre académies. Le ministère des Finances sera intéressé par une gamme plus large d'indicateurs, incluant l'efficience, la qualité de l'organisation, la gestion des fonds, etc. Les directeurs généraux de ministère, quant à eux, auront besoin d'informations plus détaillées, qui concernent non seulement les résultats et le fonctionnement mais les ressources humaines et l'état d'esprit des personnels. *In fine*, les indicateurs dépendent du public auquel ils sont adressés.

Objectifs prioritaires et indicateurs : un lien indispensable

Les indicateurs devraient refléter les missions essentielles de l'organisation ainsi que les priorités du gouvernement et ne pas essayer de couvrir toutes les activités possibles.

En effet, l'expérience montre que la mesure entraîne un changement des comportements. Si les chefs de service sont rendus responsables (*accountable*) de leurs indicateurs, ils se concentreront inévitablement sur eux. Ce n'est pas nécessairement un mal car les domaines que l'on peut améliorer simultanément sont obligatoirement en nombre limité. Par ailleurs, comme nous l'avons dit, rassembler de l'information est coûteux. Il est donc essentiel que le lien entre les objectifs prioritaires de l'organisation et les indicateurs « de sommet » apparaisse clairement.

Les indicateurs : un équilibre à trouver

Le tableau complet des indicateurs de mesure devrait donner une vue complète de l'organisation (*balanced scorecard*) plus large que les indicateurs prioritaires du sommet de la hiérarchie.

Il est important de mesurer l'impact du fait, de définir des domaines prioritaires par rapport à ceux qui ne le sont pas. Des distorsions et des déplacements sont alors possibles.

Un équilibre est donc à trouver entre un trop grand nombre d'indicateurs, qui entraînent une confusion sur les objectifs prioritaires, et trop peu d'indicateurs, qui risquent d'alimenter des effets pervers de déplacement des efforts vers les priorités au détriment des autres activités. Ainsi l'agence de la sécurité sociale au Royaume-Uni a-t-elle tout misé sur la rapidité des paiements, au détriment des contrôles de légalité.

Une façon de distinguer les deux types d'indicateurs. Indicateurs de priorité et indicateurs « ordinaires » de pilotage des services est double : le coût et la non-remontée de certains indicateurs.

Le coût

A priori, seuls les indicateurs de sommet devraient faire l'objet d'une analyse complète de coûts. En effet, l'analyse de coûts est longue, sans jeu de mots, coûteuse, et ses critères doivent être actualisés en permanence.

La non-remontée de certains indicateurs

Les indicateurs équilibrant les différents types d'activités et d'objectifs de l'organisation n'ont pas à remonter systématiquement au sein de l'organisation ou a être agrégés au sommet. Ils servent de pilotage aux centres de responsabilité.

L'appropriation des indicateurs

L'appropriation des indicateurs par les agents est décisive pour qu'ils ne se limitent pas à un exercice technocratique de *reporting*. L'expérience montre que la mesure s'étiole très vite, si elle est simplement imposée d'en haut, sans consultation préalable des personnels de terrain qui collectent et analysent les données.

L'expérience et la connaissance des réalités concrètes des personnels de terrain sont donc indispensables pour permettre de définir des indicateurs qui font sens et qui seront effective-ment utilisés au quotidien. Eux seuls changeront les comporte-ments.

L'évaluation des indicateurs

Les indicateurs doivent être utilisés et leurs résultats analysés. Les moyens en sont divers :

- évaluation par les intéressés mêmes ;
- évaluation par les pairs ;
- évaluation par la hiérarchie ;
- évaluation par des consultants ou des experts externes.

Le plus important est que les indicateurs « servent » sur le terrain et ne soient pas que des chiffres et des données que l'on empile.

L'évolution permanente des indicateurs est nécessaire

Les systèmes de mesure de la performance doivent évoluer avec le temps et prendre en compte les évolutions sociales et écono-miques. Les causes des changements peuvent être multiples : contexte économique, législation européenne, changements sociologiques, etc.

De la même façon, les évaluations peuvent montrer que les effets désirés n'ont pas été atteints et que les indicateurs retenus n'étaient pas les bons. Les personnels en charge de développer les indicateurs devraient garder à l'esprit que ces derniers doivent être améliorés en permanence.

L'obstacle à l'actualisation est souvent le désir de maintenir les mêmes indicateurs pour les comparer dans le temps. Mais ce désir ne devrait pas faire obstacle à leur actualisation, quand les circonstances de leur pertinence ont changé.

L'amélioration continue de la performance

Les indicateurs de performance seront d'autant plus utiles qu'ils seront intégrés dans un système d'amélioration continue de la performance, qu'ils facilitent, et qui joue sur plusieurs registres : analyse des process, gestion des ressources humaines. C'est donc d'une démarche d'ensemble qu'il s'agit et non seulement d'une démarche de mesure.

Intégrer les indicateurs dans une interprétation plus large

Dans l'idéal, chacun rêve d'indicateurs qui parlent d'eux-mêmes, mais ceci est rarement le cas. Les effets de contexte sont en effet primordiaux. Par exemple, pour interpréter les statistiques d'accidents de voiture, encore faut-il prendre en compte le nombre de véhicules et le taux moyen de kilomètres faits par an. Bref, aucun indicateur n'indique seul. Une fois les chiffres connus, il est toujours important de connaître les processus qui les expliquent.

La responsabilité des indicateurs

Les indicateurs de performance doivent être gérés par des responsables, désignés du sommet au bas de la hiérarchie, non pas pour les accuser mais pour savoir qui doit prendre en charge les mesures d'amélioration et doit rendre des comptes. Pour ce faire, ils s'appuient sur un système de mesure permanent et une organisation de l'audit.

Le système de mesure permanent s'appuie sur un système comptable et informatique qui donne une information en termes réels sur des indicateurs sensibles (consommation des crédits, endettement, etc.) pour pouvoir effectuer des rectifications. Le système comptable d'engagements et informatique ACCORD devrait permettre ceci en France.

L'organisation de l'audit doit être initiée par le Parlement, la Cour des comptes ou les ministères eux-mêmes. L'audit en général fait partie d'un programme annuel des Cours des comptes, et les ministères sont tenus au courant, voire associés, aux cahiers des charges mais ils ne décident pas de la mise en place ou non d'un audit.

Prévoir et budgéter des stratégies d'évaluation

Il est nécessaire de prévoir et de budgéter des stratégies d'évaluation simultanément à la définition des programmes. L'évaluation de programmes est-elle différente de l'évaluation des politiques publiques ? Dans ses méthodes, non. Toute évaluation suppose que l'on recherche la méthode la plus scientifique pour répondre aux questions posées et que l'on y associe l'ensemble des acteurs pour connaître le jeu des valeurs en présence. La différence réside essentiellement dans le dispositif institutionnel : en matière de programmes, les pays de l'OCDE ont généralement prévu un dispositif contraignant :

- une obligation d'évaluation a priori, qui consiste à définir les bénéficiaires du programme, les effets attendus, les expériences de même type qui ont déjà eu lieu auparavant, le rapport coût / efficacité du programme avant l'obtention de l'accord de financement du ministère des Finances et l'inscription au projet de loi de finances du programme ;
- l'existence d'un plan annuel d'évaluations soumis par les services au ministre que celui-ci approuve ;
- une obligation d'évaluer régulièrement les programmes, au plus tard tous les cinq ans ;
- un registre des évaluations effectuées, généralement centralisé dans une administration interministérielle et accessible au public et sur Internet.

Il existe encore de nombreux sujets ouverts, à ce propos :

- le contrôle doit-il être interne ou externe ?
- le contrôle doit-il remettre des conclusions ou faire partie du changement ?
- s'agit-il d'évaluer la performance des organisations ou les résultats des politiques publiques ?

Évaluation interne ou externe ?

Les arguments sont les suivants : si le contrôle n'est pas interne, les informations importantes ne seront pas données aux évaluateurs ou acceptées par les agents. Si le contrôle est exclusivement interne, certaines questions fondamentales, telles que l'opportunité même des activités ou l'existence de points de vue atypiques, ne seront pas prises en compte. Ces deux arguments sont, de fait, vrais. C'est pourquoi une bonne évaluation ou un bon audit représente une variation sur un mixte de contrôle interne et externe.

Les objectifs de l'évaluation doivent être clairs, à cet égard : s'agit-il d'amélioration continue ou d'une remise en cause plus fondamentale ? quelles sont les garanties apportées aux ministères pour ne pas se voir désavoués ou critiqués trop violemment ? Cela met en jeu des talents de diplomatie, mais surtout des stratégies de changement dessinées à l'avance et la construction d'outils qui permettront aux ministères de dépasser leurs faiblesses.

L'évaluation doit-elle aider le changement ?

Ce débat n'est pas dépassé car certains évaluateurs ne veulent pas trop aider les évalués, en ce sens qu'ils s'estimeraient juge et partie. Le rapport et les recommandations l'emportent alors sur le travail de terrain avec les administrations pour les convaincre de changer et les aider à mettre en place les outils de changement.

Les questions sont alors : est-il utile d'être juge ? à quoi cela sert-il ? est-ce le rôle de l'évaluation ?

L'hypothèse n'est pas d'éliminer des évaluations scientifiques aux conclusions rigoureuses qui peuvent remettre en cause des idées reçues, mais de dire que le changement relève soit de l'aide (apprentissage, outils), soit de la science (mieux comprendre), mais non de la normalité simpliste, de la distribution des bons et des mauvais points (être juge). Pourtant, certaines évaluations sont déséquilibrées en faveur des jugements et pauvres en matière de connaissances nouvelles ou d'aide à l'amélioration continue. Or, les programmes ne supportent pas la subjectivité des jugements. S'ils doivent être remis en cause, ils doivent l'être sur la base de raisonnements ou d'informations rigoureux.

Faut-il évaluer les résultats des organisations ou ceux des programmes ?

La difficulté tient dans la relation entre audit et évaluation, entre performance des organisations et résultats des politiques publiques. En théorie, l'audit apprécie l'efficience des dispositifs de management et de pilotage mais ne questionne pas les objectifs des politiques publiques, alors que l'évaluation se concentre aussi sur une appréciation des objectifs lorsque leur mise en œuvre apparaît défaillante et liée précisément aux choix stratégiques qui ont été effectués.

Les pays managériaux notamment admettent que leurs Cours des comptes procèdent à l'audit d'efficience mais non à l'évaluation des politiques publiques car la définition des objectifs, selon eux, relève des gouvernements seuls.

Comment auditer la performance d'une organisation sans questionner ses objectifs ?

L'audit pourrait paraître plus normé que l'évaluation, de fait, il n'en est rien. Certes, il est toujours possible d'apprécier la qualité des systèmes de pilotage, d'établir une check-list de critères à respecter :

• existe-t-il un comité de direction totalement solidaire et prenant des décisions stratégiques ?

• existe-t-il un haut fonctionnaire en charge de surveiller le budget et le ministère des Finances ?

• existe-t-il un comité de la gestion des ressources humaines situé au plus haut niveau et prenant les décisions stratégiques au niveau collectif et individuel ?

• existe-t-il un plan de management des risques incluant les niveaux de délégation ?

On pourrait parfaire ce modèle, et il est applicable à toute organisation publique. Ce que les pays managériaux par dérision appellent une « *frameworky analysi* » ou une analyse fondée essentiellement sur les structures. De fait, cette dernière est indispensable car il y a de bonnes et de mauvaises règles de fonctionnement, mais elle est un peu courte parce qu'elle ne permet pas de comprendre les dysfonctionnements. Parfois, cette analyse n'est pas valide sans la compréhension et la prise en compte des objectifs des programmes.

La performance d'une organisation peut-elle apprécier sans évaluation des objectifs qui lui sont assignés ?

Dans l'un des pays où j'ai enquêté et travaillé, le management interne d'un ministère de l'Immigration est très pauvre, pratiquement rien n'y est planifié et toutes les décisions sont prises ad hoc. Quand on y regarde de plus près, on s'aperçoit que la situation est exactement ce que le gouvernement en attend : un ministère très réactif, la politique étant pensée au niveau du cabinet du Premier ministre. Le ministère ne doit être qu'un outil efficace de mise en œuvre. Il est alors illégitime de conclure qu'il est mal géré ou qu'il n'est pas prospectif parce que, précisément, c'est le rôle implicite qui lui est assigné.

En cette hypothèse, soit l'audit accepte cet objectif implicite (un ministère qui soit un outil et non un conseiller en politiques publiques) et voit si l'organisation est adaptée à cet objectif, soit l'audit questionne cet objectif et la différence avec l'évaluation de fait s'estompe, voire s'annule. Il s'agit de comprendre les processus et les résultats réels et trouver la manière d'améliorer les dispositifs, mais ceux-ci sont souvent liés aux missions.

La conclusion n'en est pas d'éliminer l'audit mais plutôt de ne pas en avoir une vision réductrice. Souvent, l'audit conduit à la nécessité d'évaluation.

Cas pratique

UN AUDIT QUI NÉCESSITE UNE ÉVALUATION, LE CAS DE L'ÉDUCATION DES ABORIGÈNES EN AUSTRALIE

L'audit de la politique d'éducation pour les aborigènes en Australie s'est révélé nécessaire car 80 % des financements viennent du niveau fédéral mais sont décidés par les États déconcentrés, dont certains sont indifférents à la question. Comment changer cette situation qui ne relève pas d'une contrainte juridique ineffective ? Le niveau fédéral se rebelle et menace, mais cela ne change pas la situation. En effet, il ne peut pas mettre en œuvre, pour des raisons politiques, des moyens de rétorsion à l'encontre des différents États. De plus, l'audit a montré que, dans des circonstances budgétaires, géographiques et politiques similaires, certains dispositifs d'action « marchent », en termes de résultats scolaires, et ils ne « marchent » pas dans d'autres. Des explications culturalistes, à ce stade, sont totalement insuffisantes : par exemple, l'église catholique a beaucoup joué en ce domaine mais que faire de ce constat ? pourquoi cela fonctionne-t-il encore ? Par ailleurs, qu'est-ce qui explique les succès et les échecs ? L'évaluation apparaît alors comme une nécessité pour comprendre les « bons » et les « mauvais » exemples mis en évidence par l'audit et en tirer des stratégies.

Les méthodes de révision des programmes

Les programmes ont souvent été critiqués (cf. p. 46-50) : en théorie, l'idée de programmes va de pair avec celle de non-permanence. Un programme devrait pouvoir être remis en cause, si ses résultats ne sont pas bons ou si les objectifs ne sont pas atteints. La critique est venue de ce que, par le passé, les évaluations de programmes les ont confortés plus qu'elles ne les ont mis en cause.

En fait, la réalité a été plus nuancée que cela. Lorsqu'il s'agit du même gouvernement que celui qui a mis le programme en route, l'abolir revient à se désavouer. En ce cas, des formules d'affichage plus subtiles ont été trouvées : amélioration de la mise en œuvre, changement des responsables. Cela ne signifie pas que les choses sont immobiles mais, comme dirait Lacan, que la vérité ne peut se dire toute, sinon ce ne serait pas la vérité.

Néanmoins, certains gouvernements ayant à faire face à des dettes publiques importantes peuvent se montrer moins délicats dans la forme. En 2000, l'Office of management and Budget des États-Unis a procédé à des révisions drastiques de programmes, lesquelles ont abouti à des annulations effectives. Les textes du président Bush (introduction au budget fédéral 2001) mettent fortement l'accent sur les coûts des programmes. Cependant, les méthodes utilisés ont investigué sur la base du rapport coût / efficacité ; l'efficacité étant approchée par des stratégies de mise en œuvre alternatives (*benchmarking*), le retour d'opinion des bénéficiaires, la mesure des résultats atteints par rapport aux résultats attendus. Que peut-on en conclure ? Que la révision des programmes entrera plus dans les mœurs ? C'est probable.

Des évaluations régulières

Le lien entre programmes et budget suppose des évaluations régulières. Une logique de programme n'est pas figée. Au contraire, elle donne lieu à une révision du programme à intervalles réguliers, appelée en Australie le « cycle de la performance », au Royaume-Uni « *spending review* ».

Le cycle de la performance : la révision des dépenses

Les différentes phases d'une révision de programme sont les suivantes.

Phase 1 : déterminer pourquoi une activité est de service public

Il faut d'abord déterminer son importance en matière d'intérêt général, par exemple : l'entretien des routes par l'État est-il essentiel à la mise en œuvre du service public ?

Il faut ensuite déterminer qui peut le mieux la mettre en œuvre : l'administration centrale ? la déconcentrer ? les collectivités locales ? la sous-traitance ? Par exemple, l'action sociale est-elle plus efficace, si elle est décentralisée ?

Phase 2 : tester le rapport coût / efficacité

Il est nécessaire de vérifier la mise en œuvre de l'activité. Pour cela, il s'agit de déterminer au préalable le meilleur moyen de la mettre en œuvre : régie directe, appel d'offres, *benchmarking*, accords partenariaux.

Phase 3 : mettre en œuvre les améliorations

1 Définition de stratégies.

2 De plans d'action.

3 De partenariats.

4 De responsabilités.

Phase 4 : évaluations

Quel mode d'évaluation va au mieux permettre de tester les progrès accomplis ?

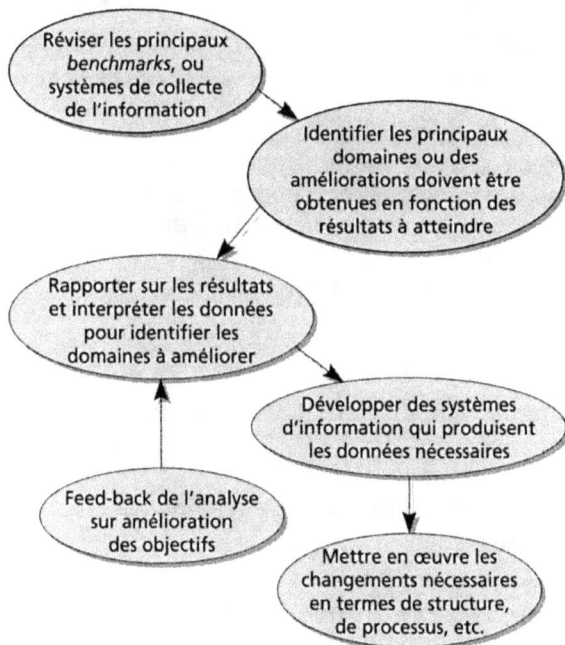

Programme et service public : du pot-pourri à la clarification des acteurs

La notion de programme remet quelque peu en cause la tradition de linéarité de la décision dans l'administration, où l'on estime que les objectifs ne sont pas un problème parce qu'il y a la loi, où la mise en œuvre ne fait pas non plus question car les fonctionnaires obéissent et exécutent et où le service public est une donnée d'essence, intrinsèquement supérieure, car il n'est pas dépendant des parties prenantes[1]. La notion de service public, telle qu'elle est en France, couvre nombre de questions qui devraient être clarifiées :

- qu'est-ce que le service public ?
- que décide le gouvernement ?
- doit-on capitaliser et accumuler la mémoire des fonctionnaires ?
- qu'est-ce qui est inscrit dans la lettre de la loi, sachant que nombre de lois ne voient pas de décrets d'application ou des décrets qui en modifient, fut-ce légèrement, le sens ?

La prise en compte des usagers a d'ores et déjà ouvert une brèche dans cet édifice, sauf à se limiter à des sondages d'opinion, cette question soulève cependant deux problèmes incontournables :

- sur quoi les usagers ont-ils voix au chapitre ? sur les objectifs ? leurs modalités de mise en œuvre ? la relation qu'ils ont au service ?
- s'il y a des contradictions ou des conflits d'intérêt entre groupes d'usagers, qui arbitre et sur quelles bases ?
- de quels usagers s'agit-il ? d'individus choisis par panel ? de groupes organisés ? d'interlocuteurs « représentants » légitimes ?

De fait, nombre de services déconcentrés ont dû gérer ces questions sur une base pragmatique, entre autres, le tracé d'une route, l'implantation d'une école. La faiblesse du propos est de dire que l'administration agit en fonction de l'intérêt général et ne se préoccupe pas du jeu des groupes de pression, alors que la décision au quotidien oblige à le faire. Par contre, lorsque l'on raisonne en termes de programmes, connaître les parties prenantes et leur rôle respectif est non seulement incontournable mais surtout transparent.

En résumé, le programme ne peut rester vague sur la clarté ou l'ambiguïté des objectifs, sur les intérêts des parties prenantes et des usagers ainsi que sur les processus et les stratégies de mise en œuvre.

---

1. Parties prenantes est la traduction du mot anglais *stakeholders*, ce ne sont ni les usagers (qui sont des individus), ni des groupes de pression (ou lobbies) car ils n'agissent pas forcément en tant que tels, mais des participants directs ou indirects à la mise en œuvre des programmes.

Synthèse

Les facteurs clés de succès de la réforme

Pour l'heure, la LOLF n'est qu'une loi, si l'on peut dire, et tout reste à jouer. Cependant, quelles sont ses conditions de succès ?

Proposition 0

Que la mise en œuvre de la loi soit soutenue par une impulsion forte du Premier ministre afin que son application ne remette pas en cause ses principes.

Proposition 1

Que chaque ministère développe un plan d'implémentation, étalé jusqu'en 2006 (date de généralisation des dispositions de la loi), prévoyant la progression de la montée en régime des changements prévus par la loi. Même si elle doit faire l'objet d'une mise en place progressive, les efforts pour y parvenir doivent être effectués dès maintenant.

Proposition 2

Que chaque ministère entame sa planification stratégique, c'est-à-dire :

- la définition de ses priorités, tournées vers l'avenir ;
- son niveau de centre de responsabilité ;
- incité chaque centre à faire le même travail de planification stratégique ;
- la définition des programmes ne devrait intervenir qu'apres ce travail de remise à plat des objectifs.

Proposition 3

Les procédures de contrôle de gestion ne devraient être entamées que lorsque les ministères connaîtront leurs prestations, auront développé leur planification stratégique et leur logique de programme (ne pas commencer à mesurer ce que l'on ne connaît pas).

Proposition 4

Les ministères pourraient aussi commencer à lister les dispositions réglementaires ou circulaires qui pourraient entraver une pratique effective de la fongibilité des crédits.

Proposition 5

Un vaste plan de formation, qui touche certes les budgétaires et contrôleurs de gestion mais aussi tous les responsables de programmes, est nécessaire.

Proposition 6

Une cellule de suivi, de conseil et d'aide serait certainement nécessaire, vu l'ampleur des changements techniques et culturels entraînés par la LOLF, au niveau des administrations interministérielles.

Proposition 7

Éclairer l'ensemble des points techniques qui n'ont pas été résolus par la loi et qui ne doivent pas faire l'objet d'un travail ministère par ministère (par exemple, les modalités de calcul des coûts, s'il y a lieu, les modalités de *reporting*, etc.). Des moyens techniques conséquents (équipes d'experts internationales) devraient être focalisés sur les problèmes sensibles à résoudre (normes comptables par exemple).

Proposition 8

Que les administrations interministérielles se positionnent en force de conseil et de soutien, plutôt qu'en donneuses d'instructions et productrices de règles. Cela impliquera :

• un fonds pour cofinancer les formations des ministères et leur apporter le soutien de consultants, s'ils le désirent ;

- une base de données de pratiques considérées comme bonnes ;
- un site électronique d'échange d'idées ;
- un suivi et une mise à disposition des travaux d'autres pays en la matière ;
- l'animation d'un réseau des responsables de la mise en œuvre de la LOLF dans chaque ministère.

Proposition 9

Mettre en place le dispositif d'évaluation de la réforme dès maintenant, en y associant des acteurs clés, tels que le Conseil national de l'Évaluation, la Cour des comptes et le Parlement.

Les principaux facteurs de succès de la mise en place d'un programme sont les suivants.

Il faut définir son objectif, en tenant compte :

- des objectifs du gouvernement, de la loi aux principes ;
- des attentes des partenaires, ce qui suppose d'en connaître la liste, les attentes et les arbitrages à effectuer ;
- de l'expertise de l'administation sur ce qui est faisable et ce qui est souhaitable ;
- de l'analyse des processus et des résultats actuels pour que les objectifs soient atteignables, même s'ils sont ambitieux.

Il est nécessaire de définir les populations ciblées à partir de la connaissance de l'objectif, en utilisant l'outil logique de programme décliné en cibles (résultats à atteindre), stratégies, mesures, indicateurs.

Il faut également mettre en place, dès le démarrage du programme, un dispositif de suivi et d'évaluation, prévoir les formes de soutien nécessaires aux programmes (expertise, formation, recrutement de spécialistes, réseaux d'appui) et déterminer le moment propice pour une évaluation fondamentale de la pertinence du programme.

Conclusion

Si Mazarin a raison, sauf sur le dernier précepte, il n'est nul besoin de la LOLF. Celle-ci, comme toute loi, peut rester une intention de principe non mise en œuvre ou la reproduction d'une nouvelle mode sur les pratiques existantes. On le sait, il n'y pas de meilleure méthode pour résoudre un problème que de mettre le dossier dans un tiroir et de l'y laisser suffisamment longtemps.

Pour autant, on peut espérer que ce ne sera pas le cas de la LOLF, parce qu'il s'agit enfin d'une réforme de portée générale qui ne doit pas nécessairement connaître le sort des innovations isolées qui s'épuisent dans le cadre d'une gestion globalement inchangée. Par ailleurs, elle laisse le temps aux administrations d'apprendre et de mettre en œuvre la réforme progressivement, son objectif étant la pleine application en 2006. Enfin, elle permettra de rassembler et de mettre en cohérence les initiatives de modernisation en cours d'application.

L'application de la LOLF peut être perçue comme une opportunité pour :

- les ministères des Finances et de la Fonction publique, qui en ont été les initiateurs ;
- les ministères qui peuvent s'appuyer sur elle pour accélérer la modernisation ;
- les syndicats qui peuvent y voir une opportunité d'être associés à la stratégie des administrations ;

- le Parlement qui pourra enfin exercer son travail de questionnement et d'évaluation ;
- la Cour des comptes qui a la possibilité de s'engager sur un terrain nouveau, celui de l'audit des performances.

En résumé, la logique de la LOLF est profondément cohérente et repose sur plusieurs piliers indissociables, c'est-à-dire des objectifs quantifiés (résultats à atteindre, ou cibles) qui supposent :

- des souplesses de gestion et des retours de modernisation ;
- des simplifications réglementaires ;
- une responsabilisation des fonctionnaires au sein de centres de responsabilité ;
- une mesure et une évaluation des résultats ;
- un système comptable adapté aux besoins d'une bonne gestion et rendu aisé par un système informatique approprié ;
- une capacité de compte-rendu permanente ;
- une culture du collectif ;
- une culture de la recherche de solutions plus que du blâme.

Ces différentes composantes sont incontournables. On peut toutefois raisonner a contrario et se demander ce qui se passera sans :

- l'une de ces composantes ?
- objectifs chiffrés ou vérifiables ? Ce qui est à atteindre demeurera flou ou incantatoire.
- souplesses ou retours de modernisation ? Il n'existera pas d'incitations pour les fonctionnaires à se sentir véritablement responsables et à bénéficier des résultats de leurs actions.
- simplification réglementaire ? Les souplesses ne pourront être mises en œuvre. Ce qui aura été donné d'une main sera enlevé de l'autre.
- délégation réelle à des centres de responsabilité ? Les fonctionnaires ne voudront légitimement pas se sentir responsables de résultats sur lesquels ils n'ont pas de maîtrise car l'approbation des décisions continue à remonter à tant de niveaux hiérarchiques que la responsabilité réelle en est diluée.
- un système de comptabilité utile et commode ? La responsabilité suppose que l'on ait les moyens matériels de l'exercer, notamment de pouvoir suivre les consommations de crédits, de rectifier l'action si nécessaire et de disposer de moyens informatiques.

- mesure des résultats ? La mesure est un système de clignotants d'alerte qui permet de jauger le réalisme et la faisabilité des objectifs assignés et de savoir comment résoudre les problèmes qui peuvent se poser.
- évaluation ? La mesure suppose un dispositif d'interprétation qui relève tant de l'analyse rigoureuse que du diagnostic par les acteurs de l'action publique eux-mêmes.
- culture du collectif ? Les résultats dans des systèmes d'effectifs serrés et avec des besoins croissants des citoyens ne peuvent être obtenus par un individu qui s'épuise au travail mais par des efforts collectifs d'équipes solidaires.
- une culture de la compréhension plus que du blâme ? Aucun fonctionnaire n'acceptera de jouer le jeu de la LOLF et des programmes, si chaque initiative fait l'objet d'un blâme par le supérieur plutôt que d'un dialogue sur les erreurs à éviter et les moyens de s'améliorer.

Pour autant, tout changement fait peur et touche à des intérêts, des habitudes, des partages de pouvoir établis. C'est pourquoi, deux conditions de succès nous paraissent fondamentales, à savoir :

- des formes d'association larges, de dialogue social, de tous les partenaires qui, même si elles prennent du temps, seront autant de gages que la réforme sera comprise ;
- des formations approfondies et systématiques des cadres, des ministres et des parlementaires. En clair, faisons en sorte que plus d'investissements soient portés sur la mise en œuvre de la réforme que sur sa conception.

Lors de l'accomplissement de cette tâche, peut-être l'État aura-t-il le temps de se pencher non seulement sur ses mécanismes de fonctionnement mais aussi sur les enjeux de contenu. La gestion publique n'a pas qu'une finalité interne d'amélioration de l'efficience. Elle vise à favoriser l'obtention de meilleurs résultats des actions publiques, donc de libérer du temps et de l'énergie pour aborder les questions de fond auxquelles est confronté aujourd'hui l'État. Les premières concernent la connaissance des évolutions de la société et de l'économie :

- qu'est-ce que la société attend de l'État ?
- quels sont les changements que l'État doit prendre en compte ?

Les exemples sont innombrables. Les citoyens sont de plus en plus éduqués : est-il envisageable de continuer à les traiter comme des assujettis, sans réfléchir sur la qualité de la relation de service ?

Les citoyens aspirent à choisir, ce qui veut dire que le service public leur propose non pas toutes les solutions possibles, mais une gamme de solutions : par exemple, une école à l'idéologie unique ne répond pas à la diversité des besoins des enfants. Comment développer des solutions diversifiées sans qu'elles se traduisent par des services publics différenciés en fonction des revenus ?

La globalisation économique existe[1], tout le monde en parle, mais qui s'est posé la question de savoir comment, en pratique, donner les moyens aux services publics de bien connaître cette mondialisation et de pouvoir y réagir ? Les équipes connaissant d'autres pays, capables de mener des négociations internationales, sont-elles présentes et suffisamment étoffées au sein des administrations ?

En France, plus qu'ailleurs, l'État aide à consolider le sens, y compris pour les individus. Jusqu'où pouvons-nous et devons-nous aller dans ce sens ? Faudra-t-il aller jusqu'à des plans de vie pour les enfants lorsque la fonction parentale est défaillante ? Peut-on trouver des modalités d'aide qui permettent de sortir l'individu de l'assistanat en favorisant sa propre prise en charge ?

Sur les grandes politiques publiques socialement difficiles, les retraites, la sécurité sociale, l'insécurité, quelles sont les modalités qui pourraient être imaginées autres que la production de rapports pour mieux faire comprendre les enjeux et faire en sorte que la réticence de l'ensemble des parties prenantes ne bloque toute action ?

La LOLF, en permettant d'améliorer le fonctionnement mais aussi les procédures de réflexion et d'anticipation de l'administration, ouvrira plus de champ aux débats de fond sur les politiques publiques et la bonne façon de les poser.

Concluons avec Gramsci, qui n'a fait que reprendre une phrase de Romain Rolland, et prônons le « *pessimisme de l'intelligence et l'optimisme de la volonté dans une culture administrative où l'intelligence est optimiste, car l'on y consacre le temps et le génie, et où la volonté est pessimiste, car l'action est l'affaire des exécutants et non des responsables de haut niveau.* »

---

1. À ce sujet, lire deux livres clés, *The evolving global economy*, de Kenichi Ohmae, Harvard Business Press et *When giants learn to dance*, d'Elisabeth Moss kanter, Harvard Business Press.

Étude de *Benchmarking* : quels sont les pouvoirs du Parlement au niveau international en matière de programmes ?

Ce travail de *benchmarking* a été effectué en 2001[1], selon le questionnaire ci-dessous (en français et en anglais), par itérations écrites et conversations téléphoniques avec les responsables des questions de procédure budgétaire dans les ministères des Finances. Il inclut États-Unis, Grande-Bretagne, Pays-Bas, Australie, Nouvelle-Zélande, Suède, Danemark.

Questionnaire (français)

Structure de l'autorisation parlementaire

a) Selon quelle structure est organisé le vote du Parlement, et combien de votes ?

b) Le nombre de votes correspond-il au nombre d'enveloppes limitatives ?

c) Si non, combien y a-t-il d'enveloppes limitatives dans le budget ?

d) Qui définit le nombre, le périmètre et le contenu des enveloppes limitatives, le Parlement ou le gouvernement ? Selon quelle procédure ?

Droit d'amendement du Parlement

a) Le Parlement peut-il augmenter les dépenses ? À quelles conditions et selon quelle procédure ?

b) Si l'augmentation de dépenses doit être compensée par une diminution, à quel niveau de la nomenclature se fait la compensation ? Selon quelle procédure ?

c) Le gouvernement peut-il s'opposer à ce type d'opération ?

Annulation de crédits

a) Le gouvernement peut-il annuler des crédits en cours d'exercice ?

b) Pour quels motifs ? Selon quelle procédure ?

c) Y a-t-il un plafond d'annulation en montant ou en pourcentage ? Si oui, ce plafond s'applique-t-il à l'ensemble du budget, ministère par ministère, ou à un niveau plus fin ?

---

1. Commande et prestation par Sylvie Trosa.

Questionnaire (anglais)
Some questions...

Structure of the parliamentary approval
a) According to which structure gets (line items, how many ? Prestations and impacts, how many ?) the vote of the Parliament organised, how many votes are there ?
b) Does the number of votes match the number of limited appropriations ?
c) If not, how many limited appropriations are in the budget and which appropriations are not restricted ?
d) Who defines the number, the perimeter and the contents of the limited appropriations (or of the programs if there are), the Parliament or the Government ? According to which procedure ? Can the parliament define a program and vote it during the budget procedure ? Who defines the number, content and perimeter of programs ?
e) Which changes can the Parliament make to the budget proposed by the government ?

Right of amendment of the Parliament
a) Can the Parliament increase the global expenditure proposed by government ? On which conditions and according to which procedure ?
b) If the increase of expenditure proposed by the parliament must be balanced with an equivalent decrease of expenditure, at which level of the budget structure is the compensation made ? According to which procedure ? Are for example compensated increases/decreases possible between programs ? Within a program ? Can the government refuse it ?
c) Can the Government oppose to this type of operation ? How ?

Cancellation of credits in year
a) Can the Government cancel credits during the in year budget exercise ?
b) For which motives ? According to which procedure ?
c) Is there a ceiling of the cancellation or the freeze of money in amount or in percentage ? If yes, does this ceiling apply to the whole of the budget, portfolio per portfolio or at the agency level ?
d) If the government can't cancel expenditure in year which techniques are chosen in case money is lacking ?

Les résultats de l'enquête

Il existe trois notions : le vote, le programme (impacts) et les sous-programmes (spécialités, ou prestations). Le vote généralement correspond à un programme ou à une mission (lutter contre la délinquance urbaine). Le vote est limitatif. Le sous-programme et la spécialité sont les moyens concrets de mise en œuvre, c'est-à-dire les stratégies, les populations cibles, les ressources nécessaires et les services fournis. Ils ne sont pas votés par le Parlement. Les sous-programmes existent essentiellement lorsque les programmes sont très larges. Par exemple, en Australie, il y a de un à six programmes au maximum par ministère.

La terminologie est un peu différente de celle qui existe dans la LOLF, essentiellement parce que les pays managériaux n'emploient pas le terme de « missions ». Mais, de fait, leurs programmes correspondent aux missions françaises, tandis que leurs sous-programmes correspondent aux programmes français et correspondent au niveau effectif de gestion. Pour des raisons de simplicité de l'ouvrage, nous n'avons pas utilisé l'appellation de « sous-programme » pour caler la terminologie sur celle de la LOLF.

La technique la plus utilisée, pour définir le lien entre les programmes et les sous-programmes, est appelée « logique de programmes » et consiste à passer des objectifs généraux aux actions spécifiques. Par exemple :
- améliorer la santé des aborigènes ;
- faire plus de prévention ;
- avoir des bus soignants mobiles en zones rurales ;
- nombre de personnes traitées ;
- nombre de personnes qui reviennent se faire soigner au bus (impact intermédiaire).

Le montant budgétaire consacré aux programmes vient plus de l'histoire et des priorités du gouvernement, alors que le montant budgétaire consacré aux spécialités (prestations) vient de plus en plus d'un ensemble « coût plus qualité » des services fournis. C'est donc au ministère des Finances et aux ministères concernés que revient la tâche de réconcilier les sommes prévues entre les programmes et les sous-programmes (prestations).

La mise en place de la logique de programme

L'objectif demeure d'éviter les erreurs de la rationalisation des choix budgétaires qui étaient d'être :
- trop *top-down* (définie et imposée par le haut) des administrations centrales vers les ministères et des ministères vers les services déconcentrés ;
- de faire remonter aux centres de trop nombreux indicateurs sans évaluer leur niveau de pertinence.

Dans tous les pays, la mise en œuvre des programmes a pris du temps et a été progressive. La première réaction des ministères est en fait de calquer les programmes sur les structures existantes et d'appeler « résultats » des activités mais sans avoir mené une réflexion sur la focalisation de leur administration sur les produits fournis ou sur les clients :

entre autres, ces activités correspondent-elles à une demande ? laquelle ? pourraient-elles être mises en œuvre autrement ?

Les pays qui ont participé à l'enquête ont tous poursuivi, simultanément à la budgétisation par programmes, une analyse :

- des résultats effectifs dans chaque administration ;
- de positionnement des résultats par rapport aux objectifs (de la loi ou du gouvernement) ou aux attentes des usagers. Il existe des activités obsolètes ou ne correspondant à aucune demande, afin de les mettre en concordance.
- de réflexion sur les structures organisationnelles (par produit ou par client, lutte contre la délinquance urbaine ou traitement de la délinquance juvénile) et leur contribution à une meilleure mise en œuvre des programmes, en sachant qu'il y aura des programmes partagés entre plusieurs structures mais qu'il vaut mieux les remodeler pour éviter la multiplication du phénomène, à moins d'avoir des systèmes d'incitation à la coopération bien rodés.
- de réflexion sur la façon de « faire descendre » la logique de programmes au niveau des services déconcentrés et par quels mécanismes budgétaires.

Des actions d'accompagnement ont souvent aussi été menées :

- formation des parlementaires, par les ministères des Finances, aux bénéfices qu'ils peuvent retirer du contrôle des résultats et de la performance ;
- un pays a réussi à faire passer, en une semaine de formation, à la logique de programme tous ses cadres A plus et A, en cinq ans ;
- la mise en évidence des priorités par ministère et des nécessaires réorganisations (phases ci-dessus) a pris de un à deux ans.

Qui définit les programmes (impacts) ?

Les programmes qui correspondent aux votes traduisent les priorités du gouvernement et sont dirigées du haut vers le bas (du gouvernement vers les ministères). Cela, bien sûr, n'empêche pas de nombreuses concertations et des dialogues avec les ministères. La procédure est itérative.

Les programmes correspondent-ils à des actions nouvelles ?

Non, l'ensemble des activités d'un ministère doit être défini en programmes et en sous-programmes. Par exemple, au ministère de l'Intérieur, l'ensemble de l'activité policière sera organisée en programmes : lutte contre la délinquance urbaine, lutte contre le terrorisme, police de proximité, etc.

Comme nous venons de le voir, le principal facteur de succès d'un budget de ce type est la capacité de chaque ministère à définir ses activités par priorités et d'y allouer des ressources suffisantes, donc d'avoir une planification stratégique de haut niveau.

Qui définit les prestations ?

Essentiellement les ministères dans leur travail de *business planning*, ou de projet de service, et de démonstration de la façon dont ils vont contribuer aux priorités du gouvernement. La bonne cohérence entre objectifs et prestations est vérifiée par les ministères des Finances.

Les crédits entre programmes sont-ils fongibles ?

Non, quand ils correspondent à des votes. Oui, quand ils ne correspondent pas à des votes. Par contre, ils peuvent être annulés ou pas entièrement dépensés – ils sont considérés comme des plafonds et non des obligations de dépenser – en cas de régulation budgétaire ou en cas d'obsolescence, due par exemple à une évaluation négative. En ce cas, la commission des Finances de l'Assemblée en est informée.

Les crédits au sein des programmes sont-ils fongibles ?

Oui, entièrement, mais avec un risque et une régulation : les résultats sur lesquels les ministères se sont engagés ne sont pas atteints si les mouvements de crédits sont gérés sans analyse de leurs conséquences. En règle générale, les ministères en informent le ministère des Finances ou, de son côté, le ministère des Finances peut demander un changement des services à fournir, s'il estime que cela correspond mieux à la politique du gouvernement. La procédure juridique est très souple et informelle.

La fongibilité n'est pas une récompense mais elle est considérée comme un moyen de bonne gestion.

Le plus souvent, la fongibilité s'exerce au niveau des crédits de fonctionnement qui incluent la masse salariale et les crédits de fonctionnement au sens strict. Elle peut s'étendre à l'immobilier lorsque les ministères ont la capacité de faire des choix en la matière. La fongibilité, dans certains pays, existe depuis 1985-1988 (Australie, Danemark, Royaume-Uni). Qu'est-ce qui empêche les ministères d'agir de façon irresponsable ? D'abord, le suivi comptable est très strict et les dérapages apparaissent en temps réel. Ensuite, un service qui aurait trop dépensé et serait en déficit verrait les sommes qu'il doit prélever sur le budget de l'année suivante, ce qui peut être très douloureux lorsque l'essentiel des dépenses concerne des dépenses de personnel et que les dépenses d'investissement correspondent à des contrats impossibles à annuler.

La modification des montants attribués aux programmes discrétionnaires (entre autres, protection des zones humides) ne s'exerce que s'il y a un changement de priorité politique ou si les ressources ont été mal ciblées au départ, mais elle suppose une approbation législative.

Quel est le rapport entre les programmes et l'organisation administrative ?

En règle générale, les ministères tendent à réorganiser les directions selon les programmes, ce qui facilite la connaissance de qui est responsable de quoi (sachant que les réorganisations au sein des ministères sont juridiquement libres et socialement faciles). La difficulté survient quand un programme couvre plusieurs ministères ou plusieurs directions au sein d'un ministère. Dans ce cas, il y a trois solutions budgétaires :

- nommer un ministère chef de projet avec une délégation et une dotation globalisée sur le programme, à charge pour lui de manager les crédits pour respecter la proportion attribuée à chaque ministère pour la part du programme qui le concerne ;
- nommer un ministère chef de projet mais, cette fois, il subdélègue les crédits entre ministères en respectant la répartition entre les autres ministères, selon les proportions prévues au programme ;
- verser directement à chaque ministère la part des crédits qui correspond à la proportion des objectifs du programme qu'il met en œuvre.

Ces différentes formules ne donnent pas les mêmes garanties d'accomplissement de la coordination interministérielle, ou interdiction. La première est plus directive, la dernière ne pourra respecter le travail en commun que si les ministères sont profondément convaincus de sa nécessité. Dans toutes les hypothèses, il est possible de vérifier et d'évaluer les résultats atteints, si des systèmes de mesure sont mis en place et si la précaution est prise de mettre en place des mécanismes d'évaluation simultanément au lancement des actions entre directions ou entre ministères. Ces procédures ont largement remplacé, dans le pays concerné (par enquête), les traditionnels comités interministériels centraux qui ne garantissent pas une collaboration effective des fonctionnaires de terrain.

Quelles sont les pistes d'avenir ?

En fait, les missions sont très larges et correspondent à des macro-objectifs. Le niveau réel de gestion devient alors le programme qui est fongible en son sein, selon des procédures de concertation ou de négociation plus ou moins formelles avec le ministère des Finances. Ceci tend parfois à une évolution où, en fait, il y a un vote par ministère (ce qui est déjà le cas dans certains ministères étrangers) et la fongibilité est très large. Il y a là un choix éthique. Les ministères, ou les agences, sont supposés produire des résultats sur lesquels ils sont étroitement contrôlés, mais le moyen d'y arriver est laissé à leur discrétion, principale justification de la fongibilité. Bien sûr, il existe des limites, notamment l'obligation de mettre en œuvre les priorités du gouvernement (suivie par un comité mensuel des ministres au Royaume-Uni) ou de fournir des services au meilleur rapport coût / qualité (Australie), mais ces exigences ne remettent pas en cause la philosophie de base. Le Parlement ne contrôle pas par le nombre de votes mais par l'interrogation des administrations sur leurs résultats.

L'analyse des votes

Échantillon de pays choisis

Australie

Danemark

États-Unis

Grande-Bretagne

Nouvelle-Zélande

Pays-Bas

Suède

Structure du vote par pays

Australie. Le vote se fait par missions (*outcomes*) et chaque ministère compte de un à six programmes pour décliner les missions.

Danemark. Le nombre de votes varie, car le Parlement peut ajouter des votes au moment de la loi de finances, si les dépenses sont gagées.

États-Unis. Il y a treize votes fédéraux qui couvrent chacun plusieurs agences. Le Parlement peut diminuer ou augmenter les crédits de programme d'une agence. En ce cas, il y a un vote supplémentaire. Les prestations et les impacts ne sont pas votés, ils servent d'information.

Grande-Bretagne. Il y a cinquante-huit votes basés sur des prévisions à trois ans et correspondant à des ministères ou exceptionnellement à certaines agences spécifiques, comme la cour des comptes. Chaque vote va correspondre à quelques programmes significatifs, tels que le programme des prisons en *cash* et *accruals*.

Le vote se fait aussi sur la base de l'équivalent de missions, ce qui fait vingt-sept votes avec deux chapitres spéciaux, soit vint-neuf votes.

Nouvelle-Zélande. On compte soixante-quinze votes correspondant aux missions, mais certains ministères recouvrent plusieurs programmes, en moyenne dix, parfois quarante, ce qui en tout fait sept cents programmes couvrant les interventions, les investissements, les transferts, les prestations, etc. Le vote ne se fait pas par programme.

Pays-Bas. Le vote se fait toujours par moyens mais avec des prestations et des impacts pour information, de dix à quinze programmes par ministères pour information, mais un seul pour la Défense, au total environ cent-cinquante votes.

Quels sont les votes limitatifs ou les programmes sont-ils limitatifs ?

(Statut limitatif des crédits.)

Australie. Tous les votes sont limitatifs, toutefois, si un ministère s'est trompé sur ses prévisions, il peut demander au gouvernement d'augmenter ses fonds (seulement pour les dépenses de transfert), auquel cas, ce changement est avalisé par voie d'une loi de finances rectificative.

Danemark. Ils ne sont pas limitatifs car le Parlement a tout pouvoir de modifier le budget.

États-Unis. Il y a plus de votes que ceux proposés par le gouvernement, en fonction des changements proposés par le Parlement. Les crédits ne sont donc pas limitatifs avant d'être votés par le Parlement.

Grande-Bretagne. Tous les votes sont limitatifs et tout accroissement de dépense doit repasser devant le Parlement.

Nouvelle-Zélande. Ils le sont tous, sauf exception ; c'est le cas des dettes dues à des litiges.

Pays-Bas. Le Parlement peut modifier les montants des frais de fonctionnement prévus par programme, le nombre de programmes et en proposer de nouveaux. Il a donc toute liberté.

Suède. Ils sont tous limitatifs. Même pour les dépenses de transfert, une erreur de prévision oblige le gouvernement à repasser devant le Parlement (par exemple, les allocations chômage).

Quels votes ne sont pas limitatifs ?

(Sauf obligations de dette, etc.)

Australie. Aucun.

Danemark. Tous.

Grande-Bretagne. Aucun.

États-Unis. Il y a deux types de programmes : les obligatoires et les discrétionnaires. Le Parlement peut modifier comme bon lui semble les programmes discrétionnaires mais ne peut pas toucher aux programmes obligatoires (par exemple, le salaire du président). Deux tiers des programmes sont obligatoires, un tiers est discrétionnaire.

Nouvelle-Zélande. Aucun.

Pays-Bas. Tous.

Suède. Aucun.

Qui définit les contenus et les périmètres des votes ?

Australie. Les votes (impacts) dérivent des priorités gouverne-mentales ; chaque ministre puis chaque directeur général reçoit une lettre de mission du Premier ministre. Les prestations (spécialités et sur lesquelles il n'y a pas de vote) qui contribuent aux impacts sont la conciliation d'une double stratégie *top-down*, venant des priorités du gouvernement, et *bottom-up*, venant de leur planification stratégique. Le Parlement n'intervient pas.

Danemark. Le Parlement peut effectuer tout changement, y compris sur le montant de la masse globale affectée au budget, modifier les montants alloués par programme et au sein des programmes. En ce cas, comme le gouvernement est tenu de délivrer les résultats des programmes sur lesquels il s'est engagé en présentant le projet de loi de finances, il tend à faire une contre-proposition au Parlement. En règle générale, ces problèmes sont résolus par négociation.

États-Unis. En fait, il y a deux procédures, soit le Parlement définit et vote le montant des programmes et le distribue entre les agences, et il peut le faire sans consulter l'exécutif, soit le président / exécutif propose des programmes comme part du budget du président et le Parlement les vote.

Grande-Bretagne. Tous les programmes (votes) sont approuvés par le ministère des Finances. Le Parlement n'a de pouvoir que sur ce qui concerne directement ses frais de fonctionnement et la Cour des comptes. Même en ce cas, le Parlement doit respecter le plafond global des dépenses fixé par le gouvernement.

Nouvelle-Zélande. De fait, les *appropriations* (votes et programmes) sont définies par le gouvernement et les ministères. Le Parlement peut proposer des programmes mais le gouvernement peut s'y opposer.

Pays-Bas. Le gouvernement propose mais le Parlement peut tout changer.

Suède. Idem que pour le Danemark.

Quels changements le Parlement peut-il effectuer ?

Sur le budget global (A) ? Sur le budget par ministère et par votes (B) ? Sur les prestations (C) ?

Australie. Le Parlement ne peut faire que des propositions politiques et non juridiques ou budgétaires. De fait, la majorité parlementaire relève toujours du même parti ou de la même coalition que le gouvernement, d'où l'aspect plus politique que légal du problème. Non à A, B et C.

Danemark. Le Parlement a tout pouvoir. En ce cas, il proposera un budget alternatif et le problème mettra en cause la responsabilité du gouvernement. Oui à A et B, non à C (qui n'est pas voté par le Parlement).

États-Unis. Budget global. Oui à A, B et C.

Grande-Bretagne. Aucun changement n'est possible, ni sur le plafond par ministère, ni sur les votes.

La Grande-Bretagne a le même dispositif que l'ancien article 40 de l'ordonnance de 1959, qui n'admet aucun accroissement des charges sur le budget général, les votes ou les prestations (par définition, non soumises au vote). Non à A, B et C.

Le Parlement a le pouvoir illimité de modifier les propositions de l'exécutif, soit en montant, soit en propositions.

Nouvelle-Zélande. Le Parlement peut proposer des amendements mais la constitution prévoit que le gouvernement peut s'opposer « *même à un changement mineur* » dans la structure des spécialités. Cette disposition a toutefois l'intérêt pour le Parlement d'obliger le gouvernement à s'expliquer des vetos aux propositions du Parlement. Non à A et B, oui à C, s'il y a accord du gouvernement.

Pays-Bas. Le Parlement peut rejeter ou modifier le budget. Oui à A, B et C.

Suède. Idem que pour le Danemark, sauf sur le budget global. Oui à A et B, non à C.

Le Parlement peut-il augmenter les dépenses ?
Si oui, comment ?

Australie. Le système est le même qu'au Royaume-Uni.

Danemark. Oui, encore une fois, le Parlement a toute latitude.

États-Unis. Oui, mais il y a des plafonds par programme définis dans la loi, que le Parlement ne peut dépasser qu'en cas d'urgence. L'appel à l'urgence est assez fréquent car les plafonds sont assez serrés.

Grande-Bretagne. Le Parlement ne peut que diminuer les dépenses, ce qui est assez improbable.

Nouvelle-Zélande. Le fait de ne pas pouvoir exercer de changements, même mineurs, s'applique autant au contenu qu'aux montants financiers. Non, sauf accord du gouvernement.

Pays-Bas. Oui, par amendement.

Suède. Oui, le Parlement peut adopter toute modification de dépenses, si elle est gagée.

Le Parlement peut-il gager des dépenses ?
Si oui, comment ?

Australie. Non, sauf si le gouvernement en est d'accord.

Danemark. Oui, de son plein gré.

États-Unis. Le Parlement peut gager des dépenses au sein d'un vote limitatif (les treize) en transférant de l'argent d'un programme à un autre ou même d'une agence à une autre. Le gouvernement ne peut pas s'y opposer. La seule limite est qu'il s'agit des programmes discrétionnaires et que cela ne touche, ni les crédits parlementaires, ni les crédits judiciaires.

Grande-Bretagne. Non.

Nouvelle-Zélande. Non, sauf si le gouvernement en est d'accord.

Pays-Bas. Par amendement.

Suède. Idem que le Danemark.

Le gouvernement peut-il s'y opposer ?

Australie. Oui.

Danemark. Non.

États-Unis. Non.

Grande-Bretagne. Oui.

Nouvelle-Zélande. Oui.

Pays-Bas. Non, sauf en démissionnant.

Suède. Non.

Le gouvernement peut-il annuler des crédits en cours d'exercice ?

Australie. En général, le gouvernement préfère ne pas avoir recours à des annulations de crédits en cours d'année. S'il y a problème, recours est fait à l'emprunt, sauf si un programme entier est supprimé (par exemple, après une évaluation). Le prélèvement de productivité de 1,25 % par an offre un coussin qui permet de ne pas réguler en cours d'année par gel de crédits. Si les 1,25 % ne suffisent pas, le gouvernement demandera aux ministères un certain pourcentage d'économies au budget suivant. La situation des ressources et des recettes, en ce cas, fera l'objet d'un réexamen lors de la prochaine loi de finances. L'objectif est de stabiliser le plus possible les crédits alloués par la loi de finances en cours d'année.

Danemark. Le gouvernement peut diminuer les sommes allouées aux agences (même notion que celle de maximum en Nouvelle-Zélande). Il peut aussi sauvegarder de l'argent pour l'année suivante. Les agences, de leur côté, peuvent emprunter « à l'avance » sur leur budget prévisionnel de l'année suivante un montant de 10 %.

États-Unis. Le problème ne se pose pas car le budget est en excédent. Quand le problème s'est posé, dans le passé, le gouvernement a préféré emprunter plutôt que d'annuler des crédits.

Grande-Bretagne. Non, sauf dans des cas très limités. Les ajustements dans les programmes ne peuvent concerner que les programmes non discrétionnaires. Ils se pratiquent en cours d'année, surtout à la hausse, par exemple, les allocations chômage. En cas de changement de circonstance économique, des ajustements à la hausse et à la baisse peuvent être proposés au moment de la discussion du projet de loi de finances. Il existe des mécanismes pour transférer, en cours d'année, des sommes vers les programmes discrétionnaires (entre programmes, voire entre ministères). Mais il doit être rendu compte préalablement des ajustements au Parlement, en cours d'année.

Nouvelle-Zélande. Oui, car la notion d'appropriations est celle d'un maximum, que le gouvernement n'est pas obligé de dépenser (et ceci arrive). Les annulations de crédits sont possibles sans contraintes autres que politiques.

Pays-Bas. Oui, en cas de mauvais management ou de projets à risque (pour les dépenses de transfert).

Suède. Même système qu'au Danemark. La différence est que ces changements, par rapport à la loi de finances initiale, doivent être examinés par la commission des Finances du Parlement, qui donne son avis, et doivent être motivés. En droit et en fait, la commission des Finances ne s'y oppose pas.

Pour quels motifs et selon quelle procédure se produisent les annulations de crédits ?

Dans tous les pays, pour les motifs suivants :
- obsolescence du programme ou transfert d'un programme à une autre autorité ;
- régulation économique ;
- la procédure est décidée unilatéralement par le ministère des Finances dans les pays managériaux et doit faire l'objet d'une information de la commission des Finances dans les pays nordiques.

Y-a-t-il un plafond à l'annulation ? À quel niveau ?

Il n'y a pas de plafond explicite, les votes étant des autorisations maximales de dépenser. C'est aux ministères de voir où ils prennent l'argent au sein des programmes, lorsqu'un problème de déficit public est à gérer, ou en différant la mise en œuvre des programmes. Toutefois, en pratique, sauf dans les pays qui peuvent pratiquer des budgets avec des changements brusques (États-Unis), les gouvernements tendent à ne pas dépasser 2 % d'annulation des crédits. La raison en est que, si les programmes sont suffisamment grands, il existe des marges de redéploiement ou de ré-échelonnement des priorités dans le temps.

Comment se fait la régulation ?

La section de fonctionnement doit-elle être en équilibre ? Sur quelle partie du budget peut-on emprunter ? Quelle est la politique budgétaire en cas de récession ?

Cette question complexe entraîne trois remarques :
- La notion de programmes abolit la distinction entre fonctionnement et investissement. L'ensemble des pays, même de tendance la plus

libérale, utilisent la dépense publique comme facteur contrat cyclique. Dans cette enquête, tout le monde admet laisser jouer les stabilisateurs automatiques pour ne pas accentuer les crises économiques.

• L'enjeu est alors celui de la solidité des prévisions macroéconomiques pluriannuelles. Celles-ci doivent inclure des prévisions, y compris sur les aléas économiques, la capacité de restructurer la masse salariale et la hiérarchisation des programmes plus ou moins prioritaires (l'effet de développement économique est souvent un critère d'adoption d'un programme). Ces prévisions permettent de connaître les secteurs où des économies peuvent être envisagées, sans mettre en cause la croissance.

• Dans certains pays, le gouvernement juge que chaque ministère, grâce aux nouvelles technologies ou aux réinsertions, peut faire un minimum de gains de productivité de 1,25 % par an. Ce gain sert de coussin au budget de l'État. Le degré de turnover et les protections statutaires du personnel sont aussi très différents selon les pays, ce qui procure plus ou moins de souplesses dans le budget. Les différents pays ont donc des capacités de réserve et de souplesses très différentes.

Note de synthèse de l'étude de cas

Les conclusions communes sont multiples.

Tout d'abord, ces pays raisonnent par programmes et par objectifs (déclinés en stratégies de mise en œuvre, en populations cibles), mesurés par des indicateurs et évalués qualitativement. En termes budgétaires, un programme abolit la séparation entre crédits de fonctionnement et d'investissement ou de transfert. Les crédits nécessaires à la réalisation d'un objectif figurent sous l'appellation « programme » et sont fongibles. Le contrôle se fait essentiellement par l'intermédiaire du ministère des Finances, lequel, par expérience ou *benchmarking*, établit des ratios de crédits de fonctionnement nécessaires pour faire fonctionner le programme déterminé. Un contrôle peut aussi s'effectuer sur le patrimoine, afin que la fongibilité ne mette pas en danger le patrimoine de l'État.

Par ailleurs, il n'y a de fongibilité entre programmes qu'avec l'accord du ministère des Finances pour des raisons de régulation budgétaire ou de décision politique imprévue ou lorsque les administrations se rendent compte qu'elles ont fait des erreurs d'estimation. Elles risqueraient, dans ce cas, de ne pas être en mesure de délivrer les résultats sur lesquels elles se sont engagées. Ces pays, même lorsqu'ils ont un statut de la fonction publique, développent de plus en plus des programmes à durée déterminée de cinq ans (renouvelables) et recrutent, pour ce faire, des agents à durée déterminée.

• Tous ces pays se sont engagés dans la culture par résultats et utilisent les prestations et les impacts des programmes (résultats à moyen et à long terme correspondant aux objectifs gouvernementaux) pour informer le budget et engager les administrations. Il existe peu de pays qui utilisent les résultats comme moyen direct de budgétisation (Australie et Nouvelle-Zélande), encore ne le font-ils que sur les impacts de niveau le plus élevé (de cinq à dix par ministère). La répartition des crédits à un niveau plus fin, celui des prestations, est négocié entre les administrations et le gouvernement, mais n'est pas voté par le Parlement. La raison essentielle en est de préserver les capacités de mise en œuvre et de responsabilité ainsi que d'imagination des responsables des administrations. Un vote à un niveau trop fin déresponsabilise les managers (rapport d'Allen Schick sur le budget de la Nouvelle-Zélande, en 1998). Comment les résultats des ministères sont-ils alors vérifiés ? Ces pays ayant souvent des traditions juridiques moins fortes que la France, la vérification de l'atteinte des résultats se fait de plusieurs manières :

• comparution semestrielle des sous-directeurs et des directeurs devant les commissions des Assemblées ;
• rapport annuel présenté au Parlement, rendant compte des engagements pris lors de la discussion budgétaire ;
• compte-rendu chiffré bi-hebdomadaire au ministère des Finances (comptabilité d'engagement) ;
• comités interministériels pour les politiques les plus sensibles.

En fait, les clés de la réussite de ce type de budget, face aux aléas économiques, sont :

• un budget suffisamment prospectif pour anticiper la conjoncture et prendre les mesures en termes fiscaux ou d'avoir les personnes qui s'y adaptent ;
• une définition des priorités des ministères et de leurs structures organisationnelles ;
• des systèmes de contrôle internes et externes ;
• des indicateurs situés à leur niveau de pertinence, là où ils permettent des choix ;
• des prévisions sur trois ans qui favorise l'ajustement progressif des changements ;
• des évaluation régulières, tous les cinq ans, de la pertinence des programmes ;
• la capacité de convaincre le Parlement que son pouvoir s'exerce par un contrôle étroit des résultats et une « scrutinisation » régulière de l'activité des administrations.

Conclusion

La situation des pays concernés par l'enquête est très diverse, au regard des questions soulevées par la LOLF. De fait, on peut distinguer trois types de pays, en prenant en compte le contexte politique et le système constitutionnel.

N. B. : les positions que nous résumons ici sont celles des pays et non celles de l'auteur.

Les pays qui ont mis l'accent sur la rigueur économique et la responsabilisation des gestionnaires donnent peu de pouvoirs au Parlement. Celui-ci ne peut pas accroître les dépenses, ni les gager, en contrepartie, il a un large pouvoir de contrôle des administrations. En ce qui concerne les programmes, ils sont issus d'un échange de propositions *top-down* provenant des priorités gouvernementales et d'un processus *bottom-up* de planification stratégique dans chaque agence ou chaque ministère. Actuellement, ce qui se complique, c'est justement l'équilibre entre ces deux démarches, afin de mieux responsabiliser les gestionnaires sur des priorités de service public et d'amener les gouvernements à mieux tenir compte de l'expérience de ceux qui font, c'est-à-dire les gestionnaires de programme. Le Parlement a un rôle de contrôle (*scrutiny*) avant, pendant et après le vote du budget. Son rôle concerne aussi les questions évaluatives sur l'efficience et l'efficacité des programmes (Australie, Nouvelle-Zélande, Royaume-Uni). En revanche, il n'intervient pas dans la modulation des crédits, afin de préserver les équilibres macro-économiques, ou la définition des priorités, qui relèvent de la compétence du gouvernement.

Dans les pays nordiques, le Parlement peut changer les programmes et même le cadrage budgétaire. Pourtant, le système ne dérape pas, et ce pour deux raisons : ces pays ont souvent une dette extérieure importante ; par ailleurs, ils vivent dans une tradition de consensus et de précaution sur les deniers publics. De plus, la publication à large échelle des résultats des politiques des ministères clarifie les zones de besoin (par exemple, au Danemark, la santé et l'éducation obtiennent des résultats faibles, compte tenu de leurs fortes ressources, par rapport à d'autres pays). Même si le Parlement est omnipotent, la transparence des résultats, ainsi que la tradition d'un accord nécessaire entre des gouvernements de coalition, est telle qu'il existe de sérieuses barrières aux dérapages budgétaires dûs à l'initiative parlementaire.

Les pays présidentiels où clairement le budget est une activité de compromis politique entre la majorité et l'opposition (États-Unis). Dans ces pays, la stabilité de l'organisation administrative est trop faible pour qu'il y ait une réelle tradition de responsabilisation des chefs de ministère ou d'agences. Le travail se fait au niveau du Parlement et du gouvernement fédéral et non au niveau des gestionnaires de programmes.

La mise en œuvre des dispositions de la loi organique relative aux lois de finances au ministère de l'Intérieur

L'innovation au ministère de l'Intérieur

La loi organique du 1er août 2001, relative aux lois de finances, bouleverse le cadre de gestion des ministères dits « dépensiers », demande une refonte complète de l'organisation financière de l'État et dessine de nouveaux territoires de responsabilité.

Promouvoir ce changement suppose que, dans un bref laps de temps, la machine administrative abandonne un mode de fonctionnement totalement intégré par des années de pratique, et qui a pris une dimension culturelle avec ses lieux de pouvoir et de contrôle, ses régulations, son rituel budgétaire et ses principes. La mise en œuvre de la loi ouvre donc un vaste chantier, qui touche à la fois :

• les hommes qui devront l'appliquer ;

• les procédures et les modes opératoires ;

• les outils à développer.

Ces éléments servent de point d'ancrage et de fond à la démarche entreprise au ministère de l'Intérieur dans le débat interne ouvert depuis quelques mois, mais aussi dans ses relations avec les autres ministères, en particulier avec le ministère des Finances.

Cependant, la budgétisation par programmes des crédits n'a pas été ressentie comme une totale innovation, car de nouveaux modes de gestion ont été expérimentés, bien avant la promulgation de la loi, au ministère de l'Intérieur, sans anticiper un texte que nous ignorions.

La première innovation concerne le programme d'emploi des crédits. Il s'agit d'un mode de présentation des ressources budgétaires, déclinées de manière fine par les services et les directions. Ce document reprend, par éclatement de la nomenclature budgétaire traditionnelle, l'ensemble des crédits alloués aux services, au titre de la loi de finances initiale, des reports et des estimations de rentrées sur fonds de concours. Les crédits sont ventilés sur des actions et des objectifs choisis par les services. Cela ne concerne que les crédits de fonctionnement des titres 3 et 4 et des crédits d'investissement des titres 5 et 6. L'ensemble du dispositif est validé par le ministre et la notification du programme d'emploi des crédits (PEC) vaut lettre de mission pour les gestionnaires. Au mois de juin, la direction financière et les gestionnaires font un premier bilan d'activité et procèdent, le cas échéant, aux ajustements nécessaires. Cet exercice est repris en fin d'exercice pour intégrer la LFR. Ce dispositif est opérationnel au ministère depuis 1995. Cette répartition organisationnelle des ressources forme un premier cadre de gestion à partir duquel, en perfectionnant l'outil et en intégrant les charges de personnel, le budget des futurs programmes pourra se construire.

Les programmes « loi organique » du ministère seront, selon toute vraisemblance, très proches des agrégats décrits dans le bleu budgétaire. Au nombre de cinq (police nationale, sécurité civile, administration territoriale, collectivités locales et administration générale), leur contour devra être ajusté pour mieux correspondre à la cohérence de gestion, à l'équilibre entre fonctions support et produit, à l'expression des périmètres de responsabilité. Sur cette base de travail, la réflexion engagée permet d'identifier, programme par programme, les différentes actions et sous-actions, les objectifs et les indicateurs de résultats. Ce recensement des « briques de base » de l'activité du ministère débouchera, par étapes successives, sur la construction de périmètres de responsabilité clairs, en veillant au bon équilibre entre administration centrale et services déconcentrés. Cette démarche pourrait conduire vers une réorganisation partielle des services, sachant que les logiques opérationnelles et fonctionnelles ne correspondent pas toujours aux structures organisationnelles en place.

Plus proche des réalités de terrain, la « globalisation des crédits des préfectures » a été aussi, bien avant la loi organique, une expérience préfigurant le nouveau cadre de gestion. Elle consiste à doter une préfecture de la quasi-totalité des ressources concourant à son fonctionnement normal. Cette enveloppe regroupe, sous la même imputation budgétaire, des crédits d'investissement et les crédits relatifs aux charges de personnel et aux dépenses de fonctionnement. Conçue comme un budget annuel, l'enveloppe, calibrée à partir des données physico-financières de la préfecture, est confiée en une seule délégation, en début d'année, à son gestionnaire. Ce budget bénéficie des avantages suivants :

• il est garanti en volume pour une période de trois années consécutives ;
• les crédits sont fongibles en totalité (pas de contrainte asymétrique) ;
• les crédits inemployés en fin de gestion bénéficient d'une garantie de report.

En contrepartie de cette autonomie de gestion, une relation contractuelle est établie entre la préfecture et l'administration centrale. Elle oblige le gestionnaire à suivre précisément l'emploi des ressources mises à sa disposition et à s'engager sur des objectifs et des résultats mesurables par des indicateurs (un système d'information a été construit à cet effet).

Lancée en 2000 auprès de quatre préfectures volontaires, l'expérience s'avère très concluante. Étendue à dix nouvelles préfectures en 2001, plus d'une trentaine de sites seront concernés en 2003, soit un tiers de la cible. Malgré les réticences et les a priori qui se sont manifesté avant l'expérience, la globalisation a été bien accueillie par l'ensemble des personnels. Aucune des dérives annoncées (frilosité de gestion, gabegie, hostilité des syndicats) n'a été constatée. Au contraire, le recentrage de la gestion autour d'un budget unique et de son responsable est un facteur de cohésion et une nouvelle forme de solidarité des agents, construite sur des objectifs partagés. L'accompagnement de la démarche s'est traduit par la mise en place d'un contrôle de gestion qui va se généraliser. La mise en commun des données et des pratiques recensées dans les différentes préfectures globalisées participe déjà à des économies de gestion sensibles sur des postes incontournables et récurrents et offrent, par voie de conséquence, des opportunités de redéploiement des ressources. Plus modestement, les services déconcentrés de police disposent d'une globalisation de leurs crédits, depuis quelques années. Cela ne concerne que les charges courantes de fonctionnement et d'équipement, hors frais de personnel.

Un dernier élément facilitera la mise en œuvre des dispositions de la loi organique. Avec une maîtrise d'ouvrage assurée par le ministère des Finances, le ministère de l'Intérieur a été, pour son administration centrale, site pilote du déploiement d'un progiciel de gestion intégré, outil commun à tous les acteurs de la dépense publique. Conçu à partir de 1998, ce système informatique, construit sur des standards de gestion, reproduit, en grande partie, les caractéristiques de l'organisation financière de l'État (contrôle financier a priori, séparation ordonnateur / comptable, principes et procédures budgétaires de l'ordonnance de 1959). Son utilisation et la découverte de ses potentialités (loin d'être totalement exploitées) souligne la singularité de notre organisation, de ses règles et de ses méthodes. N'ayant pu, au moment de la conception, innover de manière radicale, en raison de la pesanteur des textes fondateurs et de la résistance au changement des directions réglementaires, il semble bien que, aujourd'hui, par touches successives et expérience, la mise en œuvre d'un PGI et les perspectives comptables et organisationnelles de la LOLF trouvent une résonance porteuse de profondes réformes de nos procédures et modes opératoires.

C'est à partir de ce socle, formé d'éléments divers et de portée inégale, que s'engagent depuis quelques mois les réflexions et travaux sur la mise en œuvre de la loi organique au ministère de l'Intérieur. Toutefois, ces jalons n'offrent pas de solutions aux interrogations majeures suivantes et qui dépassent le cadre du seul budget du ministère.

La situation actuelle

La LOLF, qui n'est pas une condition suffisante du changement, pourrait agir à la façon d'une mèche lente qui mettrait progressivement sous tension l'administration et développerait les contradictions qui déjà la travaillent.

Les trois ordres

Un peu à l'instar des sociétés anciennes qui se sont structurées en trois ordres, l'administration a aussi les siens : l'opérationnel, l'ordonnateur /

gestionnaire, le contrôleur. Ce dernier englobe, par commodité de langage, le comptable public et le contrôleur financier.

L'opérationnel, c'est l'output, c'est-à-dire la fonction produit dans une entreprise. Sans pour autant créer de la valeur au sens marchand du terme, il n'en est pas moins la raison d'être de l'administration. Il assure un service à des assujettis devenus, fort heureusement, au fil du temps usagers et parfois clients. Le support de l'opérationnel, c'est le gestionnaire, le fonctionnel dont la prestation est purement interne.

Enfin, le contrôleur, dans la culture française, dépend, dans la plupart des cas, d'une autorité extérieure à la structure contrôlée. Il faut maintenant espérer que, en plaçant la performance au cœur de l'action administrative, la LOLF aide à déséquilibrer un système qui s'est cristallisé, siècle après siècle, autour du contrôle, de son exercice et de son contournement. En fait, c'est de contrôles au pluriel qu'il faut parler :
• du contrôleur financier a priori sur les engagements et sur les ordonnancements ;
• du comptable sur les actes de la dépense ;
• de la Cour des comptes sur les comptables à leur tour mais aussi sur l'ordonnateur et sur la gestion des ministères proprement dits ;
• des inspections ;
• du Parlement enfin.

Chaque contrôleur a son jardin, soigneusement préservé au fil du temps, et les contrôles externes doublonnent entre eux. Les contrôles a priori prédominent sur les contrôles a posteriori, aussi lointains que tardifs. La faiblesse des contrôles internes est à la fois la justification et la conséquence de ce paysage.

La salsa des contrôles

Le contrôle externe est à double face : contrôle de régularité mais aussi d'opportunité, sans que les critères de ce dernier soient clairement posés au préalable.

Pris en ciseaux entre les exigences des contrôles et les impatiences des opérationnels (justifiées tant qu'elles ne se transforment pas en demandes incohérentes), le gestionnaire a parfois le sentiment de s'épuiser à ces jeux, tandis que ses services se dispersent dans des tâches matérielles de commande, de liquidation et de mise en paiement. Pendant ce temps, il ne gère pas, au sens où il ne consacre pas suffisamment de temps à la prospective, au pilotage, au reporting et à l'analyse de son activité, toutes tâches inhérentes à sa fonction.

L'effet culbuto

Quoi que l'on fasse, quoi que l'on veuille, le système est construit de telle sorte que le court terme écrase le moyen et le long terme, que la réaction gomme l'anticipation et la prospective, que le contrôle quantitatif prend la place du qualitatif et le contrôle externe celle du contrôle interne, perçu comme une contrainte de plus.

La LOLF doit modifier cette donne parce qu'elle fait de la performance, de la responsabilisation et de la transparence des objectifs premiers. Elle nous oblige donc à compléter la chaîne de la gestion par deux maillons essentiels, situés à ses extrémités : la réflexion stratégique et la mesure de l'action.

Mais ce sont aussi les positionnements respectifs des ministères et, en leur sein, ceux des directions financières, qu'elle va faire évoluer. La Direction du Budget (DB) est concernée au premier rang, en particulier dans sa relation avec les ministères dépensiers, car elle est de fait le moteur de la réforme. Par conséquent, elle se doit d'être exemplaire dans son fonctionnement interne, afin de devenir la référence du mouvement qu'elle impulse. Pour cela, elle doit se recentrer sur les fonctions d'allocation de ressource, de contrôle global de la dépense, d'évaluation des actions, et quitter définitivement les rivages, grisants mais illégitimes, des appréciations en opportunité et des incursions dans la gestion quotidienne des ministères. La Direction Générale de la Comptabilité Publique (DGCP) sera le pivot de la mise en place de la nouvelle comptabilité, ce qui représente un véritable challenge pour elle.

En se repositionnant sur leurs fonctions normatives et sur des tâches de régulation, le Budget et la comptabilité publique ouvrent un nouvel espace de gestion aux ministères gestionnaires. Alors que l'extrême précision de la nomenclature de prévision budgétaire et des grilles d'emplois (délices du contrôle a priori) laissaient un faible espace à la réflexion sur le couple objectifs / moyens, la logique de programme offre l'opportunité aux « directeurs produits » de s'interroger, en toute rationalité, sur les questions d'allocation de ressource. Les programmes d'emplois des crédits (PEC), qui définissent pour chaque direction du ministère de l'Intérieur les axes majeurs de la gestion à venir, trouveront de la sorte leur pleine raison d'être.

En réveillant ainsi une aspiration forte mais encore virtuelle à la réforme de la gestion publique, la LOLF met en tension l'ensemble du système et accroît la contradiction entre la culture de résultat qui la sous-tend et celle de régularité qui structure aujourd'hui l'acte de gestion. Chacune des institutions va se trouver prise au mot de ses intentions de réforme.

La spécificité de la gestion publique est-elle nécessaire ?

La LOLF prévoit que l'État doit faire appliquer, sauf exception, les principes de la comptabilité des entreprises. La spécificité administrative, qui a justifié l'autonomie complète de notre comptabilité, n'est plus considérée que par exception. C'est sur ce point que la rupture est la plus nette avec la situation actuelle. Mener une révolution comptable est une tâche immense qui n'a jamais été engagée, et nous n'y sommes pas préparés. Cinquante ans d'ordonnance organique ont donné naissance à une génération de gestionnaires et de comptables publics qui sont experts d'une matière qui va pratiquement disparaître. Il faudra gérer des mutations à la fois humaines et d'expertise considérables. D'autres aspects de la LOLF sont porteurs de changements, sans doute moins radicaux mais tout aussi novateurs.

Fongibilité symétrique ou asymétrique ?

Les modes d'allocation de la ressource sont modifiés en profondeur. Au sein d'un programme, le gestionnaire disposera d'une liberté quasi totale pour redéployer ses crédits, réserve faite des crédits de personnel qui ne pourront être majorés par des crédits d'un autre titre (la fongibilité est « asymétrique »).

Il n'y a que deux précédents à ce système qui donne au gestionnaire une entière liberté : à certains égards, ce que prévoyait la Rationalisation des Choix Budgétaires (RCB), par le biais des budgets de programme mais surtout par l'expérience de globalisation des crédits des préfectures, unique à ce jour dans l'administration.

Le dispositif qu'applique le ministère de l'Intérieur (dix-huit préfectures sont concernées en 2002), et qui a été mis en place sans heurts, va du reste plus loin que la LOLF, puisqu'il fonctionne sur la base d'une « fongibilité » totale entre les crédits de personnel et de fonctionnement. Les préfectures globalisées peuvent ainsi accorder de manière très encadrée des « primes à la bonne gestion », et aucune dérive n'a été relevée à ce jour, sur ce point. **Dommage que la LOLF, « asymétricité oblige », ne le permette pas.**

L'expérience engagée avec dix préfectures en 2000 est, au total, extrêmement positive : développement d'une véritable culture de gestion, mise en œuvre d'un contrôle de gestion interne, arbitrage rationnel entre le moyen et le court terme, adaptation de la structure des emplois, tout cela avec une garantie absolue de reports, ce qui n'est pas le cas dans le dispositif prévu par la LOLF.

Pour le ministère de l'Intérieur, la présentation actuelle par agrégats que reprennent les bleus donne déjà une idée assez précise de leur contenu avec, en données consolidées, les missions et, en sous-ensembles, les sous-programmes correspondant aux fonctions qui leur sont attribuées. L'actuel bleu budgétaire contient également des indicateurs censés illustrer les objectifs.

Enfin, en ce qui concerne le contrôle de l'efficacité de la dépense publique, le gestionnaire est un peu perplexe devant l'avalanche de documents d'accompagnement qu'exige le Parlement. Cette abondance de documents concerne aussi directement le ministère des Finances, lequel devra, de son côté, produire à chaque étape de la discussion, un ensemble impressionnant de rapports.

Mais, on se rassurera en observant que ce n'est jamais que la poursuite d'une tendance engagée depuis plusieurs années. Et l'on s'apaisera définitivement en relevant que jamais ce type de documents n'a, par le passé, suscité une grande curiosité.

L'ambiguïté des reports

Initiative d'origine parlementaire soutenue par le gouvernement, la LOLF est un texte de consensus qui a recueilli l'accord de l'ensemble des formations politiques. Cela traduit bien la force des thèmes sur la performance des administrations et le renouveau du service public, ainsi que les exigences grandissantes de la société civile en ce domaine.

Mais cette logique consensuelle explique peut-être aussi que la LOLF véhicule un certain nombre d'archaïsmes, qu'elle ne soit pas exempte d'ambiguïtés, enfin, qu'elle pêche par l'une ou l'autre omission qu'il faudra tôt ou tard corriger, ce qui est plus préoccupant.

C'est le cas pour la façon dont est traité le problème des reports. Outre le fait qu'il vient contredire la volonté affichée de responsabiliser davantage le gestionnaire, ce plafonnement vide en partie la notion de pluri-annualité de sa signification et traduit une curieuse méconnaissance des réalités de gestion.

Il est en outre regrettable que l'on n'ait pas voulu prendre en compte le principal enseignement de la globalisation des crédits des préfectures qui montre que la garantie des reports est une condition *sine qua non* du financement des dépenses de moyen terme (maintenance immobilière par exemple) dans des dotations globalisées. Quant à afficher un pourcentage dans une loi organique, on souhaite bonne chance au gouvernement qui souhaitera en modifier le taux...

La surabondance des obligations de *reporting*

L'approche retenue par le Parlement pour traiter la question de la performance des ministères n'est pas exempt d'ambiguïtés. Ainsi, la pléthore de documents prévus par la LOLF éveille un certain scepticisme.

L'interrogation, en fait, est double. La LOLF fait du débat budgétaire l'occasion d'analyser les performances des administrations. Mais est-ce là une bonne méthode et est-ce le bon moment ?

L'expérience montre toutefois que les débats budgétaires oscillent entre un extrême politique et un extrême anecdotique, qui laisse inexploré le champ de l'activité proprement dite du ministère. Évaluer la performance mérite autre chose que de volumineux rapports ou qu'un débat de nuit. La formule qui nous paraît la mieux adaptée est encore celle des Missions d'Évaluation et de Contrôle (MEC), qui avait été initiée en 1999 et qui découple clairement le débat budgétaire. La finalité de ce dernier est le vote d'un budget et l'expertise ou l'audit des gestions administratives qui relèvent d'une logique d'investigation.

Le principe de la séparation de l'ordonnateur et du comptable est-il toujours pertinent ?

Enfin, il est un sujet majeur qui aurait fort bien trouvé sa place dans la Loi organique à partir du moment où celle-ci changeait le référentiel comptable, c'est celui de la séparation entre ordonnateurs et comptables. La LOLF n'en parle pas.

Les logiques de contrôle des résultats, d'analyse de la performance, de responsabilisation des gestionnaires, autant que l'unicité de la comptabilité de l'ordonnateur et du comptable rendront de plus en plus inadapté ce principe majeur de notre droit de la comptabilité publique ; principe auquel nous sommes les seuls au monde, avec les Italiens il est vrai, à nous accrocher.

Au terme de ce premier survol de la LOLF, on aura compris que le souci du gestionnaire est que l'on aille plus loin et que l'on corrige les insuffisances qui ont été relevées.

Mais, et l'on voit là l'une des limites de l'approche qui consiste à vouloir rénover la gestion publique par un texte organique à dominante budgétaire, la souplesse de gestion, qui est annoncée comme le corollaire de la responsabilisation du gestionnaire et de son engagement de performance, se trouve réduite par la force des choses au seul champ de l'allocation de ressource. Le problème n'est pas seulement du côté de la ressource : il concerne aussi la dépense.

C'est donc aux modalités de son exécution qu'il faut s'attaquer, c'est-à-dire aux lenteurs et lourdeurs qui la caractérisent. Cela signifie qu'il faut parler de ces deux « vaches sacrées » que sont les textes de 1922 et de 1962, respectivement sur le contrôle financier et sur la comptabilité publique.

Si la situation a si peu évolué jusqu'à présent, ce n'est pas parce que l'ordonnance de 1959 bridait tout changement mais plutôt parce que chacun des acteurs a trouvé avantage à un système conservateur qui aseptise l'expérimentation, parce qu'il stigmatise la prise de risque, pointe du doigt celui par qui la réaction syndicale arrive et peine à mettre en lumière ce qui constitue un vrai progrès plutôt qu'un habillage cosmétique.

Les facteurs clés du succès de la LOLF

Ces vieux réflexes qui, hier, ont bloqué les tentatives de réforme peuvent fort bien, demain, paralyser la LOLF et en réduire la mise en œuvre à la seule partie comptable. Puisqu'il s'agit à présent d'identifier les principaux facteurs du succès, gardons-nous de sombrer dans le manichéisme. Pour illustrer ce propos, nous rappellerons que depuis trois ans, sans bruit, avec constance et détermination, un noyau associant Bercy et des gestionnaires, dans le prolongement du commissariat à la Réforme de l'État, a :

- systématisé la pratique des indicateurs dans les bleus budgétaires ;
- imposé la rédaction de comptes-rendus de gestion budgétaire ;
- créé des clubs de gestion publique dont les travaux, notamment dans l'immobilier ou le contrôle de gestion, sont de très grande qualité ;
- mis en œuvre des expérimentations, comme celle de la globalisation des crédits dans les préfectures ;

- préparé un nouveau système d'information comptable particulièrement innovant.

La querelle entre anciens et modernes est vieille comme le monde. À cette aune-là, il nous semble qu'il y a deux préalables au succès de la LOLF : d'une part, sa mise en œuvre doit être considérée comme une priorité politique de l'État ; d'autre part, les administrations financières doivent prendre à bras le corps le dossier de la réforme de la dépense publique et de son contrôle.

La LOLF était un passage obligé pour parler de la réforme de l'État. Maintenant que le déblocage a eu lieu, parlons du véritable enjeu, celui de la rénovation de la gestion publique dont la Loi organique n'est que l'un des vecteurs.

Innover

Quoiqu'il en soit, l'appareil d'État, dans son ensemble, doit affirmer sa détermination à mettre en œuvre la Loi organique et jouer le jeu de la responsabilisation et de la performance. Rien n'est moins sûr aujourd'hui. On a suffisamment décrit ce jeu de Yo-yo entre le contrôleur et le gestionnaire pour ne pas craindre que ce dernier demain, libre d'allouer comme il le souhaite les ressources dont il dispose, n'éprouve une sorte de peur du vide.

Pour manifester clairement une volonté d'agir, il faut revoir trois questions essentielles : le contrôle financier, la séparation des ordonnateurs et des comptables et, enfin, les contrôles administratifs. Examiner avec pragmatisme, sans esprit de corps et sous le prisme de la performance, ces questions nous paraît être un deuxième préalable.

Chacun son *aggiornamento*

La tutelle doit à présent presser le pas et clairement dire ce qu'elle fait des recommandations du groupe de travail créé à cet effet : rôle d'information et d'alerte, suivi des lignes salariales, développement du conseil juridique. Les gestionnaires eux-mêmes ont besoin d'un interlocuteur proche d'eux, critique au bon sens du terme, mais dont le contrôle s'exercerait à partir d'une vision partagée des objectifs annuels du ministère.

La remise à plat de la chaîne de la dépense est un deuxième point essentiel. Les 35 heures et les délais de paiement du nouveau code des marchés publics sont l'occasion privilégiée de réexaminer, point par point, son fonctionnement et de faire du re-engineering. Cela renvoie, bien sûr, au principe de séparation de l'ordonnateur et du comptable, d'où une certaine perplexité devant le silence qui entoure cette question.

La situation paraît donc mûre pour expérimenter un dispositif plus simple et plus économe à tous égards. Ce nouvel équilibre entre les acteurs entraîne le déplacement du champ des responsabilités et, par conséquent, celui du contrôle a posteriori. C'est le troisième sujet sensible qui conduit à dire un mot des contrôles « non juridictionnels ».

Une nouvelle Cour

La Cour des comptes a pris depuis longtemps le virage qui consiste à ne pas seulement traiter la régularité des actes mais à porter une appréciation sur la performance des administrations. La LOLF va aussi directement affecter les modes d'intervention et, par conséquent, de fonctionnement de la Cour.

Introduire dans l'administration l'équivalent de la fonction de commissaire aux comptes revient à substituer une logique d'accompagnement et de vigilance au quotidien à un mode de contrôle caractérisé à la fois par les délais, parfois très longs dans lesquels il est réalisé et porté à la connaissance des gestionnaires, et par la prédominance d'une attitude de jugement distancié, qui ne prend pas toujours en compte les contraintes des gestionnaires. « *On ne peut à la fois juger et comprendre* », dit la Cour. Il faudra maintenant trouver un moyen terme.

Un recalage identique, du reste déjà engagé, doit être opéré par les inspections ministérielles. L'audit, l'appui, le conseil, le retour d'expérience qui ne sont pas exclusifs du recours aux consultants privés doivent devenir des réflexes.

Reste la question clé de la sanction de l'ordonnateur / gestionnaire. Faut-il la réserver au seul juge judiciaire ou conserver une sanction publique intermédiaire pour garantir l'honnêteté des gestionnaires ? Il n'y a pas d'inquiétude à avoir : les missions classiques d'inspection ne disparaîtront pas.

Ces diverses orientations n'ont rien de bien nouveau. Elles sont en filigrane dans toutes les réflexions du moment. Elles sont une sorte d'ultime impact de ce qui apparaît comme la contribution majeure de la LOLF : la place et le rôle de l'État en France ne justifient plus que, au nom de sa spécificité, l'administration échappe aux règles de bonne gestion et de bon fonctionnement qui caractérisent toute organisation, quel que soit son objet.

Nous en mettons en œuvre d'ores et déjà une bonne partie. La LOLF en pose d'autres qui vont structurer à présent le paysage de notre gestion. Nous avons évoqué les sujets à aborder avec lucidité et pragmatisme.

Tirer les conséquences de la loi sur la gestion des ressources humaines

Derrière tout cela, il y a des métiers. Sans doute certains d'entre eux sont-ils déjà couverts par notre édifice statutaire. Mais ils sont peu nombreux et beaucoup de spécialités utiles n'existent pas dans l'administration. Prenons l'exemple des contrôleurs de gestion. Cette expertise ne fait pas partie du statut de la fonction publique. Que faire, en ce cas, pour créer les pôles de compétences nécessaires alors que les différentes mesures de résorption du travail précaire ont, de fait, très sévèrement restreint le recours aux contractuels ?

Pointer cette contradiction, c'est :
- ouvrir un nouveau champ à la LOLF ;
- élargir la gamme de ses effets différés à la question cruciale de la ressource humaine dans la fonction publique ;
- évoquer les rigidités et l'isolement de la fonction publique par rapport aux autres secteurs professionnels.

Le problème de la gestion des ressources humaines reste posé. Vaste sujet, d'une grande sensibilité, il ne peut être réduit à la formulation de solutions budgétaires. Il semble bien que la loi organique serve de révélateur d'une situation globale peu satisfaisante, tant au plan collectif qu'individuel. Une bonne intégration des crédits de personnels, dans les programmes et les budgets globaux, implique aussi de disposer, pour le gestionnaire, de voies et de moyens pour gérer ses effectifs, tant au niveau qualitatif que quantitatif. Or, le système actuel et son organisation rendent l'exercice difficile. C'est d'ailleurs le problème que posent toutes les préfectures globalisées : comment mettre en adéquation une structure d'emploi pertinente avec les rigidités actuelles de la gestion du personnel ?

Définir le rôle du préfet

Il s'agit du rôle, de la place et de la responsabilité des préfets dans la mise en œuvre des politiques territoriales de l'État. Représentant unique de l'État et ordonnateur secondaire de droit de l'ensemble des ministères, le préfet assure, par les pouvoirs qui lui sont conférés, la mise en cohérence des politiques locales : lieu de passage obligé des crédits délégués, il est aussi celui des arbitrages et des choix.

La budgétisation par programmes risque de renforcer des liens entre les administrations centrales et leurs services déconcentrés, dans l'identification des objectifs et des résultats à atteindre et le fléchage des crédits correspondants, réduisant toute marge de manœuvre locale. Poussée à l'extrême, cette logique pourrait déboucher sur une multiplication des agences et une atomisation des centres locaux de décision, voire de profondes divergences de stratégies.

La loi organique est silencieuse sur le sujet, et la direction du Budget s'interdit de penser à une éventuelle fongibilité des crédits inter-programmes, au niveau local. À moins d'imaginer une administration du territoire différente (ce qui n'est pas exclu), il convient de préciser rapidement le rôle et la place du préfet dans le nouveau dispositif. Cette problématique exprimée par le ministère de l'Intérieur reste encore sans réponse.

Investir dans l'accompagnement de la loi

Le dernier point d'interrogation concerne la conduite du changement et l'accompagnement qu'il nécessite. L'optique proposée par la LOLF impose de s'investir dans une nouvelle dimension culturelle, qui ne peut se résoudre par une réforme des procédures et par un changement des outils ou du système d'information. Passer d'une logique linéaire, de la préparation du budget à la clôture de son exercice d'application, à une dynamique de gestion rétablissant un cercle vertueux entre la construction du budget en base zéro, son exécution et son analyse (contrôle de gestion, évaluation des coûts) ne s'opère pas sans une préparation et un accompagnement de grande ampleur.

Selon le calendrier prévisionnel des travaux (2002 / 2005), les nouvelles normes et les règles, la définition des référentiels et la conception des outils s'élaboreront de manière progressive. Ce n'est qu'au terme de cette démarche qu'une vision d'ensemble pourra être partagée et se traduire au plan pédagogique. Restera-il assez de temps pour sensibiliser et former tous les acteurs ? Certes, il est prévu des expériences de préfiguration dès 2003 (mise en œuvre de la loi en mode dégradé), et le ministère de l'Intérieur a choisi de s'engager dans cette voie.

En l'état actuel de nos réflexions, le sujet pose plus d'interrogations qu'il ne trouve de solutions concrètes, aussi pragmatiques et imparfaites soient-elles. Il faut à la fois convaincre les acteurs en interne, les inciter à penser autrement, à partir de concepts à l'état d'ébauche, mais aussi faire adhérer nos partenaires de Bercy à cette démarche. Personne n'est vraiment disposé à gérer un espace budgétaire de manière différente et à approcher la matière sous un angle nouveau. Ce phénomène ne s'analyse pas seulement en termes de résistance au changement, mais se comprend aussi comme une réelle difficulté à s'approprier une conception nouvelle des sujets. Quarante ans de pratiques immuables, relevant du dogme, construisent un obstacle difficile à franchir, tant le modèle initial a formaté les mentalités. Le risque majeur de l'échec de la réforme réside à ce niveau. L'administration n'a pas la possibilité de renouveler ses personnels et son encadrement. Il faudra bien conduire cette réforme avec les moyens présents. S'il est prévisible qu'une forte résistance au changement s'exprimera sur bon nombre de sujets (certains rapports d'étape témoignent déjà d'une volonté conservatrice), il est plus grave de reproduire un schéma connu en s'interdisant de penser à d'autres solutions car celles-ci, dans le système actuel, se comprennent comme de graves transgressions à l'ordre établi. Pour l'heure, ce sujet n'a pas encore été abordé en interne et au plan interministériel.

Mais, c'est aller au-delà du propos du jour. Comme l'écrit Spinoza et plus que jamais « *toute chose excellente est aussi difficile qu'elle est rare* ».

Claude d'Harcourt
Directeur de la programmation,
des affaires financières et immobilières
Ministère de l'Intérieur

Loi organique n° 2001-692 du 1er août 2001, relative aux lois de finances (1)

NOR : ECOX0104681L

L'Assemblée nationale et le Sénat ont adopté,

Le Conseil constitutionnel a déclaré conforme à la Constitution,

Le président de la République promulgue la loi dont la teneur suit :

Titre I : des lois de finances

Article 1

Dans les conditions et sous les réserves prévues par la présente loi organique, les lois de finances déterminent, pour un exercice, la nature, le montant et l'affectation des ressources et des charges de l'État, ainsi que l'équilibre budgétaire et financier qui en résulte. Elles tiennent compte d'un équilibre économique défini, ainsi que des objectifs et des résultats des programmes qu'elles déterminent. L'exercice s'étend sur une année civile.

Ont le caractère de lois de finances :

1 la loi de finances de l'année et les lois de finances rectificatives ;

2 la loi de règlement ;

3 les lois prévues à l'article 45.

Titre II : des ressources et des charges de l'État

Article 2

Les ressources et les charges de l'État comprennent les ressources et les charges budgétaires ainsi que les ressources et les charges de trésorerie. Les impositions de toute nature ne peuvent être directement affectées à un tiers qu'à raison des missions de service public confiées à lui et sous les réserves prévues par les articles 34, 36 et 51.

Chapitre I : des ressources et des charges budgétaires

Article 3

Les ressources budgétaires de l'État comprennent :

1 des impositions de toute nature ;

2 les revenus courants de ses activités industrielles et commerciales, de son domaine, de ses participations financières ainsi que de ses autres actifs et droits, les rémunérations des services rendus par lui, les retenues et cotisations sociales établies à son profit, le produit des amendes, les versements d'organismes publics et privés autres que ceux relevant des opérations de trésorerie, et les produits résultant des opérations de trésorerie autres que les primes à l'émission d'emprunts de l'État ;

3 les fonds de concours, ainsi que les dons et legs consentis à son profit ;

4 les revenus courants divers ;

5 les remboursements des prêts et avances ;
6 les produits de ses participations financières ainsi que de ses autres actifs et droits de cession de son domaine ;
7 les produits exceptionnels divers.

Article 4

La rémunération de services rendus par l'État peut être établie et perçue sur la base de décrets en Conseil d'État pris sur le rapport du ministre chargé des finances et du ministre intéressé. Ces décrets deviennent caducs en l'absence d'une ratification dans la plus prochaine loi de finances afférente à l'année concernée.

Article 5

I Les charges budgétaires de l'État sont regroupées sous les titres suivants :
1 Les dotations des pouvoirs publics ;
2 Les dépenses de personnel ;
3 Les dépenses de fonctionnement ;
4 Les charges de la dette de l'État ;
5 Les dépenses d'investissement ;
6 Les dépenses d'intervention ;
7 Les dépenses d'opérations financières.

II Les dépenses de personnel comprennent :
• les rémunérations d'activité ;
• les cotisations et contributions sociales ;
• les prestations sociales et allocations diverses.

III Les dépenses de fonctionnement comprennent :
• les dépenses de fonctionnement autres que celles de personnel ;
• les subventions pour charges de service public.

IV Les charges de la dette de l'État comprennent :
• les intérêts de la dette financière négociable ;
• les intérêts de la dette financière non négociable ;
• les charges financières diverses.

V Les dépenses d'investissement comprennent :
• les dépenses pour immobilisations corporelles de l'État ;
• les dépenses pour immobilisations incorporelles de l'État.

VI Les dépenses d'intervention comprennent :
• les transferts aux ménages ;
• les transferts aux entreprises ;
• les transferts aux collectivités territoriales ;
• les transferts aux autres collectivités ;
• les appels en garantie.

VII Les dépenses d'opérations financières comprennent :
• les prêts et avances ;
• les dotations en fonds propres ;
• les dépenses de participations financières.

Article 6

Les ressources et les charges budgétaires de l'État sont retracées dans le budget sous forme de recettes et de dépenses. Le budget décrit, pour une année, l'ensemble des recettes et des dépenses budgétaires de l'État. Il est fait recette du montant intégral des produits, sans contraction entre les recettes et les dépenses. L'ensemble des recettes assurant l'exécution de l'ensemble des dépenses, toutes les recettes et toutes les dépenses sont retracées sur un compte unique, intitulé budget général.

Un montant déterminé de recettes de l'État peut être rétrocédé directement au profit des collectivités territoriales ou des Communautés européennes en vue de couvrir des charges incombant à ces bénéficiaires ou de compenser des exonérations, des réductions ou des plafonnements d'impôts établis au profit des collectivités territoriales. Ces prélèvements sur les recettes de l'État sont, dans leur destination et leur montant, définis et évalués de façon précise et distincte.

Chapitre II : de la nature et de la portée des autorisations budgétaires

Article 7

I   Les crédits ouverts par les lois de finances pour couvrir chacune des charges budgétaires de l'État sont regroupés par mission relevant d'un ou plusieurs services, d'un ou plusieurs ministères.

Une mission comprend un ensemble de programmes concourant à une politique publique définie. Seule une disposition de loi de finances d'initiative gouvernementale peut créer une mission. Toutefois, une mission spécifique regroupe les crédits des pouvoirs publics, chacun d'entre eux faisant l'objet d'une ou de plusieurs dotations. De même, une mission regroupe les crédits des deux dotations suivantes :

1 une dotation pour dépenses accidentelles, destinée à faire face à des calamités, et pour dépenses imprévisibles ;

2 une dotation pour mesures générales en matière de rémunérations dont la répartition par programme ne peut être déterminée avec précision au moment du vote des crédits.

Un programme regroupe les crédits destinés à mettre en œuvre une action ou un ensemble cohérent d'actions relevant d'un même ministère et auquel sont associés des objectifs précis, définis en fonction de finalités d'intérêt général, ainsi que des résultats attendus et faisant l'objet d'une évaluation.

II   Les crédits sont spécialisés par programme ou par dotation.

Les crédits d'un programme ou d'une dotation sont présentés selon les titres mentionnés à l'article 5. La présentation des crédits par titre est indicative. Toutefois, les crédits ouverts sur le titre des dépenses de personnel de chaque programme constituent le plafond des dépenses de cette nature.

III   À l'exception des crédits de la dotation au 2e du I, les crédits ouverts sur le titre des dépenses de personnel sont assortis de plafonds d'autorisation des emplois rémunérés par l'État. Ces plafonds sont spécialisés par ministère.

IV Les crédits ouverts sont mis à la disposition des ministres.

Les crédits ne peuvent être modifiés que par une loi de finances ou, à titre exceptionnel, en application des dispositions prévues aux articles 11 à 15, 17, 18 et 21. La répartition des emplois autorisés entre les ministères ne peut être modifiée que par une loi de finances ou, à titre exceptionnel, en application du II de l'article 12.

Article 8

Les crédits ouverts sont constitués d'autorisations d'engagement et de crédits de paiement. Les autorisations d'engagement constituent la limite supérieure des dépenses pouvant être engagées. Pour une opération d'investissement, l'autorisation d'engagement couvre un ensemble cohérent et de nature à être mis en service ou exécuté sans adjonction. Les crédits de paiement constituent la limite supérieure des dépenses pouvant être ordonnancées ou payées pendant l'année pour la couverture des engagements contractés dans le cadre des autorisations d'engagement. Pour les dépenses de personnel, le montant des autorisations d'engagement ouvertes est égal au montant des crédits de paiement ouverts.

Article 9

Les crédits sont limitatifs, sous réserve des dispositions prévues aux articles 10 et 24. Les dépenses ne peuvent être engagées et ordonnancées que dans la limite des crédits ouverts. Les conditions dans lesquelles des dépenses peuvent être engagées par anticipation sur les crédits de l'année suivante sont définies par une disposition de loi de finances. Les plafonds des autorisations d'emplois sont limitatifs.

Article 10

Les crédits relatifs aux charges de la dette de l'État, aux remboursements, restitutions et dégrèvements et à la mise en jeu des garanties accordées par l'État ont un caractère évaluatif. Ils sont ouverts sur des programmes distincts des programmes dotés de crédits limitatifs.

Les dépenses auxquelles s'appliquent les crédits évaluatifs s'imputent, si nécessaire, au-delà des crédits ouverts. Dans cette hypothèse, le ministre chargé des finances informe les commissions de l'Assemblée nationale et du Sénat chargées des finances des motifs du dépassement et des perspectives d'exécution jusqu'à la fin de l'année.

Les dépassements de crédits évaluatifs font l'objet de propositions d'ouverture de crédits dans le plus prochain projet de loi de finances afférent à l'année concernée.

Les crédits prévus au premier alinéa ne peuvent faire l'objet ni des annulations liées aux mouvements prévus aux articles 12 et 13, ni des mouvements de crédits prévus à l'article 15.

Article 11

En tant que de besoin, les crédits ouverts sur la dotation pour dépenses accidentelles et imprévisibles sont répartis par programme, par décret pris sur le rapport du ministre chargé des finances. Les crédits ouverts sur la dotation pour mesures générales en matière de rémunérations sont, par arrêté du ministre chargé des finances, répartis par programme. Cet arrêté ne peut majorer que des crédits ouverts sur le titre des dépenses de personnel.

Article 12

I Des virements peuvent modifier la répartition des crédits entre programmes d'un même ministère. Le montant cumulé, au cours d'une même année, des crédits ayant fait l'objet de virements, ne peut excéder 2 % des crédits ouverts par la loi de finances de l'année pour chacun des programmes concernés. Ce plafond s'applique également aux crédits ouverts sur le titre des dépenses de personnel pour chacun des programmes concernés.

II Des transferts peuvent modifier la répartition des crédits entre programmes de ministères distincts, dans la mesure où l'emploi des crédits ainsi transférés, pour un objet déterminé, correspond à des actions du programme d'origine. Ces transferts peuvent être assortis de modifications de la répartition des emplois autorisés entre les ministères concernés.

III Les virements et transferts sont effectués par décret pris sur le rapport du ministre chargé des Finances, après information des commissions de l'Assemblée nationale et du Sénat chargées des finances et des autres commissions concernées. L'utilisation des crédits virés ou transférés donne lieu à l'établissement d'un compte-rendu spécial, inséré au rapport établi en application du 4ᵉ de l'article 54.

IV Aucun virement, ni transfert, ne peut être effectué au profit de programmes non prévus par une loi de finances. Aucun virement, ni transfert, ne peut être effectué au profit du titre des dépenses de personnel à partir d'un autre titre.

Article 13

En cas d'urgence, des décrets d'avance pris sur avis du Conseil d'État et après avis des commissions de l'Assemblée nationale et du Sénat chargées des finances peuvent ouvrir des crédits supplémentaires sans affecter l'équilibre budgétaire défini par la dernière loi de finances. À cette fin, les décrets d'avance procèdent à l'annulation de crédits ou constatent des recettes supplémentaires. Le montant cumulé des crédits ainsi ouverts ne peut excéder 1 % des crédits ouverts par la loi de finances de l'année.

La commission chargée des finances de chaque Assemblée fait connaître son avis au Premier ministre dans un délai de sept jours, à compter de la notification qui lui a été faite du projet de décret. La signature du décret ne peut intervenir qu'après réception des avis de ces commissions ou, à défaut, après l'expiration du délai susmentionné.

La ratification des modifications apportées, sur le fondement des deux alinéas précédents, aux crédits ouverts par la dernière loi de finances est demandée au Parlement dans le plus prochain projet de loi de finances afférent à l'année concernée.

En cas d'urgence et de nécessité impérieuse d'intérêt national, des crédits supplémentaires peuvent être ouverts, après information des commissions de l'Assemblée nationale et du Sénat chargées des Finances, par décret d'avance pris en Conseil des ministres sur avis du Conseil d'État. Un projet de loi de finances portant ratification de ces crédits est déposé immédiatement ou à l'ouverture de la plus prochaine session du Parlement.

Article 14

I Afin de prévenir une détérioration de l'équilibre budgétaire défini par la dernière loi de finances afférente à l'année concernée, un crédit peut être annulé par décret pris sur le rapport du ministre chargé des finances.

Un crédit devenu sans objet peut être annulé par un décret pris dans les mêmes conditions.

Avant sa publication, tout décret d'annulation est transmis pour information aux commissions de l'Assemblée nationale et du Sénat chargées des finances et aux autres commissions concernées.

Le montant cumulé des crédits annulés par décret en vertu du présent article et de l'article 13 ne peut dépasser 1,5 % des crédits ouverts par les lois de finances afférentes à l'année en cours.

II Les crédits dont l'annulation est proposée par un projet de loi de finances rectificative sont indisponibles pour engager ou ordonnancer des dépenses à compter de son dépôt jusqu'à l'entrée en vigueur de ladite loi ou, le cas échéant, jusqu'à la décision du Conseil constitutionnel interdisant la mise en application de ces annulations en vertu du premier alinéa de l'article 62 de la Constitution.

III Tout acte, quelle qu'en soit la nature, ayant pour objet ou pour effet de rendre des crédits indisponibles, est communiqué aux commissions de l'Assemblée nationale et du Sénat chargées des finances.

Article 15

I Sous réserve des dispositions concernant les autorisations d'engagement, les crédits ouverts et les plafonds des autorisations d'emplois fixés au titre d'une année ne créent aucun droit au titre des années suivantes.

II Les autorisations d'engagement disponibles sur un programme à la fin de l'année peuvent être reportées sur le même programme ou, à défaut, sur un programme poursuivant les mêmes objectifs, par arrêté conjoint du ministre chargé des finances et du ministre intéressé, majorant à due concurrence les crédits de l'année suivante. Ces reports ne peuvent majorer les crédits inscrits sur le titre des dépenses de personnel.

Sous réserve des dispositions prévues à l'article 21, les crédits de paiement disponibles sur un programme à la fin de l'année peuvent être reportés sur le même programme ou, à défaut, sur un programme poursuivant les mêmes objectifs, par arrêté conjoint du ministre chargé des finances et du ministre intéressé, dans les conditions suivantes :

1 les crédits inscrits sur le titre des dépenses de personnel du programme bénéficiant du report peuvent être majorés dans la limite de 3 % des crédits initiaux, inscrits sur le même titre du programme à partir duquel les crédits sont reportés ;

2 les crédits inscrits sur les autres titres du programme bénéficiant du report peuvent être majorés dans la limite globale de 3 % de l'ensemble des crédits initiaux, inscrits sur les mêmes titres du programme à partir duquel les crédits sont reportés. Ce plafond peut être majoré par une disposition de loi de finances.

III Les crédits ouverts sur un programme en application des dispositions du II de l'article 17 et disponibles à la fin de l'année sont reportés sur le même programme ou, à défaut, sur un programme poursuivant les mêmes objectifs, par arrêté conjoint du ministre chargé des finances et du ministre intéressé.

Le montant des crédits ainsi reportés ne peut excéder la différence entre les recettes et les dépenses constatées sur le fondement des dispositions précitées.

Les reports de crédits de paiement effectués en application du présent paragraphe ne sont pas pris en compte pour apprécier les limites fixées aux 1er et 2e du II.

IV Les arrêtés de report sont publiés au plus tard le 31 mars de l'année suivant celle à la fin de laquelle la disponibilité des autorisations d'engagement ou des crédits de paiement a été constatée.

Chapitre III : des affectations de recettes

Article 16

Certaines recettes peuvent être directement affectées à certaines dépenses. Ces affectations prennent la forme de budgets annexes, de comptes spéciaux ou de procédures comptables particulières au sein du budget général, d'un budget annexe ou d'un compte spécial.

Article 17

I Les procédures particulières permettant d'assurer une affectation au sein du budget général, d'un budget annexe ou d'un compte spécial sont la procédure de fonds de concours, la procédure d'attribution de produits et la procédure de rétablissement de crédits.

II Les fonds de concours sont constitués, d'une part, par des fonds à caractère non fiscal versés par des personnes morales ou physiques pour concourir à des dépenses d'intérêt public et, d'autre part, par les produits de legs et donations attribués à l'État.

Les fonds de concours sont directement portés en recettes au budget général, au budget annexe ou au compte spécial considéré. Un crédit supplémentaire de même montant est ouvert par arrêté du ministre chargé des finances sur le programme ou la dotation concernée.

Les recettes des fonds de concours sont prévues et évaluées par la loi de finances. Les plafonds de dépenses et de charges prévus au 6ᵉ du I de l'article 34 incluent le montant des crédits susceptibles d'être ouverts par voie de fonds de concours.

L'emploi des fonds doit être conforme à l'intention de la partie versante. À cette fin, un décret en Conseil d'État définit les règles d'utilisation des crédits ouverts par voie de fonds de concours.

III Les recettes tirées de la rémunération de prestations régulièrement fournies par un service de l'État peuvent, par décret pris sur le rapport du ministre chargé des finances, faire l'objet d'une procédure d'attribution de produits. Les règles relatives aux fonds de concours leur sont applicables. Les crédits ouverts dans le cadre de cette procédure sont affectés au service concerné.

IV Peuvent donner lieu à rétablissement de crédits dans des conditions fixées par arrêté du ministre chargé des finances :

1 les recettes provenant de la restitution au Trésor de sommes payées indûment ou à titre provisoire sur crédits budgétaires ;

2 les recettes provenant de cessions entre services de l'État ayant donné lieu à paiement sur crédits budgétaires.

Article 18

I Des budgets annexes peuvent retracer, dans les conditions prévues par une loi de finances, les seules opérations des services de l'État non dotés de la personnalité morale résultant de leur activité de production de biens ou de prestation de services donnant lieu au paiement de redevances, lorsqu'elles sont effectuées à titre principal par lesdits services.

La création d'un budget annexe et l'affectation d'une recette à un budget annexe ne peuvent résulter que d'une disposition de loi de finances.

II Un budget annexe constitue une mission, au sens des articles 7 et 47.

Sous réserve des règles particulières définies au présent article, les opérations des budgets annexes sont prévues, autorisées et exécutées dans les mêmes conditions que celles du budget général.

Par dérogation aux dispositions du II de l'article 7 et de l'article 29, les budgets annexes sont présentés selon les normes du plan comptable général, en deux sections. La section des opérations courantes retrace les recettes et les dépenses de gestion courante. La section des opérations en capital retrace les recettes et les dépenses afférentes aux opérations d'investissement et aux variations de l'endettement.

Par dérogation aux dispositions du III de l'article 7, les plafonds des autorisations d'emplois dont sont assortis les crédits ouverts sur le titre des dépenses de personnel sont spécialisés par budget annexe.

Si, en cours d'année, les recettes effectives sont supérieures aux prévisions des lois de finances, les crédits pour amortissement de la dette peuvent être majorés à due concurrence, par arrêté conjoint du ministre chargé des finances et du ministre intéressé.

Aucun des mouvements de crédits prévus aux articles 11 et 12 ne peut être effectué entre le budget général et un budget annexe.

Article 19

Les comptes spéciaux ne peuvent être ouverts que par une loi de finances. Les catégories de comptes spéciaux sont les suivantes :
1 les comptes d'affectation spéciale ;
2 les comptes de commerce ;
3 les comptes d'opérations monétaires ;
4 les comptes de concours financiers.

L'affectation d'une recette à un compte spécial ne peut résulter que d'une disposition de loi de finances.

Article 20

I Il est interdit d'imputer directement à un compte spécial des dépenses résultant du paiement de traitements, salaires, indemnités et allocations de toute nature.

Sous réserve des règles particulières prévues aux articles 21 à 24, les opérations des comptes spéciaux sont prévues, autorisées et exécutées dans les mêmes conditions que celles du budget général. Sauf dispositions contraires prévues par une loi de finances, le solde de chaque compte spécial est reporté sur l'année suivante.

II Chacun des comptes spéciaux dotés de crédits constitue une mission au sens des articles 7 et 47. Leurs crédits sont spécialisés par programme. Aucun des mouvements de crédits prévus aux articles 11 et 12 ne peut être effectué entre le budget général et un compte spécial doté de crédits.

Article 21

I Les comptes d'affectation spéciale retracent, dans les conditions prévues par une loi de finances, des opérations budgétaires financées au moyen de recettes particulières qui sont, par nature, en relation directe avec les dépenses concernées. Ces recettes peuvent être complétées par des versements du budget général, dans la limite de 10 % des crédits initiaux de chaque compte.

Les opérations de nature patrimoniale liées à la gestion des participations financières de l'État, à l'exclusion de toute opération de gestion courante, sont, de droit, retracées sur un unique compte d'affectation spéciale. Les versements du budget général au profit de ce compte ne sont pas soumis à la limite prévue au premier alinéa.

Il en est de même pour les opérations relatives aux pensions et avantages accessoires. Les versements du budget général au profit de ce compte ne sont pas soumis à la limite prévue au premier alinéa.

II Sauf dérogation expresse prévue par une loi de finances, aucun versement au profit du budget général, d'un budget annexe ou d'un compte spécial ne peut être effectué à partir d'un compte d'affectation spéciale. En cours d'année, le total des dépenses engagées ou ordonnancées au titre d'un compte d'affectation spéciale ne peut excéder le total des recettes constatées, sauf pendant les trois mois suivant sa création. Durant cette dernière période, le découvert ne peut être supérieur à un montant fixé par la loi de finances créant le compte.

Si, en cours d'année, les recettes effectives sont supérieures aux évaluations des lois de finances, des crédits supplémentaires peuvent être ouverts, par arrêté du ministre chargé des finances, dans la limite de cet excédent. Au préalable, le ministre chargé des finances informe les commissions de l'Assemblée nationale et du Sénat chargées des finances des raisons de cet excédent, de l'emploi prévu pour les crédits ainsi ouverts et des perspectives d'exécution du compte jusqu'à la fin de l'année.

Les autorisations d'engagement et les crédits de paiement disponibles en fin d'année sont reportés sur l'année suivante, dans les conditions prévues aux II et IV de l'article 15, pour un montant qui ne peut excéder le solde du compte.

Article 22

I Les comptes de commerce retracent des opérations de caractère industriel et commercial effectuées à titre accessoire par des services de l'État non dotés de la personnalité morale. Les évaluations de recettes et les prévisions de dépenses de ces comptes ont un caractère indicatif. Seul le découvert fixé pour chacun d'entre eux a un caractère limitatif. Sauf dérogation expresse prévue par une loi de finances, il est interdit d'exécuter, au titre de ces comptes, des opérations d'investissement financier, de prêts ou d'avances, ainsi que des opérations d'emprunt.

II Les opérations budgétaires relatives à la dette et à la trésorerie de l'État, à l'exclusion de toute opération de gestion courante, sont retracées dans un compte de commerce déterminé. Ce compte est divisé en sections distinguant les opérations selon leur nature. Chaque section est dotée d'une autorisation de découvert. Sont déterminés par une disposition de loi de finances :

- la nature des opérations autorisées, chaque année, sur chaque section ;

- le caractère limitatif ou évaluatif de chaque autorisation de découvert ;
- les modalités générales d'information du Parlement sur l'activité du compte et les modalités particulières selon lesquelles le ministre chargé des finances informe les commissions de l'Assemblée nationale et du Sénat chargées des finances de tout dépassement d'une autorisation de découvert ;
- les conditions générales de fonctionnement du compte.

Article 23

Les comptes d'opérations monétaires retracent les recettes et les dépenses de caractère monétaire. Pour cette catégorie de comptes, les évaluations de recettes et les prévisions de dépenses ont un caractère indicatif. Seul le découvert fixé pour chacun d'entre eux a un caractère limitatif.

Article 24

Les comptes de concours financiers retracent les prêts et avances consentis par l'État. Un compte distinct doit être ouvert pour chaque débiteur ou catégorie de débiteurs. Les comptes de concours financiers sont dotés de crédits limitatifs, à l'exception des comptes ouverts au profit des États étrangers et des banques centrales liées à la France par un accord monétaire international, qui sont dotés de crédits évaluatifs.

Les prêts et les avances sont accordés pour une durée déterminée. Ils sont assortis d'un taux d'intérêt qui ne peut être inférieur à celui des obligations ou bons du Trésor de même échéance ou, à défaut, d'échéance la plus proche. Il ne peut être dérogé à cette disposition que par décret en Conseil d'État.

Le montant de l'amortissement en capital des prêts et avances est pris en recettes au compte intéressé. Toute échéance qui n'est pas honorée à la date prévue doit faire l'objet, selon la situation du débiteur :

- soit d'une décision de recouvrement immédiat, ou, à défaut de recouvrement, de poursuites effectives engagées dans un délai de six mois ;
- soit d'une décision de rééchelonnement faisant l'objet d'une publication au *Journal officiel* ;
- soit de la constatation d'une perte probable faisant l'objet d'une disposition particulière de loi de finances et imputée au résultat de l'exercice dans les conditions prévues à l'article 37. Les remboursements ultérieurement constatés sont portés en recettes au budget général.

Chapitre IV : des ressources et des charges de trésorerie

Article 25

Les ressources et les charges de trésorerie de l'État résultent des opérations suivantes :

1 le mouvement des disponibilités de l'État ;

2 l'escompte et l'encaissement des effets de toute nature émis au profit de l'État ;

3 la gestion des fonds déposés par des correspondants ;

4 l'émission, la conversion, la gestion et le remboursement des emprunts et autres dettes de l'État. Les ressources et les charges de trésorerie afférentes à ces opérations incluent les primes et décotes à l'émission.

Article 26

Les opérations prévues à l'article 25 sont effectuées conformément aux dispositions suivantes :

1 le placement des disponibilités de l'État est effectué conformément aux autorisations annuelles générales ou particulières données par la loi de finances de l'année ;

2 aucun découvert ne peut être consenti aux correspondants prévus au 3e de l'article 25 ;

3 sauf disposition expresse d'une loi de finances, les collectivités territoriales et leurs établissements publics sont tenus de déposer toutes leurs disponibilités auprès de l'État ;

4 l'émission, la conversion et la gestion des emprunts sont effectuées conformément aux autorisations annuelles générales ou particulières données par la loi de finances de l'année. Sauf disposition expresse d'une loi de finances, les emprunts émis par l'État sont libellés en euros. Ils ne peuvent prévoir d'exonération fiscale. Les emprunts émis par l'État ou tout autre personne morale de droit public ne peuvent être utilisés comme moyen de paiement d'une dépense publique. Les remboursements d'emprunts sont exécutés conformément au contrat d'émission.

Chapitre V : des comptes de l'État

Article 27

L'État tient une comptabilité des recettes et des dépenses budgétaires et une comptabilité générale de l'ensemble de ses opérations. En outre, il met en œuvre une comptabilité destinée à analyser les coûts des différentes actions engagées dans le cadre des programmes. Les comptes de l'État doivent être réguliers, sincères et donner une image fidèle de son patrimoine et de sa situation financière.

Article 28

La comptabilisation des recettes et des dépenses budgétaires obéit aux principes suivants :

1 les recettes sont prises en compte au titre du budget de l'année au cours de laquelle elles sont encaissées par un comptable public ;

2 les dépenses sont prises en compte au titre du budget de l'année au cours de laquelle elles sont payées par les comptables assignataires. Toutes les dépenses doivent être imputées sur les crédits de l'année considérée, quelle que soit la date de la créance. Dans des conditions fixées par décret en Conseil d'État, des recettes et des dépenses budgétaires peuvent être comptabilisées au cours d'une période de l'année civile, dont la durée ne peut excéder vingt jours.

En outre, lorsqu'une loi de finances rectificative est promulguée au cours du dernier mois de l'année civile, les opérations de recettes et de dépenses qu'elle prévoit peuvent être exécutées au cours de cette période complémentaire. Les recettes et les dépenses portées aux comptes d'imputation provisoire sont enregistrées aux comptes définitifs au plus tard à la date d'expiration de la période complémentaire. Le détail des opérations de recettes qui, à titre exceptionnel, n'auraient pu être imputées à un compte définitif à cette date figure dans l'annexe prévue par le 7e de l'article 54.

Article 29

Les ressources et les charges de trésorerie sont imputées à des comptes de trésorerie par opération. Les recettes et les dépenses de nature budgétaire résultant de l'exécution d'opérations de trésorerie sont imputées dans les conditions prévues à l'article 28.

Article 30

La comptabilité générale de l'État est fondée sur le principe de la constatation des droits et obligations. Les opérations sont prises en compte au titre de l'exercice auquel elles se rattachent, indépendamment de leur date de paiement ou d'encaissement. Les règles applicables à la comptabilité générale de l'État ne se distinguent de celles applicables aux entreprises qu'en raison des spécificités de son action.

Elles sont arrêtées après avis d'un comité de personnalités qualifiées publiques et privées dans les conditions prévues par la loi de finances. Cet avis est communiqué aux commissions de l'Assemblée nationale et du Sénat chargées des finances et publié.

Article 31

Les comptables publics chargés de la tenue et de l'établissement des comptes de l'État veillent au respect des principes et règles mentionnés aux articles 27 à 30. Ils s'assurent notamment de la sincérité des enregistrements comptables et du respect des procédures.

Titre III : du contenu et de la présentation des lois de finances

Chapitre I : du principe de sincérité

Article 32

Les lois de finances présentent de façon sincère l'ensemble des ressources et des charges de l'État. Leur sincérité s'apprécie compte tenu des informations disponibles et des prévisions qui peuvent raisonnablement en découler.

Article 33

Dispositions déclarées non conformes à la Constitution par décision du Conseil constitutionnel n° 2001-448 DC du 25 juillet 2001. Sous réserve des dispositions de l'article 13 de la présente loi organique, lorsque des dispositions d'ordre législatif ou réglementaire sont susceptibles d'affecter les ressources ou les charges de l'État dans le courant de l'année, les conséquences de chacune d'entre elles sur les composantes de l'équilibre financier doivent être évaluées et autorisées dans la plus prochaine loi de finances afférente à cette année.

Chapitre II : des dispositions des lois de finances

Article 34

La loi de finances de l'année comprend deux parties distinctes.

I Dans la première partie, la loi de finances de l'année :

1 autorise, pour l'année, la perception des ressources de l'État et des impositions de toute nature affectées à des personnes morales autres que l'État ;

2 comporte les dispositions relatives aux ressources de l'État qui affectent l'équilibre budgétaire ;

3 comporte toutes dispositions relatives aux affectations de recettes au sein du budget de l'État ;

4 évalue chacun des prélèvements mentionnés à l'article 6 ;

5 comporte l'évaluation de chacune des recettes budgétaires ;

6 fixe les plafonds des dépenses du budget général et de chaque budget annexe, les plafonds des charges de chaque catégorie de comptes spéciaux ainsi que le plafond d'autorisation des emplois rémunérés par l'État ;

7 arrête les données générales de l'équilibre budgétaire, présentées dans un tableau d'équilibre ;

8 comporte les autorisations relatives aux emprunts et à la trésorerie de l'État prévues à l'article 26 et évalue les ressources et les charges de trésorerie qui concourent à la réalisation de l'équilibre financier, présentées dans un tableau de financement ;

9 fixe le plafond de la variation nette, appréciée en fin d'année, de la dette négociable de l'État d'une durée supérieure à un an.

II Dans la seconde partie, la loi de finances de l'année :

1 fixe, pour le budget général, par mission, le montant des autorisations d'engagement et des crédits de paiement ;

2 fixe, par ministère et par budget annexe, le plafond des autorisations d'emplois ;

3 fixe, par budget annexe et par compte spécial, le montant des autorisations d'engagement et des crédits de paiement ouverts ou des découverts autorisés ;

4 fixe, pour le budget général, les budgets annexes et les comptes spéciaux, par programme, le montant du plafond des reports prévu au 2e du II de l'article 15 ;

5 autorise l'octroi des garanties de l'État et fixe leur régime ;

6 autorise l'État à prendre en charge les dettes de tiers, à constituer tout autre engagement correspondant à une reconnaissance unilatérale de dette, et fixe le régime de cette prise en charge ou de cet engagement ;

7 peut :

a) comporter des dispositions relatives à l'assiette, au taux et aux modalités de recouvrement des impositions de toute nature qui n'affectent pas l'équilibre budgétaire ;

b) comporter des dispositions affectant directement les dépenses budgétaires de l'année ;

c) définir les modalités de répartition des concours de l'État aux collectivités territoriales ;

d) approuver des conventions financières ;

e) comporter toutes dispositions relatives à l'information et au contrôle du Parlement sur la gestion des finances publiques ;

f) comporter toutes dispositions relatives à la comptabilité de l'État et au régime de la responsabilité pécuniaire des agents des services publics.

III La loi de finances de l'année doit comporter les dispositions prévues aux 1er, 5e, 6e, 7e et 8e du I et aux 1er, 2e et 3e du II.

Article 35

Sous réserve des exceptions prévues par la présente loi organique, seules les lois de finances rectificatives peuvent, en cours d'année, modifier les dispositions de la loi de finances de l'année prévues aux 1er et 3e à 9e du I et au 1er à 6e du II de l'article 34. Le cas échéant, elles ratifient les modifications apportées par décret d'avance aux crédits ouverts par la dernière loi de finances.

Les lois de finances rectificatives doivent comporter les dispositions prévues aux 6e et 7e du I de l'article 34. Les lois de finances rectificatives sont présentes en partie ou en totalité dans les mêmes formes que la loi de finances de l'année. Les dispositions de l'article 55 leur sont applicables.

Article 36

L'affectation, totale ou partielle, à une autre personne morale d'une ressource établie au profit de l'État ne peut résulter que d'une disposition de loi de finances.

Article 37

I La loi de règlement arrête le montant définitif des recettes et des dépenses du budget auquel elle se rapporte, ainsi que le résultat budgétaire qui en découle.

II La loi de règlement arrête le montant définitif des ressources et des charges de trésorerie ayant concouru à la réalisation de l'équilibre financier de l'année correspondante, présenté dans un tableau de financement.

III La loi de règlement approuve le compte de résultat de l'exercice, établi à partir des ressources et des charges constatées dans les conditions prévues à l'article 30. Elle affecte au bilan le résultat comptable de l'exercice et approuve le bilan après affectation ainsi que ses annexes.

IV Le cas échéant, la loi de règlement :

1 ratifie les modifications apportées par décret d'avance aux crédits ouverts par la dernière loi de finances afférente à cette année ;

2 ouvre, pour chaque programme ou dotation concerné, les crédits nécessaires pour régulariser les dépassements constatés résultant de circonstances de force majeure dûment justifiées et procède à l'annulation des crédits n'ayant été ni consommés ni reportés ;

3 majore, pour chaque compte spécial concerné, le montant du découvert autorisé au niveau du découvert constaté ;

4 arrête les soldes des comptes spéciaux non reportés sur l'exercice suivant ;

5 apure les profits et pertes survenus sur chaque compte spécial.

V La loi de règlement peut également comporter toutes dispositions relatives à l'information et au contrôle du Parlement sur la gestion des finances publiques, ainsi qu'à la comptabilité de l'État et au régime de la responsabilité pécuniaire des agents des services publics.

Titre IV : de l'examen et du vote des projets de loi de finances

Article 38

Sous l'autorité du Premier ministre, le ministre chargé des finances prépare les projets de loi de finances, qui sont délibérés en conseil des ministres.

Chapitre I : du projet de loi de finances de l'année et des projets de loi de finances rectificative

Article 39

Le projet de loi de finances de l'année, y compris les documents prévus aux articles 50 et 51, est déposé et distribué au plus tard le premier mardi d'octobre de l'année qui précède celle de l'exécution du budget. Il est immédiatement renvoyé à l'examen de la commission chargée des finances.

Toutefois, chaque annexe générale destinée à l'information et au contrôle du Parlement est déposée sur le bureau des assemblées et distribuée au moins cinq jours francs avant l'examen, par l'Assemblée nationale en première lecture, des recettes ou des crédits auxquels elle se rapporte.

Article 40

L'Assemblée nationale doit se prononcer, en première lecture, dans le délai de quarante jours après le dépôt d'un projet de loi de finances. Le Sénat doit se prononcer en première lecture dans un délai de vingt jours après avoir été saisi.

Si l'Assemblée nationale n'a pas émis un vote en première lecture sur l'ensemble du projet dans le délai prévu au premier alinéa, le Gouvernement saisit le Sénat du texte qu'il a initialement présenté, modifié le cas échéant par les amendements votés par l'Assemblée nationale et acceptés par lui. Le Sénat doit alors se prononcer dans un délai de quinze jours après avoir été saisi.

Si le Sénat n'a pas émis un vote en première lecture sur l'ensemble du projet de loi de finances dans le délai imparti, le Gouvernement saisit à nouveau l'Assemblée du texte soumis au Sénat, modifié, le cas échéant, par les amendements votés par le Sénat et acceptés par lui.

Le projet de loi de finances est ensuite examiné selon la procédure d'urgence dans les conditions prévues à l'article 45 de la Constitution. Si le Parlement ne s'est pas prononcé dans le délai de soixante-dix jours après le dépôt du projet, les dispositions de ce dernier peuvent être mises en vigueur par ordonnance.

Article 41

Le projet de loi de finances de l'année ne peut être mis en discussion devant une assemblée avant le vote par celle-ci, en première lecture, sur le projet de loi de règlement afférent à l'année qui précède celle de la discussion dudit projet de loi de finances.

Article 42

La seconde partie du projet de loi de finances de l'année et, s'il y a lieu, des projets de loi de finances rectificative, ne peut être mise en discussion devant une assemblée avant l'adoption de la première partie.

Article 43

Les évaluations de recettes font l'objet d'un vote d'ensemble pour le budget général, les budgets annexes et les comptes spéciaux. Les évaluations de ressources et de charges de trésorerie font l'objet d'un vote unique. La discussion des crédits du budget général donne lieu à un vote par mission. Les votes portent à la fois sur les autorisations d'engagement et sur les crédits de paiement. Les plafonds des autorisations d'emplois font l'objet d'un vote unique. Les crédits des budgets annexes et les crédits ou les découverts des comptes spéciaux sont votés par budget annexe et par compte spécial.

Article 44

Dès la promulgation de la loi de finances de l'année ou d'une loi de finances rectificative, ou dès la publication de l'ordonnance prévue à l'article 47 de la Constitution, le Gouvernement prend des décrets portant :

1 répartition par programme ou par dotation des crédits ouverts sur chaque mission, budget annexe ou compte spécial ;

2 fixation, par programme, du montant des crédits ouverts sur le titre des dépenses de personnel.

Ces décrets répartissent et fixent les crédits conformément aux annexes explicatives prévues aux 5e et 6e de l'article 51 et au 2e de l'article 53, modifiées, le cas échéant, par les votes du Parlement. Les crédits fixés par les décrets de répartition ne peuvent être modifiés que dans les conditions prévues par la présente loi organique.

Article 45

Dans le cas prévu au quatrième alinéa de l'article 47 de la Constitution, le gouvernement dispose des deux procédures prévues ci-dessous :

1 Il peut demander à l'Assemblée nationale, avant le 11 décembre de l'année qui précède le début de l'exercice, d'émettre un vote séparé sur l'ensemble de la première partie de la loi de finances de l'année. Ce projet de loi partiel est soumis au Sénat selon la procédure d'urgence ;

2 Si la procédure prévue au 1 n'a pas été suivie ou n'a pas abouti, le gouvernement dépose, avant le 19 décembre de l'année qui précède le début de l'exercice, devant l'Assemblée nationale, un projet de loi spéciale l'autorisant à continuer à percevoir les impôts existants jusqu'au vote de la loi de finances de l'année. Ce projet est discuté selon la procédure d'urgence. Si la loi de finances de l'année ne peut être promulguée ni mise en application en vertu du premier alinéa de l'article 62 de la Constitution, le gouvernement dépose immédiatement devant l'Assemblée nationale un projet de loi spéciale l'autorisant à continuer à percevoir les impôts existants jusqu'au vote de la loi de finances de l'année. Ce projet est discuté selon la procédure d'urgence.

Après avoir reçu l'autorisation de continuer à percevoir les impôts soit par la promulgation de la première partie de la loi de finances de l'année, soit par la promulgation d'une loi spéciale, le gouvernement prend des décrets ouvrant les crédits applicables aux seuls services votés.

La publication de ces décrets n'interrompt pas la procédure de discussion du projet de loi de finances de l'année, qui se poursuit dans les conditions prévues par les articles 45 et 47 de la Constitution et par les articles 40, 42, 43 et 47 de la présente loi organique.

Les services votés, au sens du quatrième alinéa de l'article 47 de la Constitution, représentent le minimum de crédits que le gouvernement juge indispensable pour poursuivre l'exécution des services publics dans les conditions qui ont été approuvées l'année précédente par le Parlement. Ils ne peuvent excéder le montant des crédits ouverts par la dernière loi de finances de l'année.

Chapitre II : du projet de loi de règlement

Article 46

Le projet de loi de règlement, y compris les documents prévus à l'article 54 et aux 4e et 5 de l'article 58, est déposé et distribué avant le 1er juin de l'année suivant celle de l'exécution du budget auquel il se rapporte.

Chapitre III : dispositions communes

Article 47

Au sens des articles 34 et 40 de la Constitution, la charge s'entend, s'agissant des amendements s'appliquant aux crédits, de la mission. Tout amendement doit être motivé et accompagné des développements des moyens qui le justifient. Les amendements non conformes aux dispositions de la présente loi organique sont irrecevables.

Titre V : de l'information et du contrôle sur les finances publiques

Chapitre I : De l'information

Article 48

En vue de l'examen et du vote du projet de loi de finances de l'année suivante par le Parlement, le Gouvernement présente, au cours du dernier trimestre de la session ordinaire, un rapport sur l'évolution de l'économie nationale et sur les orientations des finances publiques comportant :

1 une analyse des évolutions économiques constatées depuis l'établissement du rapport mentionné à l'article 50 ;

2 une description des grandes orientations de sa politique économique et budgétaire au regard des engagements européens de la France ;

3 une évaluation à moyen terme des ressources de l'État ainsi que de ses charges ventilées par grandes fonctions ;

4 la liste des missions, des programmes et des indicateurs de performances associés à chacun de ces programmes, envisagés pour le projet de loi de finances de l'année suivante. Ce rapport peut donner lieu à un débat à l'Assemblée nationale et au Sénat.

Article 49

En vue de l'examen et du vote du projet de loi de finances de l'année, et sans préjudice de tout autre disposition relative à l'information et au contrôle du Parlement sur la gestion des finances publiques, les commissions de l'Assemblée nationale et du Sénat chargées des finances et les autres commissions concernées adressent des questionnaires au gouvernement avant le 10 juillet de chaque année. Celui-ci y répond par écrit au plus tard huit jours francs après la date mentionnée au premier alinéa de l'article 39.

Article 50

Est joint au projet de loi de finances de l'année un rapport sur la situation et les perspectives économiques, sociales et financières de la nation. Il comprend notamment la présentation des hypothèses, des méthodes et des résultats des projections sur la base desquelles est établi le projet de loi de finances de l'année. Il présente et explicite les perspectives d'évolution, pour au moins les quatre années suivant celle du dépôt du projet de loi de finances, des recettes, des dépenses et du solde de l'ensemble des administrations publiques détaillées par sous-secteurs et exprimées selon les conventions de la comptabilité nationale, au regard des engagements européens de la France, ainsi que, le cas échéant, des recommandations adressées à elle sur le fondement du traité instituant la Communauté européenne. Sont joints à cette annexe les rapports sur les comptes de la nation qui comportent une présentation des comptes des années précédentes.

Article 51

Sont joints au projet de loi de finances de l'année :

1 une annexe explicative comportant la liste et l'évaluation, par bénéficiaire ou catégorie de bénéficiaires, des impositions de toute nature affectées à des personnes morales autres que l'État ;

2 une analyse des changements de la présentation budgétaire faisant connaître leurs effets sur les recettes, les dépenses et le solde budgétaire de l'année concernée ;

3 une présentation des recettes et des dépenses budgétaires et une section de fonctionnement et une section d'investissement ;

4 une annexe explicative analysant les prévisions de chaque recette budgétaire et présentant les dépenses fiscales ;

5 des annexes explicatives développant conformément aux dispositions de l'article 5, pour l'année en cours et l'année considérée, par programme ou par dotation, le montant des crédits présentés par titre et présentant, dans les mêmes conditions, une estimation des crédits susceptibles d'être ouverts par voie de fonds de concours. Ces annexes sont accompagnées du projet annuel de performances de chaque programme précisant :

   a) la présentation des actions, des coûts associés, des objectifs poursuivis, des résultats obtenus et attendus pour les années à venir mesurés au moyen d'indicateurs précis dont le choix est justifié ;

   b) l'évaluation des dépenses fiscales ;

   c) la justification de l'évolution des crédits par rapport aux dépenses effectives de l'année antérieure, aux crédits ouverts par la loi de finances de l'année en cours et à ces mêmes crédits éventuellement majorés des crédits reportés de l'année précédente, en indiquant leurs perspectives d'évolution ultérieure ;

   d) l'échéancier des crédits de paiement associés aux autorisations d'engagement ;

   e) par catégorie, présentée par corps ou par métier, ou par type de contrat, la répartition prévisionnelle des emplois rémunérés par l'État et la justification des variations par rapport à la situation existante ;

6 des annexes explicatives développant, pour chaque budget annexe et chaque compte spécial, le montant du découvert ou des recettes et des crédits proposés par programme ou par dotation. Ces annexes sont accompagnées du projet annuel de performances de chacun d'entre eux, dans les conditions prévues au 5 en justifiant les prévisions de recettes et, le cas échéant, son découvert ;

7 des annexes générales prévues par les lois et règlements destinées à l'information et au contrôle du Parlement.

Article 52

En vue de l'examen et du vote du projet de loi de finances et du projet de loi de financement de la sécurité sociale de l'année suivante par le Parlement, le gouvernement présente à l'ouverture de la session ordinaire un rapport retraçant l'ensemble des prélèvements obligatoires ainsi que leur évolution. Ce rapport comporte l'évaluation financière, pour l'année en cours et les deux années suivantes, de chacune des dispositions, de nature législative ou réglementaire, envisagées par le gouvernement. Ce rapport peut faire l'objet d'un débat à l'Assemblée nationale et au Sénat.

Article 53

Sont joints à tout projet de loi de finances rectificative :

1 un rapport présentant les évolutions de la situation économique et budgétaire justifiant les dispositions qu'il comporte ;

2 une annexe explicative détaillant les modifications de crédits proposées ;

3 des tableaux récapitulant les mouvements intervenus par voie réglementaire et relatifs aux crédits de l'année en cours.

Article 54

Sont joints au projet de loi de règlement :

1 le développement des recettes du budget général ;

2 des annexes explicatives, développant, par programme ou par dotation, le montant définitif des crédits ouverts et des dépenses constatées, en indiquant les écarts avec la présentation par titre des crédits ouverts, et les modifications de crédits demandées. Elles présentent également l'écart entre les estimations et les réalisations au titre des fonds de concours ;

3 une annexe explicative présentant les recettes et les dépenses effectives du budget de l'État selon les conventions prévues au 3e de l'article 51 et comportant pour chaque programme, les justifications des circonstances ayant conduit à ne pas engager les dépenses correspondant aux crédits destinés à financer les dépenses visées au 5e du I de l'article 5 ;

4 les rapports annuels de performances, faisant connaître, par programme, en mettant en évidence les écarts avec les prévisions des

lois de finances de l'année considérée, ainsi qu'avec les réalisations constatées dans la dernière loi de règlement :

a) les objectifs, les résultats attendus et obtenus, les indicateurs et les coûts associés ;

b) la justification, pour chaque titre, des mouvements de crédits et des dépenses constatées, en précisant, le cas échéant, l'origine des dépassements de crédits exceptionnellement constatés pour cause de force majeure ;

c) la gestion des autorisations d'emplois, en précisant, d'une part, la répartition des emplois effectifs selon les modalités prévues au e du 5 de l'article 51, ainsi que les coûts correspondants et, d'autre part, les mesures justifiant la variation du nombre des emplois présents selon les mêmes modalités ainsi que les coûts associés à ces mesures ;

5 des annexes explicatives développant, par programme ou par dotation, pour chaque budget annexe et chaque compte spécial, le montant définitif des recettes et des dépenses constatées, des crédits ouverts ou du découvert autorisé, ainsi que les modifications de crédits ou de découvert demandées. Ces annexes sont accompagnées du rapport annuel de performances de chacun d'entre eux, dans les conditions prévues au 4 ;

6 des annexes explicatives présentant les résultats de la comptabilité selon les dispositions prévues au deuxième alinéa de l'article 27 ;

7 de compte général de l'État, qui comprend la balance générale des comptes, le compte de résultat, le bilan et ses annexes, et une évaluation des engagements hors bilan de l'État. Il est accompagné d'un rapport de présentation, qui indique notamment les changements des méthodes et des règles comptables appliqués au cours de l'exercice.

Article 55
Chacune des dispositions d'un projet de loi de finances affectant les ressources ou les charges de l'État fait l'objet d'une évaluation chiffrée de son incidence au titre de l'année considérée et, le cas échéant, des années suivantes.

Article 56
Les décrets et arrêtés prévus par la présente loi organique sont publiés au Journal officiel. Il en est de même des rapports qui en présentent les motivations, sauf en ce qui concerne les sujets à caractère secret touchant à la défense nationale, à la sécurité intérieure ou extérieure de l'État ou aux affaires étrangères.

Chapitre II : du contrôle

Article 57
Les commissions de l'Assemblée nationale et du Sénat chargées des finances suivent et contrôlent l'exécution des lois de finances et procèdent à l'évaluation de toute question relative aux finances publiques.

Cette mission est confiée à leur président, à leur rapporteur général ainsi que, dans leurs domaines d'attributions, à leurs rapporteurs spéciaux. À cet effet, ils procèdent à toutes investigations sur pièces et sur place, et à toutes auditions qu'ils jugent utiles.

Tous les renseignements et documents d'ordre financier et administratif qu'ils demandent, y compris tout rapport établi par les organismes et services chargés du contrôle de l'administration, réserve faite des sujets à caractère secret concernant la défense nationale et la sécurité intérieure ou extérieure de l'État et du respect du secret de l'instruction et du secret médical, doivent leur être fournis.

Les personnes dont l'audition est jugée nécessaire par le président et le rapporteur général de la commission chargée des finances de chaque assemblée ont l'obligation de s'y soumettre. Elles sont déliées du secret professionnel sous les réserves prévues à l'alinéa précédent.

Article 58
Dispositions déclarées non conformes à la Constitution par décision du Conseil constitutionnel n° 2001-448 DC du 25 juillet 2001.

La mission d'assistance du Parlement confiée à la Cour des comptes par le dernier alinéa de l'article 47 de la Constitution comporte notamment :

1 l'obligation de répondre aux demandes d'assistance formulées par le président et le rapporteur général de la commission chargée des finances de chaque assemblée dans le cadre des missions de contrôle et d'évaluation prévues à l'article 57 ;

2 la réalisation de toute enquête demandée par les commissions de l'Assemblée nationale et du Sénat chargées des finances sur la gestion des services ou organismes qu'elle contrôle. Les conclusions de ces enquêtes sont obligatoirement communiquées dans un délai de huit mois après la formulation de la demande à la commission dont elle émane, qui statue sur leur publication ;

3 le dépôt d'un rapport préliminaire conjoint au dépôt du rapport mentionné à l'article 48 relatif aux résultats de l'exécution de l'exercice antérieur ;

4 le dépôt d'un rapport conjoint au dépôt du projet de loi de règlement, relatif aux résultats de l'exécution de l'exercice antérieur et aux comptes associés, qui, en particulier, analyse par mission et par programme l'exécution des crédits ;

5 la certification de la régularité, de la sincérité et de la fidélité des comptes de l'État. Cette certification est annexée au projet de loi de règlement et accompagnée du compte rendu des vérifications opérées ;

6 le dépôt d'un rapport conjoint au dépôt de tout projet de loi de finances sur les mouvements de crédits opérés par voie administrative dont la ratification est demandée dans ledit projet de loi de finances.

Les rapports visés aux 3e, 4e et 6e sont, le cas échéant, accompagnés des réponses des ministres concernés.

Article 59

Lorsque, dans le cadre d'une mission de contrôle et d'évaluation, la communication des renseignements demandés en application de l'article 57 ne peut être obtenue au terme d'un délai raisonnable, apprécié au regard de la difficulté de les réunir, les présidents des commissions de l'Assemblée nationale et du Sénat chargées des finances peuvent demander à la juridiction compétente, statuant en référé, de faire cesser cette entrave sous astreinte.

Article 60

Lorsqu'une mission de contrôle et d'évaluation donne lieu à des observations notifiées au Gouvernement, celui-ci y répond, par écrit, dans un délai de deux mois.

Titre VI : entrée en vigueur et application de la loi organique

Article 61

Dans un délai de trois ans à compter de la publication de la présente loi organique, toute garantie de l'État qui n'a pas été expressément autorisée par une disposition de loi de finances doit faire l'objet d'une telle autorisation. Une annexe récapitulant les garanties de l'État qui, au 31 décembre 2004, n'ont pas été expressément autorisées par une loi de finances est jointe au projet de loi de règlement du budget de l'année 2004.

Article 62

I Les dispositions du II de l'article 15 sont applicables aux crédits de dépenses ordinaires et aux crédits de paiement de l'exercice 2005, pour ceux d'entre eux qui sont susceptibles de faire l'objet de reports.

II Les dispositions du III de l'article 15 sont applicables aux crédits ouverts dans les conditions prévues au deuxième alinéa de l'article 19 de l'ordonnance n° 59-2 du 2 janvier 1959 portant loi organique relative aux lois de finances et disponibles à la fin de l'exercice 2005.

Article 63

À défaut de dispositions législatives particulières, les taxes régulièrement perçues au cours de la deuxième année suivant celle de la publication de la présente loi organique en application de l'article 4 de l'ordonnance n° 59-2 du 2 janvier 1959 précitée peuvent être perçues, jusqu'au 31 décembre de cette année, selon l'assiette, le taux et les modalités de recouvrement en vigueur à la date de leur établissement.

Article 64

L'échéance de l'article 46 et les dispositions du 7 de l'article 54 sont applicables pour la première fois au projet de loi de règlement relatif à l'exécution du budget afférent à la quatrième année suivant celle de la publication de la présente loi organique. Les projets de loi de règlement afférents aux années antérieures sont déposés et distribués au plus tard le 30 juin de l'année suivant celle de l'exécution du budget auquel ils se rapportent.

Article 65

Les dispositions des articles 14, 25, 26, à l'exception du 3e, 32e, 33e, 36e, du deuxième alinéa de l'article 39, des articles 41, 42, 49, 50, 52, 53, 55, 57, 58, à l'exception du 4e et du 5e, 59, 60 et 68 sont applicables à compter du 1er janvier 2002. Les dispositions de l'article 48, à l'exception du 4, sont applicables à compter du 1er janvier 2003. Les dispositions du 3e de l'article 26 sont applicables à compter du 1er janvier 2004.

Article 66

I Est joint au projet de loi de finances pour 2005 un document présentant, à titre indicatif, les crédits du budget général selon les principes retenus par la présente loi organique.

II Au cours de la préparation du projet de loi de finances pour 2006, les commissions de l'Assemblée nationale et du Sénat chargées des finances sont informées par le Gouvernement de la nomenclature qu'il envisage pour les missions et les programmes prévus à l'article 7.

Article 67

Sous réserve des dispositions prévues aux articles 61 à 66, l'ordonnance n° 59-2 du 2 janvier 1959 précitée est abrogée le 1er janvier 2005. Toutefois, ses dispositions demeurent applicables aux lois de finances afférentes à l'année 2005 et aux années antérieures. Sous réserve des articles 61 à 66 et de la dernière phrase de l'aliéna précédent, la présente loi organique entre en vigueur le 1er janvier 2005.

Article 68

Des décrets en Conseil d'État pourvoient, en tant que de besoin, à l'exécution de la présente loi organique. La présente loi sera exécutée comme loi de l'État.

Fait à Paris, le 1er août 2001.

Par le Président de la République, Jacques Chirac.
Le Premier ministre, Lionel Jospin.
Le ministre de l'Économie, des Finances et de l'Industrie, Laurent Fabius.
La secrétaire d'État au Budget, Florence Parly.
(1) Loi n° 2001-692.

Travaux préparatoires

Assemblée nationale : proposition de loi organique n° 2540.

Rapport de M. Didier Migaud, au nom de la commission spéciale, n° 2908.

Discussion les 7 et 8 février 2001 et adoption le 8 février 2001.

Sénat : proposition de loi organique, adoptée par l'Assemblée nationale, n° 226 (2000-2001).

Rapport de M. Alain Lambert, au nom de la commission des finances, n° 343 (2000-2001).

Discussion les 7, 12 et 13 juin 2001 et adoption le 13 juin 2001.

Assemblée nationale : proposition de loi organique, modifiée par le Sénat, n° 3139.

Rapport de M. Didier Migaud, au nom de la commission spéciale, n° 3150.

Discussion et adoption le 21 juin 2001.

Sénat : proposition de loi, adoptée avec modifications par l'Assemblée nationale en deuxième lecture, n° 408 (2000-2001).

Rapport de M. Alain Lambert, au nom de la commission des finances, n° 413 (2000-2001).

Discussion et adoption le 28 juin 2001.

Conseil constitutionnel

Décision n° 2001-448 DC du 25 juillet 2001 publiée au *Journal officiel* de ce jour.

Cas pratiques

www.ingramcontent.com/pod-product-compliance
Lightning Source LLC
Chambersburg PA
CBHW061243220326
41599CB00028B/5518